Eva Pierrakos

Der Pfad der Wandlung

D1724597

Eva Pierrakos

Der Pfad der Wandlung

Zusammengestellt und herausgegeben von Judith Saly

Aus dem Amerikanischen von
Paul Czempin und Hedda Köhler

Synthesis-Verlag • Essen
1994

Die Pfad-Stiftung dankt dem enthusiastischen Redaktionsteam, das an der Vorbereitung zur Veröffentlichung dieses Bandes arbeitete: Judith Saly, Jan Bresnick, John Saly, Donovan Thesenga, Susan Thesenga, Iris Connors, Rebecca Daniels und Hedda Köhler.

Umschlaggestaltung: Sigmar Gerken und Zero
Satz: Space Type
Gesetzt aus der Goudy Oldstyle

ISBN 978-3-922026-70-9

Inhalt

Einführung

Ganz gleich wo Sie im Leben stehen, welchem Beruf Sie nachgehen, was für Probleme Sie haben, ob Sie jung oder alt sind, dieses Buch wird Ihnen helfen, sich selbst und Ihr Leben in einem neuen Licht zu sehen. Dieses neue Licht verbindet Vernunft mit Liebe und erhellt den Weg in Ihr innerstes Wesen.

Dieses Buch enthält medial übermittelte (»gechannelte«) Texte Sein eigentlicher Autor ist ein jenseitiges Wesen, das sich selbst keinen Namen gab, aber als »GUIDE« bekannt wurde. Es übermittelte durch Eva Pierrakos 258 »Lesungen« über die Natur der psychologischen und spirituellen Wirklichkeit und den Prozeß der spirituellen Entwicklung des Individuums. Dieser Prozeß wurde als »Pfadarbeit« bekannt, die Übermittlungen erhielten den Namen »Pfad«- oder »GUIDE«-Lesungen.

Es werden heute viele Bücher mit medial übermittelten Texten veröffentlicht, deshalb scheint es uns angebracht, den Leser gleich darauf hinzuweisen, was dieses Buch von den vielen anderen unterscheidet. Wir möchten Sie mit zwei wichtigen Merkmalen der Pfad-Unterweisung bekannt machen:

1. Die medialen Lehren des GUIDE entwerfen einen *umfassenden Weg* oder »Pfad«, der zur individuellen Transformation und zur spirituellen Selbstverwirklichung führt.

2. Dieser Pfad umfaßt ein tiefes Verständnis persönlicher Negativität, ihrer Wurzeln und Folgen sowie einen Prozeß, ihr zu begegnen und sie umzuwandeln. Zu diesem Prozeß, wie der GUIDE ihn lehrt, gibt es nirgendwo etwas Vergleichbares.

Das Ziel *persönlicher psychologischer Arbeit* ist Selbstaktualisierung, das heißt, unser individuelles menschliches Potential zu sinnvoller Arbeit in der Welt und zu liebevollen Beziehungen mit anderen zu verwirklichen.

Das Ziel *spiritueller Praxis* besteht darin, das einende Bewußtsein zu erfahren, unser Einsseins mit allen Dingen, Erleuchtung. Das Ziel spiritueller Arbeit liegt im Erkennen unserer innersten Identität als gottbeseelte Wesen voller Liebe und Licht.

Ein solcher *umfassender Pfad* muß uns helfen, uns sowohl den Enttäuschungen in der Erfüllung unseres persönlichen Lebens als auch den Einschränkungen zuzuwenden, die unser spirituelles Erwachen verhindern. Die meisten Ansätze zu persönlichem und spirituellem Wachstum bieten uns lediglich für einen Teil des Weges Hilfe. Wir wollen auch wissen: *Wie kann ich von dem Ort, an dem ich stehe, dorthin gelangen, wo ich sein will?*

Aus den meisten medial übermittelten Texten heutzutage wie auch aus den esoterischen Traditionen der meisten Religionen erfahren wir, daß wir unsere eigene Realität erschaffen. *Aber wenn das so ist und ich in der Tat Schöpfer meines eigenen Lebens bin, welcher Teil von mir bewirkt dann Vorkommnisse, die mir unangenehm sind? Warum gelingt es mir dann nicht besser, das Leben zu verwirklichen, das ich, wie ich glaube, leben möchte? Warum ist es so schwer, einige meiner Seiten zu verändern?*

Der wertvollste Beitrag des GUIDE zur modernen psychologisch-spirituellen Suche ist ein praktischer, vernünftiger und ehrlicher Weg, um von dort, wo wir stehen, dorthin zu gelangen, wo wir sein wollen. Die spirituellen Lehrer aller Zeiten beschreiben den erleuchteten Zustand der Liebe und Harmonie, in dem man sich eins fühlt mit jedem und sich Gott freudig hingibt. Auch in der modernen humanistischen und transpersonalen Psychologie gibt es allerlei Beschreibungen vom erfüllten Leben eines selbstverwirklichten, ganzen Menschen.

Aber wenn wir uns nicht selbst belügen, wissen wir, daß wir diesen Zielen nicht gerecht werden. Wir brauchen einen Weg, uns, wie wir sind, ganz anzunehmen und mit dem zu arbeiten, was in uns die persönliche und spirituelle Entwicklung verhindert. Wir brauchen Landkarten der Psyche, die unsere allzumenschlichen Fehler nicht idealisieren oder beschönigen. Die Pfadarbeit entwirft eine solche Landkarte des menschlichen Bewußtseins, die sowohl unsere Teufel wie unsere Engel umfaßt, das verletzliche Kind wie den kompetenten Erwachsenen, die Belange des kleinen Ich wie die großen visionären Sehnsüchte.

Wir brauchen unterstützende Leitung, während wir Schritte machen von dort, wo wir jetzt stehen, zu der größeren, erfüllteren, wacheren Person, die wir sein können. Die Pfadarbeit ermutigt uns, Schluß zu machen mit dem Versuch, ein idealisiertes Bild von uns selbst vorzutäuschen, von jemandem, der wir glauben sein zu müssen. Der GUIDE hilft uns, uns entspannt anzunehmen, wie wir in Wirklichkeit sind und fühlen, jeden Augenblick.

Jeder von uns, der ehrlich ist, kann unangenehme, ichbezogene Gefühle und Haltungen in sich entdecken. Und dennoch fühlen wir uns nicht als schlechte Menschen. Wir möchten der goldenen Regel folgen. Die meisten von uns würden sogar zugeben, daß wir uns um vieles besser fühlen würden, könnten wir uns selbst und unseren Nachbarn wie uns selbst lieben. *Warum fällt uns das so schwer? Warum bleiben wir weiter abwechselnd so ichbezogen oder so selbsterniedrigend?*

Allgemein gesprochen steht uns recht wenig echte Hilfe für diese Fragen zu Verfügung. Die meisten Religionen bieten uns moralische Gebote, häufig untermauert durch Schuld oder Furcht, Drohungen oder Schmeicheleien, damit wir unsere Negativität nicht ausleben. Wenn wir versagen, was unvermeidlich ist, werden wir ermahnt, uns mehr anzustrengen. Uns wird geraten, unsere Fehler jemand anderem zu übergeben – Christus, der Kirche oder dem Guru. Oder – wie in vielen zeitgenössischen Unterweisungen – es wird von uns erwartet, daß wir uns über unsere Beschränkungen »erheben« und unsere Negativität als bloß vorübergehende Unkenntnis unserer Göttlichkeit ansehen. *Wie kann ich meine Negativität annehmen, ohne sie zu beschönigen oder von ihr vernichtet zu werden?*

Auch die meisten Psychologien beantworten diese Fragen nicht. Statt dessen werden wir zu Unrecht entmutigt, volle Verantwortung für unsere Negativität zu übernehmen. Da Schuld eine so schwächende Emotion ist, werden wir im psychologischen Ansatz häufig ermuntert, uns nicht mehr als sündhaft oder fehlerhaft anzusehen. Auf die eine oder andere Weise wird uns erlaubt, anderen die Schuld für unsere Negativität anzulasten – den Eltern, den vergangenen Leben, drückenden gesellschaftlichen Normen. Wir sehen uns als Opfer. Wir laden unsere schlechten Gefühle auf jene ab, von denen wir glauben, daß sie uns verletzt haben, und hoffen dann, die schlechten Gedanken und Gefühle würden verschwinden. Aber das tun sie nicht.

Muß ich also mit meinen Unvollkommenheiten leben? Und wenn ich sie nicht überwinden kann, bin ich deshalb verdammt? Wir sind allein mit der geheimen Furcht, innerlich schlecht zu sein und uns nicht ändern zu können. Das ist die Wurzel eines Großteils unserer Verzweiflung und Entmutigung.

Die Pfad-Lesungen liefern uns das fehlende Glied in den zeitgenössischen wie traditionellen Ansätzen zum persönlichen Wachstum. Der GUIDE eröffnet uns die geistige Perspektive, daß wir im Grunde unseres Wesens göttlich und in unserem Kern mit allem, was ist, eins sind. Zugleich lehrt er uns, daß wir darüber hinaus eine Schicht der Negativität in uns haben, die er das *niedere Selbst* nennt. Dieses niedere Selbst ist der Anteil, der aktiv, wenn auch für gewöhnlich unbewußt, Negativität, Trennung, Selbstsucht, Furcht und Mißtrauen wählt. Da das niedere Selbst aber letztlich eine Entstellung der einen göttlichen Energie ist, die den Kosmos belebt, kann es in seine ursprüngliche, bejahende Lebenskraft zurückverwandelt werden. In den Pfad-Lesungen zeigt uns der GUIDE, *wie* dies geschieht.

Es ist schwere Arbeit, dem niederen Selbst gegenüberzutreten, und die meisten von uns möchten diese Arbeit am liebsten vermeiden. Deshalb halten wir an den idealisierten Bildern von uns fest. Deshalb vermeiden wir tiefergehende Gefühlsarbeit, wo solche negativen Empfindungen auftauchen. Das Erkennen und Annehmen unserer negativen Gefühle ist jedoch nicht so schwer, wenn wir die geistige Perspektive und Erfahrung haben, die uns sagt, daß unsere Essenz göttlich ist. Die beunruhigenden Gefühle, die wir in uns finden, können transformiert werden, wenn wir sie ohne Ausweichen annehmen und lernen, sie in ihre ursprüngliche, göttliche Natur zurückzuverwandeln. Wie der GUIDE sagt:

Durch das Tor eurer Schwäche findet ihr eure Stärke.
Durch das Tor eures Schmerzes findet ihr eure Lust und Freude.
Durch das Tor eurer Furcht findet ihr Sicherheit und Schutz.
Durch das Tor eurer Einsamkeit findet ihr eure Fähigkeit, Erfüllung, Liebe und Gemeinsamkeit zu erleben.
Durch das Tor eurer Hoffnungslosigkeit findet ihr wahre und berechtigte Hoffnung.
Durch das Tor der Annahme eurer Kindheitsmängel findet ihr Erfüllung heute.

Der GUIDE bietet nicht nur einen geistigen Ansatz zum Problem des Bösen, sondern auch einen systematischen und durchgreifenden Weg, das Licht, das hinter unseren Verzerrungen verborgen liegt, zu erlösen. Er führt uns sanft und liebevoll durch das Dunkel. Die Praxis ehrlicher und mitfühlender Konfrontation mit dem niederen Selbst, während wir uns immer stärker im höheren Selbst verankern, bringt größte persönliche Befreiung. Dies ist der Pfad der

Kräftigung durch Selbstverantwortung. Es ist die erhellendste Erfahrung, endlich fähig zu sein, die Geschehnisse des eigenen Lebens, positive wie negative, mit den Kräften zu verbinden, die sie hervorbrachten. Das führt uns heim zum Kern der Einheit in uns selbst, unserer wahren, schöpferischen Identität.

* * *

Die Lesungen dieses Buches sind sorgfältig ausgewählt, um die grundlegenden Lehren des GUIDE darzustellen und einen Überblick über die Pfadarbeit zu geben. Wir empfehlen, sie in der vorgeschlagenen Reihenfolge zu lesen, da die Begriffe allmählich und schrittweise eingeführt werden. Dennoch werden Sie sie auch verstehen, wenn Sie zuerst die Kapitel aussuchen, die Sie am meisten interessieren.

Es ist möglich, alleine mit diesen Lesungen zu arbeiten, folgt man den Übungen, die der GUIDE in den Lesungen vorschlägt. Hilfreich wäre es, eine Gruppe zu bilden, in der die Lesungen besprochen werden und Sie sich über Ihre eigene Arbeit mit anderen austauschen können. Die *Pfad-Zentren* bieten Einführungs-Workshops und Transformations- und Ausbildungsprogramme an, die Ihnen helfen können, die Texte der Lesungen auf Ihre persönliche Entwicklung anzuwenden. Die Zentren haben ausgebildete Helfer, die für Einzel- oder Gruppenarbeit zur Verfügung stehen. Sie können die Lesungen auch in Ihren Sitzungen mit einem spirituell inspirierten Therapeuten benutzen. Viele Psychotherapeuten und Psychiater haben bereits entdeckt, daß die GUIDE-Lesungen Texte zur Transformation der Negativität enthalten, *die sonst nirgendwo zu finden sind.* Und viele Geistliche und andere, die Gottesdienste abhalten, haben in diesen Lesungen praktische Hilfe zur Erfüllung ihrer Aufgabe gefunden. Das wichtigste ist die innere Verpflichtung zu Ihrer persönlichen Wahrheit, zu Ihrem inneren Pfad.

Die Lehren des GUIDE helfen uns, uns selbst zu läutern, so daß wir unsere Aufgabe auf der Erde erfüllen können, selbstverwirklichte Menschen werden und lernen, im wahrsten Sinne des Wortes zu lieben. Als Mitglieder der Gesellschaft ist es unsere Aufgabe, den Planeten Erde zu transformieren und eine globale Bruder-/Schwesternschaft zu bilden, indem wir das neue Bewußtsein verbreiten und neue Wege der Kommunikation, Interaktion und Problemlösung entwickeln. Unsere persönliche Entfaltung als Teil der Evolution des

Planeten Erde zu verstehen und zu bewußten Mitschöpfern einer neuen, sich erweiternden Realität zu werden: Das sind die erfreulichsten und positivsten Ziele dieses Pfades.

Das Lesen dieser Texte ist der Beginn der *Pfadarbeit*. Lassen Sie sich tief von ihnen berühren, nicht nur im Verstand, sondern auch im Herzen. Mögen sie Sie begeistern und inspirieren.

Judith Saly und Donovan Thesenga

1 Was ist der Pfad?

(Lesung Nr. 204)

Die Reise von bekannten in unbekannte Seelenregionen ähnelt der Suche in den Märchen. Der unwissende Held oder die Heldin verlassen den vertrauten Alltag, weil die Sehnsucht nach einem sinnvolleren Leben als dem täglichen Einerlei des begrenzten Daseins sie treibt. Furchterregende Begegnungen, Prüfungen aller Art kommen auf ihn zu. Wenn er sie besteht, findet er das Glück. Reichtum und ein Lebensgefährte sind die Belohnung. Er wird König, sie wird Königin; wir werden ein erfüllter Erwachsener.

Auch die innere Suche, wenn ernstgenommen, erfordert Mut, durchquert dunkle Regionen und führt zur Reife – und auch der Schatz wird stets gefunden. Genauso wie im Märchen stiehlt sich der Held nicht um den Drachen herum, sondern kämpft mit ihm; er läuft vor der alten Hexe nicht weg, sondern nimmt sich ihrer an – auch wir müssen uns den zerstörerischen Kräften in uns stellen und mit ihnen umgehen.

In dieser Lesung zeigt der GUIDE, *wie man der Sehnsucht folgt und die schlummernden Kräfte in sich weckt, um so auf den Schatz des weisen, liebenden, inneren göttlichen Selbst (»Gottselbst«) zu treffen.*

Seid gegrüßt und willkommen, meine Freunde! Gesegnet sei ein jeder von euch. In dieser Lesung will ich von dem Pfad zur Erfüllung eurer tiefsten Sehnsüchte sprechen.

Die Sehnsucht nach einem größeren, erfüllteren Bewußtseinszustand

Jeder Mensch spürt in sich eine Sehnsucht, die tiefer greift als der Wunsch nach emotionaler und schöpferischer Erfüllung, obwohl letzteres natürlich auch Teil des tieferen, grundlegenderen Verlangens ist. Diese Sehnsucht rührt aus dem Gefühl, daß es *einen anderen, befriedigenderen Bewußtseinszustand und eine größere Fähigkeit, das Leben zu erfahren, geben muß.*

Versucht ihr, diese Sehnsucht in klare Begriffe zu übersetzen, kann es geschehen, daß ihr euch verwirrt und in Widersprüche verwickelt. Verwirrungen und offensichtliche Widersprüche entspringen dem dualistischen Bewußtsein des menschlichen Geistes. Der Dualismus ist immer gegenwärtig, da Menschen die Wirklichkeit als entweder/oder, gut oder schlecht, schwarz oder weiß wahrnehmen. Diese Sichtweise eröffnet uns bestenfalls die halbe Wahrheit. Sie kann nur Fragmente der Wirklichkeit wahrnehmen, nie die volle Wahrheit finden. Wahrheit umfaßt immer mehr, als die dualistische Wahrnehmungsweise erfassen kann.

Vielleicht lautet einer dieser verwirrenden Widersprüche so: »Verlange ich etwas Unrealistisches? Wäre es vielleicht wirklichkeitsnäher und reifer, die Sehnsucht aufzugeben und zu akzeptieren, daß das Leben eben nur ein langweiliger, trostloser, grauer Ort ist? Hören wir nicht immer wieder, Akzeptieren sei notwendig, wenn man mit sich und dem Leben Frieden haben will? Ich sollte diese Sehnsucht wohl wirklich aufgeben.«

Den Weg aus der Verwirrung könnt ihr nur finden, wenn ihr über den Dualismus, der in diesem Dilemma enthalten ist, einen Schritt hinausgeht. Es ist wahr, ihr müßt euren jetzigen Zustand annehmen, und das Leben, wie es sich zeigt, kann nicht vollkommen sein. Jedoch ist es nicht diese Tatsache, die euch unglücklich macht. Eure Forderung, das Leben solle vollkommen sein und euch auch in Vollkommenheit gegeben werden, schafft erst das Problem. Geht ihr tief genug, werdet ihr unvermeidlich entdecken, daß ein Teil in euch selbst Schmerz und Enttäuschung leugnet; da ist ein Ort in euch, wo ihr ärgerlich und trotzig seid, weil keine liebende Autorität da ist, die euch unerwünschte Erfahrungen aus dem Wege räumt. So ist es wahr, daß euer Verlangen nach dem utopischen Glückszustand unrealistisch ist und deshalb aufgegeben werden muß.

Das falsche Verlangen

Aber heißt das wirklich, daß die Sehnsucht selbst aus unreifen, gierigen oder neurotischen Haltungen herrührt? Keineswegs, meine Freunde. Eine innere Stimme sagt euch, daß *in euch und eurem Leben viel, viel mehr steckt, als ihr jetzt zu erfahren imstande seid*.

Wie können wir uns klarwerden, was an unseren tiefsten Sehnsüchten wahr ist und was falsch? Falsch ist der Wunsch, wenn ihr Liebe, Erfüllung, Vollkommenheit, Glück oder Lust und schöpferische Ausweitung ohne den Preis striktester Selbstkonfrontation wollt, falsch, wenn ihr weder Verantwortung für euren jetzigen noch für den ersehnten Zustand übernehmt. Bedauert ihr zum Beispiel euer unerfülltes Leben und gebt anderen dafür die Schuld, Eltern, Gleichgestellten, Kollegen oder dem Leben im allgemeinen, dann übernehmt ihr keine Verantwortung, wie sehr die anderen auch im Unrecht sein mögen. Wenn das so ist, dann wollt ihr auch den neuen, besseren Zustand als unverdiente Belohnung. Vielleicht versucht ihr, ein guter, kleiner, gehorsamer Mitläufer einer mächtigen Autoritätsfigur zu sein, um belohnt zu werden. Da Belohnung aber tatsächlich nie von außen kommen kann, müßt ihr euch, gleich was ihr tut, enttäuscht, ärgerlich und betrogen fühlen und immer wieder auf die alten, zerstörerischen Muster zurückgreifen, die in der Tat für den Zustand verantwortlich sind, der eure unerfüllte Sehnsucht hervorruft.

Die realistische Sehnsucht

Die Sehnsucht ist realistisch, wenn ihr davon ausgeht, daß der *Schlüssel zur Erfüllung* in euch liegt, wenn ihr die Verhaltensmuster finden wollt, die euch hindern, das Leben auf erfüllte, sinnvolle Weise zu erfahren, wenn ihr die Sehnsucht als Botschaft eures innersten Wesenskerns deutet, die euch auf einen Pfad schickt, der euch zu eurem wahren Selbst führen kann.

Deutet die negative, gierige, nicht gebende, sondern fordernde Persönlichkeit jedoch diese innere Botschaft falsch, entsteht Verwirrung. Die Sehnsucht wird dann in Kanäle nicht zu verwirklichender magischer Fantasien gelenkt. Ihr meint, daß euch die Erfüllung gegeben werden müsse, statt daß ihr sie mit dem Mut und der Ehrlichkeit selbst erlangt, euch so anzuschauen, wie ihr jetzt seid, selbst in den Bereichen, die ihr lieber vermeiden möchtet. Ist ein Umstand im Leben schmerzhaft für euch und reagiert ihr darauf mit Wut, Vorwürfen oder verteidigt euch anderswie dagegen, den Schmerz unverfälscht und rein zu erfahren, dann erfaßt ihr nicht die Wahrheit eures jetzigen Zustands. Doch laßt ihr diesen Schmerz einfach zu und fühlt ihn ohne Spielchen wie »er wird mich vernichten« oder »er wird nie aufhören«, setzt diese Erfahrung mächtige schöpferische Energien frei, die sich in eurem Leben immer mehr auswirken und die Kanäle zu eurem spirituellen Selbst öffnen. Fühlt ihr den Schmerz, werdet ihr auch ein tieferes, volleres, weiseres Verständnis der Zusammenhänge von Ursache und Wirkung erlangen. Zum Beispiel werdet ihr erkennen, wie ihr dieses Leid auf euch gezogen habt. Eine solche Einsicht kommt vielleicht nicht sofort, denn je mehr ihr sie zu erzwingen sucht, desto mehr entgleitet sie euch. Aber sie wird kommen, wenn ihr den inneren Kampf und Widerstand aufgebt.

Gebt die Sehnsucht selbst nicht auf. Nehmt sie ernst. Pflegt sie vielmehr und lernt sie verstehen, damit ihr ihrer Botschaft und dem Weg zu eurem Kern folgen könnt; geht durch den Teil, den ihr vermeiden wollt, hindurch. Er ist der wahre Schuldige, er ist allein verantwortlich für euren Zustand, der alles andere als erfüllt und freudvoll ist.

Gebt die Sehnsucht nicht auf. Sie entspringt ja eurem Gefühl, daß euer Leben mehr sein kann, daß es einen Zustand ohne schmerzhafte, quälende Verwirrung gibt, einen Zustand innerer Spannkraft, Zufriedenheit und Sicherheit, der euch zu seliger Freude und zu tiefen Gefühlen befähigt, die ihr ausdrücken könnt, und wo ihr imstande seid, dem Leben angstfrei zu begegnen, weil ihr keine Angst mehr vor euch selbst habt. Ihr werdet dann das Leben und sogar seine Probleme als freudige Herausforderung empfinden. Können eure inneren Probleme zu einer Herausforderung werden, die euer Leben würzt, wird der darauf folgende Frieden um so süßer. Diese Probleme anzupacken wird euch ein Gefühl von Stärke, Einfallsreichtum und schöpferischer Fähigkeit vermitteln. Ihr werdet das spirituelle Selbst in euren Adern und Gedanken, in eurem Vorstellungsvermögen und eurer Wahrnehmung strömen fühlen, so daß Entscheidungen im Zentrum eures Wesens getroffen werden. Wenn ihr so lebt, werden gelegentliche äußere Probleme zum Salz des Lebens und erscheinen fast als angenehm. Doch die Zeiten äußerer Probleme werden seltener, und friedliches, freudvolles, schöpferisches Leben wird zur Norm werden.

Den Zustand der Seligkeit ertragen lernen

Nun ist es das Traurigste an eurer Sehnsucht, tief innen zu wissen, daß euer Körper und eure Seele nicht einmal fähig sind, intensive Freude zuzulassen und aufrechtzuerhalten. Freude gibt es auf allen Ebenen: spirituell, körperlich, emotional und intellektuell. Jedoch ist spirituelle Freude, losgelöst von der Ebene der Alltäglichkeit, eine Illusion, denn wahres spirituelles Glück bezieht die gesamte Persönlichkeit mit ein. Diese muß deshalb lernen, einen solchen Zustand auszuhalten. Das kann sie aber nicht, es sei denn, sie lernt das, was jetzt in der Psyche eingeschlossen liegt, auszuhalten: Schmerz, Boshaftigkeit, Arglist, Haß, Leiden, Schuld, Angst, Grauen. All das muß transzendiert werden. Dann und nur dann kann die menschliche Persönlichkeit im Zustand der Seligkeit leben. Eure Sehnsucht nach mehr Freude ist eine Aufforderung, euch auf den Weg zu begeben, der euch die Möglichkeit des tiefsten Glücks bietet.

Der von mir beschriebene Seinszustand braucht nicht als unrealistisch oder als Wunschdenken aufgegeben zu werden. Er braucht nicht aufgegeben zu werden, weil ihr ihn euch verdienen und euch zu eigen machen werdet, wenn ihr durch das hindurchgeht, was euch davon abhält, ihn zu erfahren. Dieser Zustand existiert nämlich bereits in euch als schlummerndes Potential. Er ist nicht etwas, was euch von anderen gegeben oder durch angestrengtes Lernen erworben werden kann. Er entfaltet sich vielmehr organisch als ein Nebenprodukt, wenn ihr einen Pfad wie diesen beschreitet, den es mir vergönnt ist, euch zu zeigen.

Das führt uns zu der Frage, was dieser Pfad ist. Er ist nicht neu: Es gab ihn in vielen verschiedenen Formen so lange, wie Menschen auf dieser Erde leben. Formen und Wege müssen sich mit der Entfaltung der Menschheit ändern, aber der eigentliche Pfad bleibt der gleiche. Dieser bestimmte Weg – die »Pfadarbeit« –, auf dem ich euch führe, ist in alter, unvergänglicher Weisheit verankert und dennoch auch neu. Er bietet Hilfe für euer psychologisches und spirituelles Wachstum in der gegenwärtigen, kritischen Phase der menschlichen Entwicklung.

Die Pfadarbeit und die Psychotherapie

Diese Pfadarbeit ist keine Psychotherapie, auch wenn einige ihrer Aspekte notwendigerweise Bereiche berühren, die auch die Psychotherapie behandelt. Im Rahmen der Pfadarbeit wird der psychologische Ansatz zur Nebensache, zu einer Methode, mit Hindernissen fertig zu werden. Es ist wesentlich, sich mit Verwirrung, falschen Auffassungen, Mißverständnissen, zerstörerischen Haltungen, entfremdender Abwehr, negativen Empfindungen und gelähmten Gefühlen auseinanderzusetzen, was die Psychotherapie auch versucht und sogar zu ihrem höchsten Ziel erklärt. Im Gegensatz dazu tritt die Pfadarbeit in ihre wichtigste Phase, wenn diese erste überwunden ist. Die zweite und wichtigste Phase beschäftigt sich damit, wie der Mensch lernen kann, das umfassendere, in jeder Seele wohnende Bewußtsein zu aktivieren.

Häufig überschneidet sich die zweite Phase mit der ersten, die mit der Überwindung der Blockierungen zu tun hat, weil die zweite, spirituelle Phase der Pfadarbeit wesentlich ist, um die erste erfolgreich durchzuführen. Der erste Teil der Arbeit kann nicht wirklich erfolgreich sein, wenn der Kontakt zum spirituellen Selbst nicht regelmäßig gepflegt und genutzt wird. Jedoch wann und wie das geschieht, unterscheidet sich erheblich und hängt von der Persönlichkeit ab, von Veranlagung, Vorurteilen und Blockierungen, mit denen der einzelne den Pfad betritt. Je eher ihr den inneren unerschöpflichen Quell der Stärke und Inspiration nutzen, erforschen und beleben könnt, desto einfacher und schneller werdet ihr mit den Behinderungen umgehen. So ist es offensichtlich, wie dieser Pfad sich von der Psychotherapie unterscheidet, wenn auch einige der Schwerpunkte und manchmal sogar die Methoden einander ähnlich sein können.

Die Pfadarbeit und die spirituelle Praxis

Der Pfad ist auch keine spirituelle Übung, die einfach darauf abzielt, ein höheres spirituelles Bewußtsein, zu erreichen. Es gibt viele Methoden und Übungen, die die Verwirklichung des spirituellen Selbst anstreben. Obwohl sie gute Methoden benutzen, die intensiv auf dieses Ziel hinarbeiten, schenken viele spirituelle Disziplinen denjenigen Bereichen des Ichselbst (oder »Egoselbst«) wenig Aufmerksamkeit, die in Negativität und Destruktivität verstrickt sind.

Jeder so gewonnene Erfolg ist immer kurzlebig und trügerisch, selbst wenn einige der auf diese Weise gemachten Erfahrungen echt sein mögen. Doch ein spiritueller Zustand, auf so einseitige Weise gewonnen, ist nicht zuverlässig und kann nicht aufrechterhalten werden, wenn nicht die ganze Persönlichkeit mit einbezogen wird. Da die Menschen sich scheuen, manche ihrer Anteile zu akzeptieren und sich mit ihnen auseinanderzusetzen, suchen sie oft Zuflucht auf Wegen, die versprechen, man könne diese problematischen inneren Bereiche meiden. Wenn ihr an einen spirituellen Pfad denkt, der die Praxis der Meditation um ihrer selbst willen übt oder um Erfahrungen der Glückseligkeit zu haben und kosmisches Bewußtsein zu erlangen, dann ist dieser Pfad nicht der eure.

Die Versuchung ist groß, spirituelle Praktiken dazu zu benutzen, gierig nach Glück und Befriedigung zu greifen und vorhandene Negativitäten, Verwirrungen und Schmerz zu vermeiden. Aber diese Einstellung macht den Zweck zunichte; sie entspringt Illusionen und führt zu weiteren Illusionen. Eine der Illusionen ist, daß das, was in euch ist, vermieden werden kann. Eine andere ist, daß das, was in euch ist, gefürchtet und geleugnet werden muß. Wie zerstörerisch ein innerer Aspekt auch ist, er kann umgewandelt werden. Nur wenn ihr meidet, was in euch ist, wird eure Illusion für euch und andere wahrhaft schädlich.

Fassen wir das bisher Gesagte kurz zusammen. Dieser Pfad ist weder Psychotherapie noch ein spiritueller Pfad im üblichen Sinne, und doch ist er auch beides. Wenn ihr erwägt, ob ihr euch auf diese Reise einlassen sollt, wird es hilfreich sein, euch an die folgenden Punkte zu erinnern.

Wie findet man das wahre Selbst?

Mit der Pfadarbeit begibt man sich auf eine Reise, die in neue Gebiete des inneren Universums führt. Ob ihr bereits in einer Therapie, befriedigend und erfolgreich oder nicht, gewesen seid oder voller Unruhe und Sorgen seid und Hilfe braucht, um euer Leben auf erfüllende Weise zu leben, es wird für euch noch eine Weile nötig sein, hauptsächlich jenen Bereichen in euch Aufmerksamkeit zu schenken, die negativ, zerstörerisch und fehlerhaft sind. Vielleicht mögt ihr das nicht, doch wollt ihr wirklich euer wahres Selbst finden, diesen Kern eures Wesens, aus dem alles Gute stammt, dann ist diese Einsicht nötig.

»Wie lange wird es dauern?« mögt ihr fragen. Das hängt von eurer geistigen oder gefühlsmäßigen Verfassung und euren äußeren Lebensumständen ab. Wenn eure inneren Negativitäten überwunden sind, wird sich dieser neue Zustand in eurem Leben ausdrücken. Daran besteht kein Zweifel. Euer Pfad wird euch organisch zu neuen Schwerpunkten und Interessen führen. Das Ziel dieses Pfades ist nicht die Heilung von Gefühls- oder Geisteskrankheiten, obwohl er das sehr wohl kann und auch tun wird, wenn ihr diese Arbeit macht. Aber deshalb solltet ihr euch nicht auf diesen Pfad begeben.

Betretet diesen Pfad auch nicht, wenn ihr erwartet, daß er euch eure Trauer und euren Schmerz vergessen läßt oder jene eurer Züge beschönigt, die ihr am wenigsten oder gar nicht mögt. Diese Abneigung muß nicht »neurotisch« sein. Es mag ganz angemessen sein, diese Züge in euch nicht zu mögen, aber es ist nicht richtig, euch deswegen für hoffnungslos schlecht zu halten. Also muß euch dieser Pfad lehren, euch dem zu stellen, was in euch ist, denn nur dann könnt ihr euch wirklich lieben. Nur dann könnt ihr eure eigentliche Natur und das wahre Gottselbst finden. Wenn ihr eure Essenz finden wollt, aber euch weigert, dem, was in euch ist, zu begegnen, dann ist dies nicht der Pfad für euch.

Es läßt sich nicht leugnen, daß es eine ungeheuer schwierige Aufgabe ist, das Bewußtsein eines beschränkten Verstandes oder Geistes zu erweitern. Allen Menschen steht anfangs nur ein begrenzter Geist zur Verfügung. Dieser begrenzte Geist muß sich selbst transzendieren, um seine unbegrenzte Kraft und Reichweite zu verwirklichen. Deshalb stellt dieser Pfad immer wieder erneut die Forderung an euren Geist, die Kluft seiner eigenen Begrenzungen zu überbrücken, indem er neue Möglichkeiten in Betracht zieht und für Alternativen zum Selbst, zum Leben und zum Selbstausdruck im Leben Raum schafft.

Damit wir uns nicht falsch verstehen: Dies ist kein leichter Weg. Doch die Schwierigkeit ist nicht fest und unüberwindbar. Sie besteht nur soweit, wie die Persönlichkeit daran interessiert ist, Teile des Selbst zu vermeiden. In dem Maße, in dem ihr euch verpflichtet, mit euch selbst ehrlich zu sein, verschwindet die Schwierigkeit. Und was anfangs schwierig schien, wird jetzt zu einer Herausforderung, einer aufregenden Reise, einem Prozeß, der das Leben auf so intensive Weise wirklich und wohltuend, so sicher und erfüllend macht, daß ihr es um keinen Preis mehr aufgeben wollt.

Mit anderen Worten, die Schwierigkeit besteht ausschließlich in der falschen Auffassung, ihr wärt durch und durch schlecht, wenn ihr ein bestimmtes negatives Muster habt. Eine solche Auffassung macht es schwer oder sogar unmöglich, dem Selbst zu begegnen. Daher ist es nötig, den falschen Glaubenssatz zu finden, der einem starken Widerstand gegen den Blick in die dunklen Gebiete des Selbst zugrunde liegt.

Dieser Pfad fordert von euch, wozu die meisten Menschen am wenigsten bereit sind: *Wahrhaftigkeit dem eigenen Selbst gegenüber, Offenlegung dessen, was jetzt ist, Beseitigung der Masken und Vorwände und die Erfahrung der eigenen nackten Verletzlichkeit.* Es ist eine hohe Anforderung und zugleich der einzige Weg, der zu echtem Frieden und Ganzheit führt. Aber sobald ihr euch dazu bekennt, ist es keine hohe Anforderung mehr, sondern ein organischer und natürlicher Prozeß.

Positivität und Negativität sind ein einziger Energiestrom

Dieser Pfad ist gleichzeitig sehr schwierig und sehr einfach. Es hängt lediglich vom Blickwinkel ab, unter dem ihr ihn betrachtet und erfahrt. Die Schwierigkeit läßt sich an eurer Wahrhaftigkeit euch selbst gegenüber messen. In dem Maße, in dem ihr euch um Ehrlichkeit bemüht, wird der Pfad euch weder als zu schwierig erscheinen noch – mit den Worten einiger seiner Kritiker – als »zu sehr mit den negativen Seiten des Lebens und des Selbst beschäftigt«. Denn das Negative ist in seinem tiefsten Wesen das Positive. Negatives und Positives sind nicht zwei verschiedene Aspekte von Energie und Bewußtsein: Sie sind ein und dasselbe.

Die Energie- und Bewußtseinspartikel, die sich in euch ins Negative gewendet haben, müssen in ihre ursprünglich positive Seinsform zurückverwandelt werden. Das kann nicht geschehen, ohne daß ihr die volle Verantwortung für die Negativität in euch übernehmt.

Selbst bei den allerehrlichsten Menschen findet man eine Abneigung dagegen, ehrlich mit sich selbst zu sein. Jemand mag für seine Ehrlichkeit und Integrität bekannt sein, dennoch kann es tiefere Ebenen geben, wo das keineswegs zutrifft. Dieser Pfad führt in bisher verborgene, subtilere Ebenen, die nicht leicht bestimmbar, aber zweifellos zugänglich sind.

»Bilder« oder falsche Schlüsse

In frühester Kindheit sind auf diesen verborgenen, unbewußten Ebenen falsche Auffassungen gebildet worden. Diese verzerrten Wahrnehmungen der Wirklichkeit beeinflussen auch das Verhalten des Erwachsenen. Sie entwickeln sich zu festgefahrenen Schlüssen über das Leben, die ich »Bilder« nennen möchte, weil sie rigide Muster formen, als wären sie in die Seelensubstanz eingraviert. Ein »Bild« besteht aus falschen Auffassungen, verzerrten Gefühlen und physischen Blockaden. Eine Schlußfolgerung, die aus verzerrter Wahrnehmung herrührt, ist falsch. Deshalb sind diese Bilder in der Tat falsche Schlußfolgerungen über das Wesen der Wirklichkeit, die so fest in die menschliche Psyche eingebettet sind, daß sie in vielen Lebenssituationen zu verhaltenskontrollierenden Signalen werden. Der Mensch kann verschiedene solche Bilder haben, aber ihnen liegt ein Hauptbild zugrunde, das der Schlüssel zu der negativen Grundeinstellung zum Leben ist.

Ich will euch einige Beispiele geben. Ein aufgrund einer bestimmten Situation in der Familie des Kindes geformtes Bild könnte darin bestehen, daß der Ausdruck von Emotionen, insbesondere warmer Gefühle, ein Zeichen von Schwäche ist und zu Verletzungen führt. Obwohl das ein persönliches Bild ist, kann es durch das korrespondierende gesellschaftliche Bild unterstützt werden, dem zufolge die Demonstration und der körperliche Ausdruck warmer Gefühle besonders für den Mann als unmännlich und schwach gelten, weil sie Kontrollverlust bedeuten. Mit diesem Bild wird er dann in einer Situation, in der er sich emotional öffnen könnte, dem Signal der Bilder gehorchen, statt spontan auf die eigentliche Situation oder die andere Person zu reagieren, was die positive und lebensbejahende Antwort wäre. Auch wird er anderen gegenüber in einer Weise handeln, auf die sie negativ reagieren und so seinen fehlgeleiteten Glauben bestärken. Auf diese Art beraubt er sich selbst der Freude und unterbindet den Fluß der Lebensenergie. Er schafft innere Spannungen, die sein Bild weiter nähren. So werden negative zwanghafte Muster oder sich selbst erhaltende Teufelskreise erzeugt.

Oder ein Säugling schreit vor Hunger, aber die Mutter reagiert nicht. Doch wenn die Kleine nicht schreit, kommt die Mutter und füttert sie. So folgert das kleine Mädchen, daß sie nicht gehört wird, wenn sie ihr Bedürfnis zeigt, aber wohl Aufmerksamkeit bekommt, zeigt sie es nicht. Daraus zieht sie dann folgende, weitere Schlußfolgerung: »Wenn ich möchte, daß mein Bedürfnis gestillt wird, darf ich es nicht zeigen.« Gegenüber dieser Mutter mag die Zurückhaltung tatsächlich eine Zeitlang funktioniert haben, aber klar ist, daß in späteren Jahren eine solche Haltung das entgegengesetzte Resultat erzielt. Da niemand weiß, welche Bedürfnisse diese Frau hat, wird niemand sie ihr erfüllen. Sie weiß aber nichts von ihrem »Bild«, also ihrer falschen Schlußfolgerung über das Zeigen von Bedürfnissen, weil es schon vor langer Zeit in ihr Unterbewußtsein gesunken ist, und so wird sie durchs Leben gehen, ihre Bedürfnisse immer weniger zeigen und hoffen, daß schließlich irgend jemand sie dafür belohnen wird, daß sie so anspruchslos ist. Sie wird nicht verstehen, warum sie so unbefriedigt ist. Sie weiß nicht, daß ihr Verhalten das Leben dazu bringt, ihren Irrglauben zu bestätigen. Denn Bilder haben magnetische Kräfte.

Die Fehlschlüsse, die ein Bild formen, werden aus Unkenntnis oder Halbwissen gezogen und können deshalb nicht im Bewußtsein erhalten bleiben. Es ist durchaus möglich, daß sie aus früheren Inkarnationen mit herübergebracht worden sind. Wenn ein Kind aufwächst, widerspricht das neuerlernte intellektuelle Wissen dem alten emotionalen »Wissen«. Der Mensch unterdrückt das emotionale Wissen, bis es seinem bewußten Zugriff entzogen ist. Doch je tiefer das emotionale Wissen sich verbirgt, desto machtvoller wird es. Diese unbewußten Bilder schränken dann die Entfaltung des menschlichen Potentials ein. Deshalb muß eine bewußte Anstrengung gemacht werden, die Bilder ins Bewußtsein zu heben und zu lernen, sie unwirksam zu machen.

Um herauszufinden, ob solche unbewußten Bilder auf einer tieferen Ebene in euch existieren, gebe ich euch einen unfehlbaren Schlüssel, der euch zu den richtigen Antworten führen wird: Wie fühlt ihr euch in bezug auf euch selbst und euer Leben? Wie sinnvoll, erfüllt und reich ist euer Leben? Fühlt ihr euch sicher, wenn ihr mit anderen zusammen seid? Fühlt ihr euch in eurem allerinnersten Selbst wohl in der Gegenwart anderer oder zumindest der Menschen, mit denen ihr ein Ziel teilt? Wieviel Freude seid ihr imstande zu empfinden, zu schenken und zu empfangen? Leidet ihr unter Verstimmungen, Ängsten und Spannung oder unter Einsamkeit und einem Gefühl der Isolation? Braucht ihr eine Menge Überaktivität, um eure Ängste zu lindern? Die Tatsache, daß ihr bewußt keine Angst empfindet, beweist durchaus nicht, daß ihr frei davon seid. Viele beginnen den Pfad, ohne sich ihrer Angst bewußt zu sein; sie fühlen sich taub, lustlos, gelähmt, wie tot. Das kann ein Zeichen dafür sein, daß die Angst durch einen künstlichen Abtötungsprozeß überwunden wurde. Ein Schritt auf diesem Pfad, der nicht ausgelassen werden kann, ist es, die Angst zuerst spürbar zu machen und danach das zu fühlen, was sich hinter ihr verbirgt. Nur dann kann echte Lebendigkeit entstehen.

Heiterkeit, Begeisterung, Freude und die einzigartige Mischung aus Erregung und Frieden, die spirituelle Ganzheit bedeutet, sind Ergebnis innerer Wahrhaftigkeit. Fehlen diese Gemütszustände, muß auch die Wahrhaftigkeit fehlen. So einfach ist das, meine Freunde.

Wenn ihr also bereit seid, euch auf diese Reise in euch selbst zu begeben, um das, was in euch ist, zu finden, anzuerkennen und zum Vorschein zu bringen, wenn ihr all eure innere Wahrhaftigkeit, all euer Engagement für diese Reise aufbringt, wenn ihr den Mut und die Demut findet, euch nicht anders zu zeigen, als ihr seid, selbst in euren eigenen Augen, dann habt ihr alles Recht, zu erwarten, daß dieser Pfad euch helfen wird, euer Leben voll zu verwirklichen und eure Sehnsucht auf jede denkbare Weise zu erfüllen. Das ist eine realistische Hoffnung. Euer Wissen, daß es so ist, wird wachsen.

Fortschritte auf dem Pfad

Allmählich werdet ihr aus eurer innersten Mitte heraus funktionieren, eine völlig andere Erfahrung als das Leben von der Peripherie aus. Ihr seid jetzt letzteres so gewohnt, daß ihr euch nicht einmal vorstellen könnt, wie es anders sein könnte. Jetzt seid ihr ständig abhängig von dem, was um euch herum geschieht. Ihr seid abhängig von der Annahme und Bestätigung durch andere, davon, geliebt und erfolgreich zu sein, in dem Sinne, wie es die Außenwelt begreift. Ob ihr euch dessen bewußt seid oder nicht, innerlich strebt ihr danach, euch all diese äußere Unterstützung zu sichern, um so Frieden und Erfüllung zu finden.

Wenn ihr aus eurem Zentrum heraus lebt, sprudeln Sicherheit und Freude aus einer tiefen inneren Quelle. Dies heißt aber keineswegs, daß ihr, wenn dies geschieht, dazu verdammt seid, ein Leben ohne Bestätigung, Wertschätzung, Liebe oder Erfolg zu führen. Das ist ein weiteres dualistisches Mißverständnis. Ihr glaubt: »Entweder erfahre ich meine Mitte und muß dann auf alle Liebe und Anerkennung verzichten und allein sein, oder ich muß auf mein inneres Selbst verzichten, weil ein solch einsames Leben nichts für mich ist.« In Wirklichkeit zieht ihr die Fülle des Lebens an, ohne davon abhängig zu sein, wenn ihr aus dem befreiten Zentrum eures innersten Selbst heraus funktioniert. Die

Fülle bereichert euch und ist die Befriedigung eines berechtigten Bedürfnisses, nicht aber die Essenz des Lebens. Die Essenz ist in euch.

Im gesunden Leben eines jeden Menschen muß es Austausch, Intimität, Kommunikation, Teilen, gegenseitige Liebe, wechselseitige Lust sowie das Geben und Nehmen von Wärme und Offenheit geben. Auch braucht jeder Mensch Anerkennung für das, was er oder sie tut. Aber es besteht ein gewaltiger Unterschied darin, diese Anerkennung auf gesunde Weise zu wollen oder von äußerer Anerkennung so abhängig zu sein, daß man nicht ohne sie auskommen kann. Dann opfert das Selbst seine Integrität auf eine tragische Weise auf, die einen hohen Preis fordert. Das wahre Selbst wird verraten, und die Suche nach Anerkennung bewirkt genau das Gegenteil. Dieser Pfad zielt darauf ab, daß ihr euer Zentrum findet, die tiefe, innere spirituelle Realität und nicht irgendwelche trügerischen religiösen Fluchtburgen. Ganz im Gegenteil, dieser Pfad ist ungemein pragmatisch, denn das wahre spirituelle Leben steht niemals im Widerspruch zum praktischen Leben in dieser Welt. Zwischen diesen beiden Seiten des Ganzen muß Harmonie herrschen. Das Alltagsleben aufzugeben ist keine wahre Spiritualität. In den meisten Fällen ist das lediglich eine weitere Flucht. Vielen fällt es leichter, etwas zu opfern und sich zu kasteien, als ihren dunklen Anteilen zu begegnen und sich mit ihnen auseinanderzusetzen. Die Schuld für diese Anteile sühnt man immer wieder durch Selbstentzug, in der Hoffnung, dies öffne die Türen zum Himmel. Doch läßt sich die Schuld nicht tilgen, es sei denn die Persönlichkeit stellt sich ihrer inneren Dunkelheit direkt. Dann werden Opfer und Entzug nicht nur unnötig, sondern sogar ein Widerspruch zur wahren spirituellen Entfaltung. Das Universum fließt über vor Freude, Lust und Wonne: Von den Menschen wird erwartet, daß sie diesen Überfluß erfahren, nicht ihm entsagen. Keine wie auch immer geartete Entsagung wird die Schuld tilgen, die darin besteht, die Läuterung der Seele zu vermeiden.

Ich möchte noch eine weitere besondere Eigenart der inneren Behinderungen erwähnen, der man sich stellen muß, damit man sie transzendieren kann. Es ist zunächst notwendig, zu verstehen, daß alle Gedanken und Gefühle machtvolle Mittler der kreativen Energie sind, unabhängig davon, ob die Gedanken wahr und weise oder falsch und beschränkt sind. Gleich ob Gefühle liebevoll oder gehässig, wuterfüllt oder gütig, furchtsam oder friedlich sind, ihre Energie ist ihrer Natur gemäß schöpferisch. Gedanken und Meinungen erzeugen Gefühle, und beide zusammen erzeugen Einstellungen, Verhaltensmuster und Ausstrahlungen, welche wiederum die Lebensumstände schaffen. Diese Folgen muß man in Zusammenhang bringen können, verstehen und in ihrer Ganzheit erkennen. Das ist ein wesentlicher Aspekt der Pfadarbeit.

Die Furcht vor euren negativen Gefühlen ist unberechtigt. Die Gefühle selbst sind nicht fürchterlich oder unerträglich. Dennoch können eure Auffassungen und Einstellungen sie dazu machen. Dieser Vorgang wird ständig von denen bestätigt, die diesem Pfad folgen, weil sie herausfinden, daß tiefster Schmerz eine belebende Erfahrung ist. Er setzt kontrahierte Energie und gelähmte schöpferische Kraft frei. Dies befähigt die Menschen, Lust in dem Maße zu empfinden, wie sie bereit sind, Schmerz zu erfahren.

Das gleiche gilt für die Angst. Sie zu erfahren ist nicht verheerend: Einmal erfahren, wird sie zu einem Tunnel, den ihr durchquert, ohne die Angst loszulassen, bis sie euch zu einer höheren Ebene der Realität führt. Angst ist die Leugnung anderer Gefühle. Wenn das ursprüngliche Gefühl angenommen und erfahren ist, löst sich der Knoten. Es ist daher nie das Gefühl als solches, das unerträglich ist. Doch hat eure Einstellung die Kraft, es unerträglich werden zu lassen.

Angst vor euren Gefühlen veranlaßt euch, sie abzuschneiden. Zugleich schneidet ihr euch vom Leben ab. Euer spirituelles Zentrum kann sich nicht entwickeln, kann sich nicht offenbaren und mit eurem Ich oder Egoselbst vereinen, es sei denn, ihr lernt, euch all eure Gefühle zu eigen zu machen, euch von ihnen tragen zu lassen und für sie Verantwortung zu übernehmen. Macht ihr andere für sie verantwortlich, steckt ihr in einer Bindung fest, weil ihr entweder eure Gefühle leugnet oder sie anderen gegenüber zerstörerisch auslebt. Keine dieser Alternativen ist wünschenswert, keine kann eine Lösung bringen.

Das Freisetzen eures spirituellen Selbst

Euer spirituelles Selbst kann nicht frei werden, es sei denn, ihr lernt, all eure Gefühle zu fühlen und jeden Teil eures Wesens anzunehmen, wie zerstörerisch er im Moment auch sein mag. Selbst wenn ihr bestimmte Seiten in euch – im Gegensatz zu anderen, entwickelteren Zügen eurer Persönlichkeit – als negativ, boshaft, eitel oder ichbezogen erlebt, ist es unbedingt notwendig, daß ihr jeden Aspekt eures Wesens annehmt und euch mit ihm auseinandersetzt. Keiner sollte ausgelassen oder in der Hoffnung, daß er keine Rolle spiele und schon irgendwie verschwinden würde, verdeckt werden. Alles spielt eine Rolle, meine Freunde. Nichts, was in euch existiert, ist machtlos. Wie verborgen ein dunkler Aspekt auch sein mag, er erzeugt Lebensbedingungen, die ihr beklagen müßt. Das ist ein Grund, warum ihr lernen solltet, die negativ schöpferischen Aspekte in euch anzunehmen. Ein anderer Grund ist, daß jeder Aspekt von Energie und Bewußtsein, *gleich wie zerstörerisch*, grausam und schlecht er sein mag, in seiner ursprünglichen Essenz schön und positiv ist. Die Verzerrungen müssen in ihre ursprüngliche Essenz zurückverwandelt werden. Energie und Bewußtsein können erst wieder auf positive Weise schöpferisch werden, wenn ihr das Licht der Erkenntnis und der positiven Intentionalität auf sie scheinen laßt. Bis ihr das tut, könnt ihr nicht in euren schöpferischen Kern gelangen.

Das Aufgeben von Illusionen

Dies ist im wesentlichen die Pfadarbeit. Der Pfad ist nur deshalb schwierig, weil der Mensch in seiner Eitelkeit falsche Vorstellungen davon hat, wie er jetzt schon sein sollte. Das ist eure einzige Schwierigkeit: daß ihr an eurer Illusion festhaltet, wer ihr seid und wer ihr sein solltet, und an der Illusion, daß ihr bestimmte Probleme nicht haben solltet. Bis ihr diese Illusionen aufgebt und alles zur Kenntnis nehmt, was in euch ist, müßt ihr eurer eigenen spirituellen Essenz entfremdet bleiben. Diese Essenz erneuert sich ständig selbst; sie versöhnt ständig scheinbar unversöhnliche Gegensätze. Eure spirituelle Essenz stattet euch mit allem aus, was ihr je brauchen könntet, um euer Leben zu leben und die Aufgabe zu vollenden, die zu erfüllen ihr mit eurer Geburt gekommen seid. Es ist euer göttliches Zentrum. Daher seid ihr ein Ausdruck all dessen, was ist – ein Ausdruck des Allbewußtseins. Solange ihr euch in eurer übergroßen Furcht, eure kleinen Eitelkeiten aufzugeben, von diesem Allbewußtsein abschneidet, kann eure Sehnsucht nicht erfüllt werden, denn kein Allheilmittel existiert, das euch geben kann, was ihr braucht und berechtigterweise wünscht, ohne daß ihr den Pfad in und durch eure eigene Dunkelheit geht. Spirituelle Übungen allein können eure Sehnsucht nicht erfüllen, gleich wieviel Zeit ihr in Meditation und Konzentration verbringt. Meditation und schöpferisches Visualisieren können jedoch sehr hilfreich sein, wenn sie in Verbindung mit Selbstkonfrontation benutzt werden.

Sehr, sehr wenige Menschen auf dieser Erde sind bereit, sich auf einen Pfad, wie ich ihn hier beschrieben habe, einzulassen. Aber jene, die den Mut haben, den ganzen Weg beständig und geduldig zu gehen, welche Herrlichkeit erwartet sie in ihrer allerinnersten Mitte!

Durch den Geist leben

Der Pfad ist herrlich, habt ihr nur erst einmal die Anfangsstadien hinter euch gebracht, in denen ihr mit euren falschen Vorstellungen kämpft, die immer zwei unannehmbare Alternativen erzeugen. Wenn der Pfad sich aus eurem Inneren heraus öffnet, beginnt ihr, vielleicht zum ersten Mal in eurem Leben, euer eigenes Seinspotential, eure eigene Göttlichkeit zu erfahren. Ihr werdet euer Potential zu Lust und Sicherheit, Bewußtheit eurer selbst und anderer und deshalb eure unendlich größere Kraft fühlen, euch anderen zu verbinden, sie zu verstehen und ohne Angst mit ihnen zusammenzusein.

Die anfängliche Entscheidung, einen solchen Pfad zu gehen, muß eine realistische sein, wenn der Weg gelingen soll. Seid ihr bereit, eure Illusionen über euch aufzugeben, eure Erwartungen darüber, was andere für euch tun sollen, weil ihr eure Selbsttäuschungen nicht loslassen wollt? Seid ihr bereit, eure falschen Ängste darüber abzulegen, welche Gefühle ihr erfahren müßt und welche nicht, welche Gefühle ihr zu erfahren imstande seid und welche nicht? Wenn ihr euch selbst dazu bekennt, voll und ganz all das anzunehmen, was ihr jetzt seid, und weiterhin das in euch kennenzulernen, was ihr bisher noch nicht kennt, dann werdet ihr sehen, daß dies eine höchst spannende, bedeutsame und sinnvolle Reise in eure eigenen Tiefen ist. Ihr werdet alle Hilfe erhalten, die ihr braucht, denn niemand kann eine solche Reise allein unternehmen. Die Hilfe wird euch gegeben werden; sie wird zu euch kommen.

Wenn sich euer spirituelles Zentrum zu offenbaren beginnt, vereinigt sich euer Ichbewußtsein damit, und ihr beginnt gleichsam »durch den Geist zu leben«. Euer Leben wird ein spontaner, müheloser Fluß.

Gibt es dazu irgendwelche Fragen?

FRAGE: *Inwiefern war der Pfad in früheren Zeitaltern und Kulturen anders?*
ANTWORT: Die Menschheitsentwicklung früherer Zeiten bedurfte eines anderen Ansatzes. Zum Beispiel neigten die Menschen im Mittelalter dazu, ihre

grausamen Impulse auszuleben. Sie waren nicht fähig, sich so weit von ihren Impulsen zu lösen, daß sie sie identifizieren, sich zu eigen machen und Verantwortung für sie übernehmen konnten. Sie fühlten sich gezwungen, ihnen freien Lauf zu lassen, und verloren sich in ihnen. Deshalb brauchten die Menschen strikte äußere Autorität, die ihre niedere Natur in Schach hielt. Erst als die menschliche Persönlichkeit fähig wurde, Selbstkontrolle zu üben, wurde der nächste Entwicklungsschritt möglich. Diese starke Kontrolle muß jetzt gelockert werden.

In früheren Zeiten war der Durchschnittsmensch zu weit von seinem Kern entfernt, um das spirituelle Leben im Inneren zu suchen, es mußte nach außen projiziert werden. Die Unfähigkeit zur Verantwortung für das Selbst führte dann zur Schaffung eines äußeren Teufels, der das Individuum besetzte, und eines äußeren Gottes, der ihm half.

Das ist nun alles anders geworden. Zum Beispiel ist das größte Hindernis für die Menschheit heute ihr egoistischer Stolz. Die Menschen haben mit den Kräften des Ich viel vollbracht. Sie mußten diese Kräfte entwickeln, um nicht länger unverantwortliche, hilflose Kinder zu bleiben. Aber diese Kräfte müssen jetzt von dem spirituellen Zentrum im Inneren ausgeübt und dürfen nicht mehr dem Ich zugeordnet werden. Der Stolz des Ich macht das schwierig. Fragen wie diese tauchen auf: »Was werden die andern sagen? Werden sie mich für naiv, dumm oder unwissenschaftlich halten?« Es ist heute jedermanns Aufgabe, diesen Stolz und diese Abhängigkeit von der Meinung anderer zu überwinden. Wie oft verraten einzelne ihre spirituelle Wahrheit, indem sie von sich geben, was sie für intelligent halten, ohne je den Mut zu haben, sich von ihrem spirituellen Selbst inspirieren zu lassen! Das sind die Kriterien für den Pfad heute.

Jede Stufe der Evolution des spirituellen Bewußtseins erfordert ein anderes Herangehen. Dennoch, eine Ausnahme gibt es. In jedem Zeitalter gab es eine kleine Minderheit von Leuten, die weit über das Maß des Durchschnittsmenschen entwickelt waren. Für sie war der Pfad immer derselbe. Diese wenigen bildeten Geheimgesellschaften, die unbekannt blieben und nicht populär waren. Eine Gruppe wie die eure kann deswegen auch keine populäre Bewegung sein, denn selbst heute gibt es nur wenige Leute, die willens und bereit sind, einem solchen Pfad zu folgen. Sicherlich aber sind heute weit mehr als früher fähig; viele sind fähig, wenige tun es.

Ich werde mich jetzt aus diesem Instrument, durch das ich mich offenbaren durfte, zurückziehen. Eine große spirituelle Macht beschützt euch. Das mag für einige von euch unbegreiflich sein, es ist jedoch Realität, meine Freunde. Jenseits der Welt, die ihr kennt und berührt und seht, gibt es eine andere Welt. Nur wenn ihr euch erforscht und in euren Kern geht, werdet ihr dieser Welt begegnen, und dann wird sie ihre ganze Wirklichkeit und höchste Herrlichkeit offenbaren. Diese Welt existiert in euch und um euch, und wenn ihr danach greift, wird ihre vollkommene Weisheit euch inspirieren.

Seid gesegnet, jeder von euch. Wer ein Bekenntnis zum eigenen Wesen ablegen und die Hilfe nutzen will, die dieser Pfad zu geben hat, sei gesegnet und geleitet in allen Schritten, und wer diese Entscheidung noch nicht treffen will oder sich anderswo hingezogen fühlt, sei auch gesegnet. Lebt in Frieden.

2 Das idealisierte Selbstbild

(Lesung Nr. 83)

Die meisten von uns wachsen in dem Glauben auf, daß wir nicht gut genug sind, um nur um unserer selbst willen geliebt zu werden. So versuchen wir verzweifelt, einem selbstgeschaffenen Bild gerecht zu werden, das uns vorhält, wie wir zu sein haben. Der dauernde Kampf, die idealisierte Version unserer selbst aufrechtzuerhalten, verursacht viele unserer Schwierigkeiten. Es ist deshalb wichtig, daß wir entdecken, auf welchen Annahmen wir unser idealisiertes Selbstbild gegründet haben und wie es in unserem Leben Leid und Enttäuschung hervorgerufen hat. Wir werden merken, daß es genau das Gegenteil von dem, was wir erhofften, erreicht hat. Diese Entdeckung mag schmerzlich sein, aber sie wird uns ermöglichen, die Art und Weise, wie wir uns der Welt darstellen, neu einzuschätzen, und uns helfen, unser entspanntes und wahres Selbst zu werden.

Seid gegrüßt! Gott segne euch alle, meine lieben, lieben Freunde.

Das höhere Selbst, das niedere Selbst und die Maske

Zum besseren Verständnis der menschlichen Natur könnt ihr sie euch in drei konzentrischen Kreisen vorstellen. Der zentrale Kreis, der innerste Kern, ist das *höhere Selbst*, Teil der kosmischen Intelligenz und Liebe, die das Leben durchdringt, kurz: Gott. Es ist der göttliche Funke. Das höhere Selbst ist frei, spontan, schöpferisch, liebend, gebend, allwissend und fähig zu unaufhörlicher Freude und Glückseligkeit. Ihr könnt den Kontakt zu ihm jederzeit herstellen, wenn ihr wahrhaftig seid und von Herzen gebt, wie in der Meditation und im Gebet.

Die Schicht, die das göttliche Selbst umgibt, ist die verborgene Welt der Ichbezogenheit, die wir das *niedere Selbst* nennen. Das ist euer unentwickelter Teil, der negative Empfindungen, Gedanken und Impulse wie Furcht, Haß und Grausamkeit birgt.

Die äußerste Schicht, mit der die Menschen wie mit einem Schutzschild ihr niederes, oft sogar ihr höheres Selbst verbergen, ist das *Maskenselbst* oder das idealisierte Selbstbild.

Selbstverständlich gibt es viele Grade und Stufen in jeder dieser Bewußtseinsebenen. Die Art, wie sie sich überschneiden, einander ausschließen und Verwirrung erzeugen, indirekte Wirkungen und Kettenreaktionen nach sich ziehen, muß erforscht und verstanden werden. Es ist diese Forschungsarbeit, auf die ihr euch auf diesem Pfad einlaßt. Die Persönlichkeitsaspekte können in unterschiedlichen Abstufungen bewußt oder unbewußt sein. Je weniger ihr ihrer gewahr seid, desto mehr Konflikte gibt es in eurem Leben, desto weniger seid ihr gerüstet, den Herausforderungen entgegenzutreten. Ist eure Bewußtheit gering, verlangsamt dies den Umwandlungsprozeß, durch den ihr schließlich euer niederes und euer Maskenselbst in euer göttliches Zentrum integriert.

Heute abend möchte ich zu euch über das Maskenselbst oder das idealisierte Selbstbild sprechen.

Der Schmerz ist von Geburt an ein Teil der menschlichen Erfahrung. Obwohl schmerzhaften Erfahrungen angenehme folgen müssen, ist das Wissen um den Schmerz und die Angst vor ihm immer gegenwärtig. Das bedeutsamste Gegenmittel, zu dem die Menschen in dem Glauben greifen, damit Unglück, Leid und sogar Tod verhindern zu können, besteht darin, daß sie sich ein idealisiertes Selbstbild als universellen Pseudoschutz schaffen. Es gilt als Mittel, Unglücklichsein zu vermeiden. Unglück, Unsicherheit und der mangelnde Glauben an sich selbst hängen zusammen. Indem man vorgibt, etwas zu sein, was man nicht ist, durch die Schaffung des idealisierten Selbst also, hofft man, Glück, Sicherheit und Selbstvertrauen wiederherzustellen.

In Wirklichkeit beruht gesundes, echtes Selbstvertrauen auf innerem Frieden. Nur er allein gibt Sicherheit, gesunde Unabhängigkeit und erlaubt durch die Entwicklung der eigenen Talente, die Führung eines konstruktiven Lebens und das Eingehen fruchtbarer menschlicher Beziehungen ein Höchstmaß an Glück. Aber da das durch das idealisierte Selbst aufgebaute Selbstvertrauen künstlich ist, kann das Ergebnis keinesfalls das erwartete sein. Was sich als Folge ergibt, ist tatsächlich genau das Gegenteil und damit sehr frustrierend, weil euch Ursache und Wirkung nicht erkennbar sind.

Ihr müßt die Bedeutung, Wirkung, die Schäden sowie die Verbindung zwischen eurem Unglück und dem idealisierten Selbstbild erfassen und genau erkennen, auf welche Weise es sich in eurem Falle auswirkt. Das herauszufinden ist viel Arbeit. Die Auflösung des idealisierten Selbst ist der einzige Weg, euer wahres Selbst, Selbstachtung und innere Gelassenheit zu finden und ein erfülltes Leben zu führen.

Angst vor Schmerz und Strafe

Ungeachtet eurer jeweiligen Verhältnisse wurdet ihr als Kind mit Ermahnungen dazu, wie wichtig es sei, gut, heilig und vollkommen zu sein, indoktriniert. Wart ihr das nicht, wurdet ihr oft auf die eine oder andere Weise bestraft. Die vielleicht schlimmste Bestrafung bestand darin, daß eure Eltern euch ihre Zuneigung entzogen und böse waren. Das vermittelte euch den Eindruck, nicht mehr geliebt zu werden. Kein Wunder also, daß sich »Schlechtsein« mit Strafe und Unglücklichsein verband und »Gutsein« mit Belohnung und Glücklichsein. So wurde es zu einer absoluten Bedingung, »gut« und »vollkommen« zu sein, es wurde für euch zu einer Frage von Leben und Tod. Dennoch, ihr wußtet recht gut, daß ihr nicht so gut und vollkommen wart, wie die Welt es von euch zu erwarten schien. Diese Tatsache mußte verborgen werden und wurde zu einem schuldbeladenen Geheimnis. So fingt ihr an, ein falsches Selbst aufzubauen. Dies, so glaubtet ihr, würde euch Schutz und Mittel sein, um zu erhalten, wonach ihr euch verzweifelt sehntet – Leben, Glück, Sicherheit, Selbstvertrauen. Das Bewußtsein für diese falsche Fassade begann zu schwinden, aber ihr wart und seid ständig von dem Schuldgefühl durchdrungen, etwas vorzutäuschen, was ihr nicht seid. Ihr strengt euch mehr und mehr an, dieses falsche, idealisierte Selbst zu werden. Ihr wart überzeugt und seid es unbewußt immer noch, daß ihr eines Tages mit der rechten Mühe dieses Selbst werden könnt. Aber in dem künstlichen Versuch, euch in etwas hineinzuzwängen, was ihr nicht seid, könnt ihr niemals echte Fortschritte machen, euch läutern und wachsen. Ihr fingt an, ein unechtes Selbst auf einer falschen Grundlage zu errichten, und habt euer echtes Selbst dabei draußen gelassen. Mehr noch, ihr versteckt es auf verzweifelte Weise.

Die moralische Maske des idealisierten Selbst

Das idealisierte Selbstbild kann viele Formen annehmen. Es diktiert nicht immer Normen *allgemein anerkannter Vollkommenheit.* O ja, es setzt oft hohe moralische Maßstäbe und macht es damit um so schwerer, seine Gültigkeit in Frage zu stellen. »Ist es denn nicht richtig, immer bescheiden, liebevoll, verständnisvoll, niemals ärgerlich zu sein, keine Fehler zu haben und Vollkommenheit zu suchen? Wird das nicht von uns erwartet?« Solche Überlegungen erschweren die Aufdeckung der zwanghaften Haltung, die vorhandene Unzulänglichkeiten wie etwa den Stolz und Mangel an Demut leugnet, der euch hindert, euch so, wie ihr jetzt seid, anzunehmen. Das schließt die Verstellung und die Scham ein, die damit einhergehen, die Furcht vor Bloßstellung, die Heimlichtuerei, Spannungen, Entstellungen, Schuld und Angst. Einige Fortschritte werden nötig sein, bevor ihr den Unterschied im Gefühl zwischen dem echten Wunsch, Schritt für Schritt auf Wachstum hinzuarbeiten, und den Vortäuschungen, die euch das idealisierte Selbst diktiert, erfahrt. Ihr werdet die tiefverborgene Furcht entdecken, die euch sagt, eure Welt sei am Ende, wenn ihr diesen Maßstäben nicht gerecht werdet. Ihr werdet viele andere Aspekte und Unterschiede zwischen dem echten und dem unechten Selbst spüren und erkennen. Und ihr werdet auch die Ansprüche *eures individuellen* idealisierten Selbst entdecken.

Es gibt auch Teile des idealisierten Selbst, abhängig von der Persönlichkeit, den Lebensbedingungen und Einflüssen in der Kindheit, die keineswegs als ethisch oder moralisch gut eingeschätzt werden können. Aggressive, feindselige, stolze, allzu ehrgeizige Neigungen werden verherrlicht oder idealisiert. Es ist richtig, daß hinter allen idealisierten Selbstbildern solche Neigungen existieren. Aber sie sind meist verborgen, und da sie kraß den hohen moralischen Normen des einzelnen idealisierten Selbstbildes widersprechen, erzeugen sie zusätzlich Ängste, daß der Schwindel aufgedeckt werden könnte. Derjenige, der solche negativen Neigungen in dem Glauben verherrlicht, sie bewiesen Stärke und Unabhängigkeit, Überlegenheit und Zurückhaltung, wäre tief beschämt durch die Art von Gutsein, die das idealisierte Selbst eines anderen als Fassade benutzt, und würde dies als Schwäche, Verwundbarkeit und Abhängigkeit im ungesunden Sinne bewerten. Ein solcher Mensch übersieht völlig, daß nichts so verletzlich macht wie Stolz. Und es verursacht auch nichts soviel Angst.

In den meisten Fällen findet ihr eine Mischung aus beidem: übergenaue moralische Normen, denen man unmöglich entsprechen kann, und Stolz darauf, unverletzlich, unantastbar und überlegen zu sein. Daß diese sich einander ausschließenden Ansprüche gleichzeitig nebeneinander bestehen, stellt eine besondere Erschwernis für die Psyche dar. Selbstverständlich fehlt ein klares Bewußtsein für diesen Widerspruch, bis unsere Arbeit weiter fortgeschritten ist.

Es gibt viele weitere Aspekte, Möglichkeiten und individuelle Scheinlösungen, die mannigfache einander ausschließende Verhaltensweisen kombinieren. All das muß individuell herausgefunden werden.

Betrachten wir jetzt einige der allgemeinen Auswirkungen und Begleiterscheinungen der Existenz des idealisierten Selbstbildes. Da seine Maßstäbe und Forderungen unmöglich zu verwirklichen sind und ihr dennoch nie den Versuch aufgebt, ihnen gerecht zu werden, kultiviert ihr innerlich eine Tyrannei der schlimmsten Art. Ihr erkennt nicht die Unmöglichkeit, je so vollkommen zu sein, wie euer idealisiertes Selbst es fordert, und hört nicht auf, euch selber zu geißeln und zu kasteien und als völlige Versager zu fühlen, wenn es klar wird, daß ihr den Forderungen nicht entsprechen könnt. Ein Gefühl tiefster Wertlosigkeit überkommt euch, wenn ihr diesen absurden Forderungen gegenüber versagt, und stürzt euch ins tiefste Elend. Dieses Elend kann manchmal bewußt sein, meistens aber ist es das nicht. Und selbst wenn es bewußt ist, erkennt ihr seine volle Bedeutung nicht, die Unmöglichkeit dessen, was ihr von euch selbst erwartet. Wenn ihr versucht, eure Reaktionen auf euer eigenes »Versagen« zu verstecken, benutzt ihr besondere Mittel, um es nicht zu sehen. Einer der üblichsten Kunstgriffe besteht darin, die Schuld für das »Versagen« auf die Außenwelt, auf andere oder das Leben zu projizieren.

Je mehr ihr versucht, euch mit eurem idealisierten Selbst zu identifizieren, desto härter ist die Desillusionierung, wenn euch das Leben in eine Lage versetzt, in der diese Maskerade nicht mehr aufrechterhalten werden kann. Manch eine persönliche Krise beruht nicht auf äußeren Schwierigkeiten, sondern auf diesem Dilemma. Die äußeren Schwierigkeiten werden dann über die objektive Bedrängnis hinaus zu einer zusätzlichen Gefahr. Ihre Existenz ist der Beweis, daß ihr nicht euer idealisiertes Selbstbild seid, und das raubt euch euer falsches Selbstvertrauen, das ihr mit der Schaffung des idealisierten Selbst aufzubauen suchtet. Es gibt andere Persönlichkeitstypen, die sehr genau wissen, daß sie sich mit dem idealisierten Selbst nicht identifizieren können. Doch sie wissen dies nicht auf gesunde Weise. Sie verzweifeln, weil sie glauben, sie müßten imstande sein, ihm gerecht zu werden. Ihr gesamtes Leben ist von einem Gefühl des Versagens durchdrungen, während der vorher genannte Typ dieses Versagen auf bewußteren Ebenen nur erfährt, wenn innere und äußere Bedingungen zusammentreffen, um das Phantom des idealisierten Selbst als das zu zeigen, was es wirklich ist: eine Illusion, eine Vortäuschung, eine Unehrlichkeit. Es läuft auf die Aussage hinaus: »Ich weiß, ich bin nicht vollkommen, gebe aber vor, es zu sein.« Diese Unehrlichkeit nicht zu erkennen ist recht einfach, wenn sie durch Gewissenhaftigkeit, achtbare Normen und Ziele und den Wunsch, gut zu sein, rationalisiert wird.

Selbstannahme

Der echte Wunsch, sich zu bessern, führt dazu, sich so anzunehmen, wie man jetzt ist. Wenn diese grundlegende Annahme das Hauptmotiv für Vollkommenheit ist, stürzt euch die Entdeckung, wie wenig ihr euren Idealen entsprecht, nicht in Depression, Angst oder Schuld, sondern wird euch eher stärken. Ihr werdet es dann nicht nötig haben, das »Schlechte« an eurem Verhalten zu übertreiben, auch werdet ihr euch dagegen nicht mit der Entschuldigung verteidigen, daß es der Fehler anderer oder des Lebens oder des Schicksals sei. Ihr werdet euch selbst in dieser Hinsicht mit objektiven Augen sehen, und dies wird euch frei machen. Ihr werdet die volle Verantwortung für das fehlerhafte Verhalten übernehmen und bereit sein, die Konsequenzen zu tragen. Agiert ihr aber euer idealisiertes Selbst aus, werdet ihr nichts mehr als das fürchten, denn die Verantwortung für eure Fehler zu übernehmen ist gleichbedeutend mit der Aussage: »Ich bin nicht mein idealisiertes Selbst.«

Der innere Tyrann

Gefühle des Versagens, der Frustration und des Getriebenseins wie auch Schuld und Scham sind die stärksten Anzeichen für das Auftreten des idealisierten Selbst. Dies sind die bewußt erfahrenen Empfindungen, in tieferen Schichten verbergen sich andere. In der Tat ist die Grundlage der Tyrannei des idealisierten Selbstbildes das Gefühl *falscher Scham* und *falscher Schuld*, wenn ihr ihm nicht entsprechen könnt. Hinzu kommt, daß das idealisierte Selbst auch *falsche Bedürfnisse* hervorbringt, aufgesetzt und künstlich erzeugt wie das Bedürfnis nach Ruhm und Sieg, um Eitelkeit oder Stolz zu befriedigen. Das Streben nach diesen Zielen kennt keine echte Befriedigung.

Das idealisierte Selbst wurde erschaffen, um Selbstvertrauen zu erlangen und damit letztlich Glück und höchste Freude. Je stärker es auftritt, um so mehr schwindet das echte Selbstvertrauen. Da ihr seinen Normen nicht gerecht werden könnt, haltet ihr noch weniger von euch, als ihr es ursprünglich tatet. Offensichtlich könnt ihr also echtes Selbstvertrauen nur aufbauen, wenn ihr den Überbau beseitigt, diesen gnadenlosen Tyrannen, euer idealisiertes Selbst.

Ja, ihr könntet Selbstvertrauen haben, wenn ihr wirklich das idealisierte Selbst wärt und seinen Maßstäben entsprechen könntet. Da das unmöglich ist und ihr tiefinnerlich sehr wohl wißt, daß ihr nicht seid, was ihr glaubt sein zu müssen, errichtet ihr mit diesem »Überselbst« eine zusätzliche Unsicherheit und damit weitere Teufelskreise. Die ursprüngliche Unsicherheit, die angeblich durch die Errichtung des idealisierten Selbst weggezaubert wurde, steigt ständig. Sie wächst lawinenartig an und wird größer und größer. Je unsicherer ihr euch fühlt, je strenger die Forderungen des Überbaus eures idealisierten Selbst werden, desto weniger werdet ihr ihnen gerecht und desto unsicherer werdet ihr. Es ist äußerst wichtig zu sehen, wie dieser Teufelskreis funktioniert. Aber das kann nur dann geschehen, wenn ihr euch der unaufrichtigen, subtilen, unbewußten Formen, in denen sich das idealisierte Selbstbild in eurem speziellen Fall zeigt, völlig bewußt werdet. Fragt euch, wie und wo es sich auswirkt, welche Ursachen und Wirkungen damit verbunden sind.

Entfremdung vom wahren Selbst

Ein weiteres, drastisches Ergebnis dieses Problems ist die ständig steigende Entfremdung vom wahren Selbst. Das idealisierte Selbst ist eine Lüge. Es ist eine rigide, künstlich errichtete Imitation eines lebendigen Menschen. Mit wie vielen Zügen eures wahren Wesens ihr es auch ausschmückt, es bleibt ein künstliches Gebilde. Je mehr ihr es mit eurer Persönlichkeit, euren Energien, Gedankenprozessen, Vorstellungen, Ideen und Idealen ausstattet, desto mehr Kraft entzieht ihr eurem Wesenskern, der allein dem Wachstum zugänglich ist. Diese Mitte eures Seins ist der einzige Bestandteil, ist das wahre Selbst, das leben, wachsen und sein kann. Es ist der einzige Teil, der euch angemessen leiten kann. Er allein funktioniert mit all euren Fähigkeiten. Er ist flexibel und intuitiv. Allein seine Empfindungen sind echt und wertvoll, auch wenn sie für den Augenblick noch nicht völlig mit Wahrheit und Wirklichkeit übereinstimmen, noch nicht vollkommen und rein sind. Aber die Empfindungen des wahren Selbst wirken in Vollkommenheit in bezug auf das Wesen, das ihr jetzt seid. Je mehr ihr diesem Wesenskern entzieht und euren selbstgeschaffenen Roboter damit ausstattet, desto mehr entfremdet ihr euch dem wahren Selbst und schwächt und verarmt es.

Im Laufe der Pfadarbeit seid ihr gelegentlich auf die verwirrende und oft beängstigende Frage gestoßen: *»Wer bin ich wirklich?«* Das ist die Folge des Zwiespalts und des Kampfes zwischen dem wahren und dem falschen Selbst. Nur durch Lösung dieser höchst lebenswichtigen und inhaltsschweren Frage wird euer Wesenskern antworten und in seiner vollen Kraft zugleich mit eurer Intuition wirksam werden. Ihr werdet spontan handeln können, frei von allen Zwängen, und euren Gefühlen trauen, weil sie die Gelegenheit haben werden, zu reifen und zu wachsen. Gefühle werden für euch ebenso zuverlässig sein wie euer Urteilsvermögen und Intellekt.

All das ist das entscheidende Finden des Selbst. Bevor dies geschieht, müssen viele Hürden überwunden werden. Es erscheint euch wie ein Kampf auf Leben und Tod. Ihr glaubt noch immer, ihr bräuchtet euer idealisiertes Selbst, um zu leben und glücklich zu sein. Sobald ihr versteht, daß dem nicht so ist, werdet ihr imstande sein, die Pseudoverteidigung aufzugeben, die die Aufrechterhaltung und Kultivierung des idealisierten Selbst so notwendig erscheinen läßt. Wenn ihr erst einmal versteht, daß das idealisierte Selbst euch nicht nur Glück, Freude und Sicherheit geben sollte, sondern darüber hinaus auch noch eure speziellen Lebensprobleme lösen sollte, werdet ihr die falsche Schlußfolgerung dieser Theorie erkennen können. Sobald ihr noch einen Schritt weitergeht und erkennt, welchen Schaden das idealisierte Selbst eurem Leben zugefügt hat, werdet ihr diese Bürde ablegen. Keine Überzeugung, keine Theorie oder Worte, die ihr hört, werden euch dazu bringen, das Bild aller Bilder aufzugeben, wohl aber die Erkenntnis, welche Probleme es lösen sollte und welchen Schaden es angerichtet hat und noch immer anrichtet.

Selbstverständlich müßt ihr auch genau und im einzelnen feststellen, welches die Forderungen und Normen eures idealisierten Selbst sind, und dann deren Unvernunft und Unmöglichkeit erkennen. Empfindet ihr akute Angst und Niedergeschlagenheit, dann zieht in Betracht, daß euer idealisiertes Selbst sich herausgefordert und bedroht fühlt, entweder durch eure eigenen Begrenzungen, durch andere oder durch das Leben selbst. Erkennt die Selbstverachtung, die der Angst oder Depression unterliegt. Wenn ihr euch zwanghaft über andere aufregt, erwägt die Möglichkeit, daß dies nichts anderes als die Veräußerlichung eures Ärgers auf euch selbst dafür ist, den Normen eures falschen Selbst nicht gerecht werden zu können. Erlaubt diesem Selbst nicht, für akute Depressionen oder Angst äußere Probleme als Entschuldigung zu benutzen. Betrachtet die Frage aus diesem neuen Blickwinkel. Eure individuelle, persönliche Arbeit wird euch in dieser Richtung helfen, aber es ist fast unmöglich, das allein zu tun. Nur nach einigen grundlegenden Fortschritten werdet ihr erkennen, daß viele dieser äußeren Probleme direkt oder indirekt Folge dieses Zwiespaltes zwischen euren Fähigkeiten und den Normen eures idealisierten Selbst sind, und wie ihr mit diesem Konflikt umgeht.

Mit dem Fortschritt in dieser besonderen Phase unserer Arbeit werdet ihr dahin kommen, das Wesen eures idealisierten Selbst genau zu verstehen: seine Forderungen, seine Bedingungen an das Selbst und an andere zur Aufrechterhaltung der Illusion. Sobald ihr klar erkennt, daß das, was ihr als lobenswert betrachtet habt, wirklich Stolz und Verstellung sind, habt ihr eine ganz wesentliche Einsicht erlangt, die euch befähigt, den Einfluß des idealisierten Selbst zu schwächen. Dann und nur dann werdet ihr sehen, welche ungeheure Selbstbestrafung ihr euch auferlegt. Denn immer, wenn ihr versagt, was ihr zwangsläufig müßt, werdet ihr so ungeduldig, so irritiert, daß eure Gefühle sich lawinenartig zu Wut und Zorn auf euch selbst steigern können. Diese projiziert ihr dann oft auf andere, weil es zu unerträglich ist, sich des Selbsthasses bewußt zu sein, es sei denn, man rollt diesen ganzen Prozeß auf und sieht ihn im ganzen, im Licht. Doch selbst wenn dieser Haß auf andere abgeladen ist, ist die Wirkung auf das Selbst noch da und kann auf vielerlei Weise Krankheit, Unfälle, Verlust und andere Mißerfolge verursachen.

Die Aufgabe des idealisierten Selbst

Mit dem ersten Schritt zur Aufgabe des idealisierten Selbst werdet ihr ein Gefühl der Befreiung erleben wie nie zuvor. Dann werdet ihr wirklich neu geboren sein. Euer wahres Selbst wird sich zeigen, und ihr werdet in ihm ruhen, gegründet in euch selber. Dann werdet ihr wirklich wachsen, nicht nur in den Randzonen, die von der Diktatur eures idealisierten Selbst frei gewesen sein mögen, sondern in jedem Teil eures Wesens. Dies wird viel verändern, zuerst in euren Reaktionen auf das Leben, auf Ereignisse, euch selbst und andere. Diese veränderten Reaktionen werden erstaunlich genug sein, aber unausweichlich werden sich auch äußere Dinge allmählich verändern. Euer neues Verhalten wird neue Wirkungen zeitigen. Das Überwinden eures idealisierten Selbst bedeutet die Überwindung eines wichtigen Aspektes der Dualität zwischen Leben und Tod.

Gegenwärtig seid ihr euch nicht einmal des Drucks, der von eurem idealisierten Selbst ausgeht, bewußt, der Scham, der Demütigung und Bloßstellung, die ihr fürchtet und manchmal auch fühlt, der Anspannung und Anstrengung, des Zwangs. Ahnt ihr gelegentlich solche Empfindungen, bringt ihr sie noch nicht mit den absurden Forderungen des idealisierten Selbst in Verbindung. Nur die klare Einsicht in diese absurden Erwartungen und ihre oft widersprüchlichen Anforderungen wird es euch ermöglichen, sie aufzugeben. In den so gewonnenen Anfängen eines inneren Friedens werdet ihr frei mit dem Leben umgehen und mitten im Leben stehen können. Ihr braucht nicht länger mehr verzweifelt an eurem idealisierten Selbst festzuhalten. Die bloße innere Aktivität des krampfhaften Festhaltens erzeugt ein allgemeines und alles durchdringendes Klima des Festhaltens. Manchmal wird dies im äußerlichen Verhalten ausgelebt, aber meistens ist es eine innere Qualität oder Einstellung. Mit Fortschritten in dieser neuen Arbeitsphase werdet ihr diese innere Enge spüren und allmählich den grundlegenden Schaden erkennen, den sie verursacht. Sie macht das Loslassen vieler Verhaltensweisen unmöglich. Sie macht es übermäßig schwierig, Veränderungen zu bewirken, die dem Leben erlauben würden, Freude und einen tatkräftigen Geist hervorzubringen. Ihr haltet euch eingekapselt in euch selbst und stellt euch dadurch gegen das Leben in einem seiner grundlegendsten Aspekte.

Worte sind unzureichend. Ihr müßt spüren, was ich meine. Wenn ihr euer idealisiertes Selbst durch volles Verständnis seiner Funktion, seiner Ursachen und Wirkungen geschwächt habt, werdet ihr es genau wissen. Dann werdet ihr die große Freiheit gewinnen, euch dem Leben anzuvertrauen, weil ihr nichts mehr vor euch oder anderen zu verstecken habt. Ihr werdet fähig sein, euch ans Leben zu verschwenden, nicht auf ungesunde, unvernünftige, sondern auf gesunde Weise wie die Natur selbst. Dann und nur dann werdet ihr die Schönheit des Lebens erkennen.

Ihr könnt an diesen so wichtigen Teil eurer inneren Arbeit nicht mit einem allgemeingültigen Konzept herangehen. Wie üblich werden eure unbedeutendsten alltäglichen Reaktionen, von diesem Blickpunkt aus betrachtet, die notwendigen Ergebnisse zeitigen. Setzt eure Selbstsuche unter diesem neuen Gesichtspunkt fort, und werdet nicht ungeduldig, wenn dies Zeit und entspannte Bemühung kostet.

Heimkommen

Noch eines: Der Unterschied zwischen wahrem und idealisiertem Selbst liegt oft nicht in der Quantität, sondern in der Qualität. Das heißt, ihre ursprünglichen Motivationen sind verschieden. Dies wird nicht einfach zu erkennen sein, aber sobald ihr die Forderungen und Widersprüche, die Aufeinanderfolge von Ursache und Wirkung erkennt, werdet ihr auch die Unterschiede in der Motivation allmählich wahrnehmen. Ein weiterer wichtiger Punkt ist das Zeitelement. Das idealisierte Selbst will seinen besonderen Forderungen entsprechend sofort vollkommen sein. Das wahre Selbst weiß, daß dies nicht möglich ist, und leidet nicht darunter.

Natürlich seid ihr nicht vollkommen. Euer gegenwärtiges Selbst ist eine Zusammensetzung von allem, was ihr in diesem Augenblick seid. Natürlich gibt es eure grundlegende Selbstbezogenheit, aber wenn ihr diese zugebt, könnt ihr damit umgehen. Ihr könnt lernen, sie zu verstehen, und sie dadurch mit jeder neuen Einsicht mindern. Dann werdet ihr die Wahrheit erfahren, daß ihr, je egozentrischer ihr seid, um so weniger Selbstvertrauen haben könnt. Das idealisierte Selbst glaubt genau das Gegenteil. Die Motivation für seine Ansprüche auf Vollkommenheit rührt allein aus egozentrischen Gründen, und ebendiese Selbstbezogenheit macht Selbstvertrauen unmöglich.

Die große Freiheit des *Heimkommens*, meine Freunde, besteht darin, den Rückweg zu eurem wahren Selbst zu finden. Der Ausdruck »Heimkehr« wurde in der spirituellen Literatur und in den spirituellen Lehren häufig benutzt, aber ebensooft mißverstanden. Oft wurde es als die Rückkehr in die geistige Welt nach dem physischen Tode interpretiert. Aber Heimkommen bedeutet viel mehr. Ihr könnt viele Tode sterben, ein Erdenleben nach dem anderen, aber solange ihr nicht euer wahres Selbst gefunden habt, könnt ihr nicht heimkommen. Ihr seid verloren und bleibt verloren, bis ihr den Weg zum Kern eures Wesens gefunden habt. Andererseits könnt ihr den Weg nach Hause hier und jetzt finden, während ihr noch im Körper lebt. Bringt ihr den Mut auf, euer wahres Selbst zu werden, auch wenn es weit geringer als das idealisierte zu sein scheint, werdet ihr sehen, daß es weit mehr ist. Dann werdet ihr den Frieden haben, in euch selbst zu Hause zu sein, und Sicherheit finden. Dann werdet ihr als vollständige Menschen funktionieren. Ihr werdet die eiserne Peitsche des Zuchtmeisters, dem zu gehorchen unmöglich ist, zerbrochen haben und echten Frieden und echte Sicherheit erkennen. Ihr werdet ein für allemal aufhören, mit falschen Mitteln danach zu suchen.

Mögt ihr durch meine Worte, die ich euch heute abend gegeben habe, Wahrheit und Hilfe und weitere Erleuchtung finden. Doch solltet ihr verstehen und damit rechnen, daß theoretisches Verstehen nichts bringt. Solange diese Worte für euch Theorie bleiben, werden sie euch nicht helfen. Wenn ihr in dieser Weise die Arbeit anfangt oder weiterführt und die mit dem idealisierten Selbst verbundenen emotionalen Reaktionen zulaßt, fühlt und beobachtet, werdet ihr wesentliche Fortschritte in eurer Befreiung und Selbstfindung im wahrsten Sinne des Wortes machen.

Meine Liebsten, möge jeder von euch unsere Liebe, unsere Kraft und unseren Segen empfangen. Lebt in Frieden, lebt in Gott!

3 Der Zwang,
Kindheitsverletzungen zu wiederholen,
um sie zu überwinden

(Lesung Nr. 73)

Der GUIDE sagt, die Tiefenpsychologie sei eine spirituelle Disziplin, da wir unsere Seele nur durch Selbstkenntnis läutern und von selbstzerstörerischen Mustern befreien können, um sie so vorzubereiten, sich mit dem inneren Gott zu verbinden. Der »Wiederholungszwang« ist der Psychologie wohlbekannt; was diese Wiederholung erreichen soll, ist jedoch nirgendwo so einleuchtend erklärt worden wie in dieser Lesung. Unsere sich wiederholenden negativen Erfahrungen sind nicht nur mit unserer frühen Kindheit verknüpft, sondern auch mit früheren Inkarnationen. Mit Hilfe dieser Lesung können wir erkennen, warum wir weiter in unserem Hamsterkäfig herumrennen und wie wir damit aufhören können.

Seid gegrüßt, meine liebsten Freunde! Gott segne euch alle. Möge der göttliche Segen, der sich auf euch alle erstreckt, euch helfen, euch die Worte, die ich heute abend zu euch spreche, anzueignen, damit dies ein fruchtbares Ereignis für euch wird.

Der Mangel an reifer Liebe

Weil Kinder so selten genügend reife Liebe und Wärme erhalten, hungern sie ihr ganzes weiteres Leben danach, bis dieser schmerzende Mangel erkannt und angemessen verarbeitet wird. Wenn nicht, *werden sie als Erwachsene weiterhin unbewußt nach dem verlangen, was ihnen in ihrer Kindheit gefehlt hat.* Das wird sie unfähig machen, auf reife Weise zu lieben. Ihr könnt sehen, wie dieser Umstand sich von Generation zu Generation fortsetzt.

Das Heilmittel kann nicht gefunden werden, indem man wünscht, daß alles anders sei und die Menschen lernten, reife Liebe zu praktizieren. Es liegt einzig und allein in euch. Es ist wahr, hättet ihr von euren Eltern echte Liebe bekommen, gäbe es für euch dieses Problem, das euch nicht wirklich und gänzlich bewußt ist, nicht. Aber der Mangel an reifer Liebe braucht weder euch noch euer Leben zu beunruhigen, wenn ihr euch seiner bewußt werdet, ihn seht und eure früheren unbewußten Wünsche, eure Trauer, eure Gedanken und Vorstellungen neu ordnet, indem ihr sie an der Realität der jeweiligen Situation ausrichtet. Als Folge davon werdet ihr nicht nur glücklicher, sondern auch fähig, anderen reife Liebe zu geben – euren Kindern, wenn ihr welche habt, oder anderen Menschen in eurer Umgebung –, so daß eine heilsame Kettenreaktion in Gang gesetzt werden kann. Solch realistische Selbstkorrektur steht zu eurem gegenwärtigen Verhalten, das wir jetzt betrachten wollen, in scharfem Gegensatz.

Alle Menschen, auch die wenigen, die mit der Erforschung des eigenen Unterbewußten und ihrer Gefühle schon begonnen haben, übersehen für gewöhnlich die starke Verbindung zwischen der kindlichen Sehnsucht und Unerfülltheit und den jetzigen Schwierigkeiten und Problemen des Erwachsenen, weil nur sehr wenige persönlich erfahren – nicht nur theoretisch erkennen –, wie stark dieser Zusammenhang ist. Völlige Bewußtheit darüber ist von wesentlicher Bedeutung.

Es mag Ausnahmefälle geben, wo ein Elternteil reife Liebe in genügendem Maße zu bieten hat. Selbst dann hat sie der andere sehr wahrscheinlich nicht. Da reife Liebe auf dieser Erde nur bis zu einem gewissen Grade vorhanden ist, wird das Kind unter den Unzulänglichkeiten selbst des liebenden Elternteils leiden.

Weit häufiger sind jedoch beide Elternteile emotional unreif und können dem Kind nicht die Liebe geben, nach der es sich sehnt, oder wenn, dann nur unzureichend. In der Kindheit ist dieses Bedürfnis selten bewußt. Kinder haben keine Möglichkeit, ihre Bedürfnisse gedanklich zu fassen. Sie können, was sie haben, nicht mit dem, was andere haben, vergleichen. Sie wissen nicht, daß es auch etwas anderes geben kann. Sie glauben, die Dinge seien so, wie sie sein müssen. In extremen Fällen fühlen sie sich besonders allein und glauben, ihr Schicksal sei einzigartig. Beide Einstellungen stimmen nicht mit der Wahrheit überein. In beiden Fällen ist das wirkliche Empfinden nicht bewußt und kann deshalb weder richtig eingeschätzt noch aufgegeben werden. Daher wachsen Kinder auf, ohne je zu verstehen, warum sie unglücklich sind, oder ohne überhaupt zu wissen, daß sie es sind. Viele von euch schauen zurück auf die Kindheit in der Überzeugung, alle Liebe, die sie wollten, bekommen zu haben, einfach weil sie tatsächlich etwas Liebe bekommen haben.

Es gibt Eltern, die große Liebesbezeugungen von sich geben. Es mag sein, daß sie ihren Kindern gegenüber zu nachgiebig sind. Solches Verhätscheln und Verwöhnen kann eine Überkompensation und eine Art Entschuldigung für eine tief empfundene Unfähigkeit zu reifer Liebe sein. Kinder spüren die Wahrheit sehr genau. Sie denken vielleicht nicht bewußt darüber nach, aber innerlich empfinden sie deutlich den Unterschied zwischen reifer, echter Liebe und der unreifen, überdemonstrativen Form, die statt dessen geboten wird.

Angemessene Führung und Sicherheit liegen in der Verantwortung der Eltern und erfordern deren Autorität. Es gibt Eltern, die es niemals wagen, zu strafen oder gesunde Autorität auszuüben. Dieses Versagen ist auf Schuldgefühle zurückzuführen, weil echte, gebende, warme, ermutigende Liebe ihrer eigenen unreifen Persönlichkeit fehlt. Andere Eltern mögen zu streng, zu genau sein. Sie üben damit eine dominierende Autorität aus, tyrannisieren das Kind und erlauben ihm nicht, seine Persönlichkeit zu entfalten. Beide Typen sind als Eltern unzulänglich, und ihre falschen Verhaltensweisen, die das Kind aufnimmt, werden Leid und Unerfülltheit bewirken.

In Kindern strenger Eltern treten der Groll und die Rebellion offen zutage und sind daher einfacher aufzuspüren. Im anderen Falle ist die Rebellion genauso stark, aber versteckt und daher unendlich viel schwerer zu finden. Wenn ihr einen Elternteil hattet, der euch mit Zuneigung oder Pseudozuneigung überhäufte, ihm jedoch die echte Wärme fehlte, oder einen, der gewissenhaft alles richtig machte, aber ihm auch echte Wärme fehlte, wußtet ihr es als Kind unbewußt und habt es ihm verübelt. Wahrscheinlich wart ihr euch dessen überhaupt nicht gewahr, weil ihr als Kind nicht den Finger auf das legen konntet, was fehlte. Äußerlich hattet ihr alles, was ihr wolltet und brauchtet. Wie hättet ihr mit eurem kindlichen Verstand auch die feine Grenze zwischen echter und scheinbarer Zuneigung ziehen können? Die Tatsache, daß euch etwas störte, ohne daß ihr imstande gewesen wärt, es vernünftig zu erklären, ließ euch Schuld und Unbehagen fühlen. Deshalb habt ihr es soweit wie möglich verdrängt.

Solange die Verletzungen, Enttäuschungen und unerfüllten Bedürfnisse eurer Kindheit unbewußt bleiben, könnt ihr sie nicht bewältigen. Sosehr ihr auch eure Eltern liebt, euer unbewußter Groll hindert euch daran, ihnen für diesen Schmerz zu vergeben. Ihr könnt nur vergeben und loslassen, wenn ihr den tiefversteckten Schmerz und Groll erkennt. Als Erwachsene werdet ihr einsehen, daß eure Eltern auch nur Menschen sind. Sie waren nicht so fehlerlos und vollkommen, wie das Kind es glaubte und wünschte, doch brauchen sie nicht abgelehnt zu werden, nur weil sie ihre eigenen Konflikte und Fehler hatten. Ihr müßt das Licht der bewußten Vernunft auf diese Empfindungen, von denen ihr nie so recht etwas wissen wolltet, scheinen lassen.

Versuche, die Kindheitsverletzungen im Erwachsenenalter zu heilen

Solange ihr euch des Konfliktes zwischen eurem Verlangen nach vollkommener Liebe von euren Eltern und eurem Groll gegen sie nicht bewußt seid, müßt ihr versuchen, die Situation in späteren Jahren zu korrigieren. Dieses Bestreben kann sich in verschiedenen Bereichen eures Lebens zeigen. Ihr begegnet immer wieder Problemen und sich wiederholenden Mustern, die ihren Ursprung in eurem Versuch haben, *die Kindheitssituation wiederherzustellen, um sie so zu berichtigen.* Dieser unbewußte Zwang ist ein sehr starker Faktor, bleibt aber vor eurem bewußten Verstehen tief verborgen!

Der häufigste Versuch, den Zustand zu heilen, geschieht in der *Wahl eurer Liebespartner.* Unbewußt versteht ihr es, im Partner Anteile jenes Elternteils auszuwählen, dem es an Zuneigung und echter und reiner Liebe besonders fehlte. Aber ihr sucht in eurem Partner auch Anteile des anderen Teils, der euren Forderungen näherkam. So wichtig es ist, beide Elternteile in euren Partnern repräsentiert zu finden, weit wichtiger und schwieriger ist es, die Aspekte des Elternteils aufzudecken, der euch besonders enttäuscht und verletzt hat, den ihr stärker ablehnt oder verachtet und für den ihr wenig oder keine Liebe empfindet. So sucht ihr also eure Eltern – auf subtile, nicht immer leicht zu entdeckende Weise – in euren Ehepartnern, Freundschaften oder in anderen Beziehungen. In eurem Unterbewußtsein finden folgende Reaktionen statt: Da das Kind in euch die Vergangenheit nicht loslassen und damit nicht bewältigen, vergeben, verstehen und akzeptieren kann, erzeugt ebendieses Kind in euch immer ähnliche Umstände, versucht am Ende doch zu gewinnen, um letztlich die Situation zu meistern, statt ihr zu unterliegen. Verlieren bedeutet vernichtet werden – was um jeden Preis vermieden werden muß. Der Preis ist in der Tat hoch, da die ganze Strategie undurchführbar ist. Was das Kind in euch sich zum Ziel setzt, kann niemals zur Verwirklichung gelangen.

Der Trugschluß dieser Strategie

Dieser gesamte Vorgang ist höchst destruktiv. Zuerst einmal täuscht ihr euch, wenn ihr glaubt, eine Niederlage erlitten zu haben. Deshalb täuscht ihr euch auch, wenn ihr glaubt, ihr könntet jetzt siegen, und wenn ihr darüber hinaus glaubt, daß der Mangel an Liebe, so traurig er auch für euch als Kind gewesen sein mag, in der Tat die Tragödie sei, als die ihn euer Unterbewußtsein noch immer empfindet. Die einzige Tragödie liegt in der Tatsache, daß ihr euer zukünftiges Glück behindert, indem ihr die Situation immer wieder reproduziert und dann versucht, sie zu meistern. Freunde, dieser Prozeß ist zutiefst unbewußt. Natürlich liegt euch nichts ferner, wenn ihr euch auf eure bewußten Ziele und Wünsche konzentriert. Viel Schürfarbeit ist notwendig, die Emotionen aufzudecken, die euch ständig in Situationen bringen, deren geheimes Ziel es ist, die Wunden eurer Kindheit zu heilen.

Bei dem Versuch, die Kindheitssituation wiederherzustellen, wählt ihr unbewußt einen Partner mit Zügen, die denen des Elternteils ähneln. Jedoch sind es gerade sie, die es ebenso unmöglich machen wie damals, reife Liebe zu bekommen, nach der ihr euch berechtigterweise jetzt verzehrt. Blindlings glaubt ihr, ein stärkerer, zwingenderer Wille würde den Eltern-Partner dazu bringen, sie euch zu geben, wohingegen in Wirklichkeit Liebe auf diese Weise nicht entstehen kann. Nur wenn ihr von dieser ewig sich fortsetzenden Wiederholung frei seid, werdet ihr nicht mehr nach der Liebe dieses Elternteils schreien. Statt dessen wird die Suche nach einem Partner oder einer anderen Beziehung durch das Ziel bestimmt sein, dort die Reife zu finden, die ihr wirklich braucht und wollt. Indem ihr nicht fordert, wie ein Kind geliebt zu werden, werdet ihr gleichfalls zu lieben bereit sein. Das Kind in euch jedoch findet dies unmöglich, ganz gleich, wie sehr ihr auch ansonsten durch Entwicklung und Fortschritte dazu fähig wärt. Dieser verborgene Konflikt überschattet eure ansonsten wachsende Seele.

Habt ihr einen Partner, kann euch die Aufdeckung dieses Konfliktes zeigen, wie er oder sie in bestimmten unreifen Aspekten euren Eltern ähnelt. Aber da ihr jetzt wißt, daß es kaum eine wirkliche reife Person gibt, werden diese Unzulänglichkeiten eures Partners nicht mehr so tragisch sein wie zu der Zeit, als ihr noch ständig auf der Suche nach einem oder beiden der Eltern wart, die ihr natürlich nie finden konntet. Schon jetzt, mit der Unreife und Unfähigkeit, die in euch herrschen, könnt ihr eine reifere Beziehung aufbauen, frei von dem kindischen Zwang, die Vergangenheit wieder aufleben zu lassen und zu berichtigen.

Ihr wißt ja nicht, wie sehr euer Unterbewußtsein von dem Prozeß in Anspruch genommen ist, das Spiel gleichsam neu zu inszenieren, in der Hoffnung, »dieses Mal wird es anders sein«. Und das ist es nie! Mit der Zeit wiegen die Enttäuschungen schwerer, und eure Seele wird immer entmutigter.

Für diejenigen meiner Freunde, die bisher noch nicht in die Tiefe ihrer unerforschten Seele vorgedrungen sind, mag das sehr widersinnig und künstlich klingen. Dennoch werden jene, die inzwischen die Kräfte ihrer verborgenen Neigungen, Zwänge und Bilder sehen können, dies nicht nur bereitwillig glauben, sondern bald die Wahrheit dieser Worte in ihrem eigenen persönlichen Leben erfahren. Ihr wißt bereits aus anderen Entdeckungen, wie machtvoll die Tätigkeit eures Unterbewußtseins ist, wie schlau es seinen zerstörerischen und unlogischen Wegen folgt.

Das Wiedererfahren der Kindheitsverletzungen

Wenn ihr lernt, eure Probleme und Unerfülltheiten aus diesem Blickwinkel zu betrachten, und dem gewohnten Prozeß folgt, eure Gefühle zum Vorschein kommen zu lassen, werdet ihr viel mehr Einsichten gewinnen. Aber, meine Freunde, es wird nötig sein, das Verlangen und die Verletzung des weinenden Kindes, das ihr einmal wart, wiederzuerfahren, obwohl ihr auch ein glückliches Kind wart. Euer Glück war vielleicht gerechtfertigt und ohne jegliche Selbsttäuschung. Denn es ist möglich, glücklich und unglücklich zugleich zu sein. Ihr mögt euch jetzt der glücklichen Seiten eurer Kindheit voll bewußt sein, aber was euch tief verletzt hat und das gewisse Etwas, nach dem ihr euch so stark gesehnt habt – ihr wußtet nicht einmal genau was –, dessen wart ihr euch nicht bewußt. Ihr nahmt die Situation als gegeben und wußtet nicht, was fehlte, oder daß überhaupt etwas fehlte. Dieses grundlegende Unglücklichsein muß nun bewußtgemacht werden, wenn ihr wirklich inneres Wachstum wollt. Ihr müßt den akuten Schmerz, den ihr einmal erlitten, aber verdrängt habt, neu erfahren. Ihr müßt euch jetzt diesen Schmerz im Bewußtsein des gewonnenen Verständnisses anschauen. Nur so werdet ihr den Wirklichkeitsgehalt eurer gegenwärtigen Probleme erfassen und sie in ihrem wahren Lichte betrachten können.

Wie stellt man es an, die alten Verletzungen wiederzuerfahren? Es gibt nur eine Möglichkeit, meine Freunde. Nehmt ein aktuelles Problem. Entkleidet es aller es überlagernden Reaktionsschichten. Die erste und greifbarste Reaktion ist die Rationalisierung, der »Beweis«, daß andere oder die Situation schuld waren, nicht eure inneren Konflikte, die euch veranlaßten, eine falsche Haltung gegenüber dem Problem, mit dem ihr konfrontiert seid, einzunehmen. Die nächste Schicht ist wahrscheinlich Ärger, Groll, Angst, Frustration. Unter all diesen Reaktionen werdet ihr den Kummer des Ungeliebtseins finden. Wenn ihr in eurer jetzigen Lage den Schmerz, nicht geliebt zu werden, zulaßt und erfahrt, wird es euch helfen, das Kindheitsleid wachzurufen. Während ihr der gegenwärtigen Verletzung mit offenen Augen begegnet, denkt zurück und versucht, die Situation mit euren Eltern zu überdenken: Was sie euch gaben, was ihr wirklich für sie empfunden habt. Es wird euch bewußt werden, daß euch in vielerlei Hinsicht etwas fehlte, was ihr nie zuvor richtig erkanntet – was ihr nie sehen wolltet. Ihr werdet herausfinden, daß euch dies als Kind verletzt hat, daß ihr es aber auf bewußter Ebene vergessen habt. Jedoch ist es keineswegs vergessen. Der Schmerz eures gegenwärtigen Problems ist ebenderselbe. Betrachtet erneut eure jetzige Verletzung und vergleicht sie mit der in eurer Kindheit. Schließlich werdet ihr klar erkennen, daß es ein und dieselbe ist. Gleich wie wahr und verständlich euer jetziger Schmerz ist, es ist derselbe wie der Kindheitsschmerz. Etwas später werdet ihr sehen können, wie ihr mit eurem Wunsch, die Verletzung aus der Kindheit zu berichtigen, die jetzige heraufbeschworen habt. Aber zuerst sollt ihr nur die Ähnlichkeit des Schmerzes fühlen. Das erfordert jedoch beträchtliche Anstrengung, denn der jetzige wie der vergangene Schmerz wird durch viele überlagernde Gefühle verdeckt. Bevor es euch gelingt, der Erfahrung des Schmerzes eine klare Form zu geben, könnt ihr keine anderen Erfahrungen auf diesem Gebiete machen.

Sobald ihr das Leid von früher und jetzt in Übereinstimmung bringen könnt und erkennt, daß es ein und dasselbe ist, ist der nächste Schritt viel leichter. Dann werdet ihr nämlich, indem ihr in euren verschiedenen Schwierigkeiten die sich wiederholenden Muster wahrnehmt, die Ähnlichkeiten zwischen euren Eltern und den Menschen, die euch Verletzungen zugefügt haben oder euch jetzt zufügen, erkennen lernen. Erlebt diese Ähnlichkeiten mit eurem Gefühl; es wird euch auf dem Weg dahin, diesen Hauptkonflikt zu lösen, voranbringen. Rein intellektuelle Einschätzung wird zu keinem Erfolg führen. Wenn der Prozeß der Aufgabe der Wiederholung fruchtbar und wahrhaft erfolgreich sein soll, muß er über das bloße intellektuelle Wissen hinausgehen. Ihr müßt euch erlauben, den Schmerz jetziger Unerfülltheit und auch den der Kindheit zu fühlen, sie dann vergleichen, bis sie wie zwei getrennte Diapositive allmählich zusammenrücken und eins werden. *Die Erfahrung des alten und des gegenwärtigen Schmerzes* wird euch allmählich verstehen lassen, daß ihr glaubtet, die jetzige Situation wählen zu müssen, weil ihr tief innerlich unmöglich eine »Niederlage« zugeben konntet. Sobald das geschieht, wird die gewonnene Einsicht und die Erfahrung, wie ich sie hier beschreibe, euch befähigen, den nächsten Schritt zu machen.

Es versteht sich von selbst, daß viele Menschen kein Bewußtsein von Leid haben, weder von dem vergangenen noch von dem gegenwärtigen. Sie verdrängen es eifrig aus ihrer Sicht. Ihre Probleme erscheinen nicht als »Leid«. Für sie ist der erste Schritt das Bewußtwerden, daß dieses Leid da ist und unendlich viel mehr schmerzt, solange sie sich seiner nicht bewußt geworden sind. Viele fürchten sich vor diesem Leid und möchten glauben, daß es durch Ignorieren zum Verschwinden gebracht werden kann. Sie wählen diese Methode der Erleichterung nur, weil ihnen ihre Konflikte zu groß geworden sind. Wieviel wunderbarer ist es für die, die diesen Pfad in der Weisheit und Überzeugung wählen, daß ein verborgener Konflikt auf die Dauer genausoviel Schaden anrichtet wie ein offener. Sie werden sich nicht fürchten, das echte Gefühl zu zeigen, und werden sogar in der vorübergehenden Erfahrung der akuten Schmerzen spüren, daß sie sich in dem Moment in gesunde Wachstumsschmerzen verwandeln, frei von Bitterkeit, Spannung, Angst und Enttäuschung.

Es gibt auch jene, die den Schmerz aushalten, aber auf negative Weise, indem sie erwarten, daß er von außen geheilt wird. Auf gewisse Weise sind solche Menschen der Lösung näher, weil es für sie sehr leicht zu erkennen sein wird, wie der kindliche Prozeß noch immer abläuft. Das Äußere ist der verletzende Elternteil oder beide Elternteile, die sie auf andere Menschen projizieren. Sie müssen lediglich ihr Herangehen an ihr Leid verändern, aber sie müssen es nicht erst finden.

Wie hört man auf, das Vergangene immer wieder zu erschaffen?

Erst wenn ihr all diese Emotionen erfahren und Gegenwart und Vergangenheit in Übereinstimmung gebracht habt, werdet ihr ein Bewußtsein davon erlangen, wie ihr versucht habt, die Situation richtigzustellen. Darüber hinaus werdet ihr die Unsinnigkeit des unbewußten Wunsches, den Kindheitsschmerz neu zu erschaffen, und seine enttäuschende Nutzlosigkeit erkennen. All euer Handeln, all eure Reaktionen werdet ihr in diesem neuen Verständnis, mit dieser neuen Einsicht prüfen und dann eure Eltern freigeben. Ihr werdet eure Kindheit wahrhaft hinter euch lassen und ein neues inneres Verhaltensmuster beginnen, das für euch und andere viel konstruktiver und lohnender sein wird. Ihr werdet nicht länger die Situation, die ihr als Kind nicht in den Griff bekommen konntet, zu meistern versuchen. Ihr werdet von dem Punkt ausgehen, an dem ihr steht, und wahrhaft, ohne Selbsttäuschung, vergessen und vergeben. Ihr werdet nicht mehr das Bedürfnis nach der Liebe haben, die ihr als Kind brauchtet. Zuerst erkennt ihr, daß es genau das ist, was ihr noch immer wollt, und dann werdet ihr diese Art Liebe nicht mehr suchen. Da ihr kein Kind mehr seid, werdet ihr Liebe auf andere Weise suchen, indem ihr sie gebt, statt sie zu erwarten. Es muß jedoch immer betont werden, daß viele Menschen nicht wissen, daß sie Liebe erwarten. Da die kindliche, unbewußte Erwartung so oft enttäuscht wurde, brachten sie sich dazu, alle Erwartung der Liebe und Sehnsucht danach aufzugeben. Selbstverständlich ist dies weder richtig noch gesund, da es das falsche Extrem darstellt.

Arbeitet an diesem inneren Konflikt; das ist äußerst wichtig für euch alle, damit ihr eine neue Einstellung und weitere Klärung bei eurer Selbstsuche gewinnt. Zuerst vermittelt euch das Gesagte vielleicht nur einen flüchtigen Einblick, ein zeitweilig aufflackerndes Gefühl; es sollte euch aber eine Hilfe sein und eine Tür öffnen, euch besser kennenzulernen, euer Leben mit einer realistischeren und reiferen Einstellung einzuschätzen.

Gibt es jetzt in Verbindung mit dieser Lesung noch irgendwelche Fragen?

FRAGE: *Es ist für mich schwer verständlich, daß man dauernd ein Liebesobjekt auswählt, das genau dieselben negativen Züge wie der eine oder der andere Elternteil hat. Ist es wirklich so, daß diese bestimmte Person diese Züge besitzt? Oder ist es eine Projektion und Reaktion?*

ANTWORT: Es kann beides sein und keines von beiden. Tatsächlich ist es zumeist eine Mischung. Gewisse Züge werden unbewußt gesucht und gefunden und sind tatsächlich ähnlich. Aber die bestehenden Ähnlichkeiten werden von dem, der die Wiederholung vornimmt, verstärkt. Die Eigenschaften sind nicht einfach nur projiziert, also nicht wirklich vorhanden, sondern zu einem gewissen Grade latent vorhanden, ohne sich zu manifestieren. Sie werden durch das Verhalten desjenigen, der das unerkannte innere Problem hat, ermutigt und gefördert. Er oder sie ruft sie im anderen wach, indem er die Reaktion provoziert, die der seines Vaters oder seiner Mutter ähnelt. Die Provokation, die natürlich ganz und gar unbewußt ist, stellt hier einen sehr starken Faktor dar.

Das Gesamte der menschlichen Persönlichkeit besteht aus vielen Aspekten. Darunter können, sagen wir, drei oder vier tatsächlich den Zügen des Elternteils ähneln. Am hervorstechendsten wäre eine ähnliche Unreife und Unfähigkeit zu lieben. Das allein ist ausreichend und wirksam genug, um im wesentlichen die alte Situation wiederherzustellen.

Derselbe Mensch würde auf andere nicht so reagieren wie auf dich, weil du es bist, der ständig provoziert und dadurch Umstände herbeiführt, die denen deiner Kindheit ähneln, damit du sie richtigstellen kannst. Deine Angst, deine Selbstbestrafung, deine Enttäuschung, dein Ärger, deine Feindseligkeit, deine Weigerung, Liebe und Zuneigung zu schenken, all diese Züge deines inneren Kindes provozieren den anderen immer wieder und fördern eine Reaktion, die dem Teil entspringt, der schwach und unreif ist. Ein reiferer Mensch beeinflußt andere jedoch anders und ruft das in ihnen hervor, was reif und ganz ist, denn es gibt niemanden, der nicht auch einige reife Züge besitzt.

FRAGE: *Wie kann ich unterscheiden, ob mich jemand provoziert oder ich ihn?*

56

ANTWORT: Du brauchst nicht herauszufinden, wer angefangen hat, denn es handelt sich um eine Kettenreaktion, einen Teufelskreis. Es ist nützlich, die eigene Provokation herauszufinden, vielleicht als Reaktion auf eine offene oder versteckte Provokation seitens des anderen. So wirst du erkennen, daß du, weil du provoziert wurdest, den anderen ebenfalls provozierst. Und weil du das tust, antwortet der andere auf gleiche Weise. Aber wenn du den echten, nicht den oberflächlichen Grund prüfst, den Grund, warum du überhaupt verletzt und deshalb provoziert wurdest, wirst du entsprechend der heutigen Lesung diese Verletzung nicht länger als verheerend betrachten. Du wirst anders reagieren, und als Folge davon wird sich die Verletzung automatisch verringern. Deshalb wirst du nicht länger das Bedürfnis verspüren, den anderen zu provozieren. Auch wirst du, wenn das Bedürfnis, die Kindheitssituation wiederherzustellen, geringer wird, dich weniger zurückziehen und andere weniger verletzen, so daß sie dich nicht provozieren müssen. Wenn sie es tun, wirst du jetzt auch verstehen, daß sie aus denselben kindischen, blinden Bedürfnissen reagieren wie du. Jetzt kannst du erkennen, wie du den Provokationen anderer andere Beweggründe zuschreibst als den deinen, selbst wenn du einsiehst, daß du mit der Provokation angefangen hast. Wenn du den wahren Ursprung deines eigenen Schmerzes verstehst und dadurch eine andere Sicht erlangst, wirst du auf dieselbe Weise inneren Abstand von den Reaktionen des anderen gewinnen. Du wirst genau die gleichen Reaktionen bei dir und dem anderen finden. Solange der kindliche Konflikt in dir ungelöst bleibt, scheint der Unterschied ungeheuer, nimmst du aber die Wirklichkeit wahr, wirst du aus diesem sich wiederholenden Teufelskreis ausbrechen.

Wenn du solch ein Wechselspiel wirklich wahrnimmst, wird es das Gefühl der Isolation und Schuld erleichtern, mit dem ihr alle beladen seid. Du schwankst ständig zwischen deiner Schuld und der Klage über die Ungerechtigkeit, die du an deine Umgebung richtest. Das Kind in dir fühlt sich völlig anders als die anderen, in seiner eigenen Welt. Es lebt in solch einer schädlichen Illusion! Wenn du diesen Konflikt löst, wird sich deine Bewußtheit für andere steigern. Bisher weißt du nichts über die Realität der anderen. Einerseits beschuldigst du sie und bist übermäßig von ihnen verletzt, weil du dich selbst nicht verstehst und daher zugleich auch die anderen nicht. Andererseits weigerst du dich zugleich, dir dessen bewußt zu werden, wenn du verletzt bist. Das scheint paradox, ist es jedoch nicht. Wenn du für dich die Wechselwirkungen erfährst, die ich heute abend aufgezeigt habe, wirst du sehen, daß das wahr ist. Während du manchmal dazu neigst, eine Verletzung zu übertreiben, läßt du in anderen Fällen die Erkenntnis nicht zu, daß sie überhaupt stattfand, weil es nicht zu dem Bild paßte, das du dir von der Situation gemacht hast. Vielleicht zerstört es deine selbstgemachte Vorstellung, oder es entspricht deinen derzeitigen Wünschen nicht. Scheint die Situation dagegen angenehm, und paßt sie in deine vorgefaßte Vorstellung, übersiehst du alle Wunden und läßt es zu, daß sie im Untergrund wie Geschwüre eitern und unbewußte Feindseligkeit hervorrufen. Diese Reaktion behindert deine intuitiven Fähigkeiten, zumindest in dieser bestimmter Hinsicht.

Die ständigen, eurem Bewußtsein jetzt verborgenen Provokationen, die zwischen den Menschen vor sich gehen, sind eine Realität, die ihr sehr klar wahrnehmen werdet. Dies wird eine befreiende Wirkung auf euch und eure Umgebung haben.

Geht euren Weg, meine Liebsten, und möge der Segen, den wir euch allen bringen, euch umhüllen und eure Körper, eure Seele und euren Geist durchdringen, auf daß ihr eure Seele öffnet und euer wahres, eigenes Selbst werdet. Seid gesegnet, meine Freunde, lebt in Frieden, lebt mit Gott.

4 Der wahre Gott und das Gottesbild

(Lesung Nr. 52)

Niemand kann sich der Frage nach Gott entziehen. Gibt es ein solches Wesen tatsächlich? Wie und wo kann ich Gott finden, und was ist an all den Antworten, die ich mir bisher selbst gegeben habe, oder an der Verwirrung, die ich oft empfinde, wahr? Und was kann uns der GUIDE der Pfadarbeit – ein Wesen höheren Bewußtseins mit der Sicht eines Engels – lehren, das wir bisher noch nicht gehört oder gelesen haben?

Seid gegrüßt. Ich bringe euch den Segen im Namen Gottes. Gesegnet sei diese Stunde, liebe Freunde.

Daß die Existenz Gottes so oft hinterfragt und seine göttliche Gegenwart in der menschlichen Seele so selten erfahren wird, ist das Ergebnis des verzerrten Gottesbildes, das die meisten Menschen in sich bergen.

Die falsche Vorstellung von Gott

Kinder erleben ihren ersten *Autoritätskonflikt* in einem sehr frühen Alter. Sie lernen auch, daß *Gott die höchste Autorität* ist. Deshalb ist es nicht verwunderlich, daß sie ihre subjektiven Erfahrungen mit Autorität auf ihre Vorstellungen von Gott übertragen. Auf diese Weise wird ein falscher Schluß in bezug auf Gott gezogen, der unbewußt ins Erwachsenenalter hineingenommen wird.

Kinder erfahren alle möglichen Formen von Autorität. Wird ihnen verboten, was ihnen am meisten Spaß macht, erleben sie Autorität als feindselig. Wenn die Eltern das Kind verwöhnen, wird Autorität als wohlwollend empfunden. Herrscht in der Kindheit eine bestimmte Art von Autorität vor, wird die Reaktion darauf zur unbewußten Haltung gegenüber Gott. In vielen Fällen jedoch erfahren Kinder eine Mischung aus beidem. Dann wird diese Mischung ihr Bild von Gott prägen. In dem Maße, wie ein Kind Angst und Enttäuschung erfährt, wird es diese Emotionen unbewußt auch gegenüber Gott empfinden. Man sieht Gott dann als eine strafende, strenge und oft sogar unfaire, ungerechte Macht, mit der man sich abfinden muß. Ich weiß, meine Freunde, daß ihr bewußt nicht so denkt. Aber in der Pfadarbeit seid ihr aufgefordert, die emotionalen Reaktionen zu finden, die mit euren bewußten Auffassungen gleich welchen Themas überhaupt nicht übereinstimmen. Je weniger die unbewußte Auffassung sich mit der bewußten deckt, desto größer ist der Schock, wenn man den Widerspruch erkennt.

Dem Kind wird praktisch alles, was ihm Spaß macht, verboten, für gewöhnlich zu seinem eigenen Wohle. Das kann das Kind nicht verstehen. Manchmal geschieht dies auch durch die Unwissenheit und Angst der Eltern. So prägt sich dem kindlichen Verstand ein, daß man für alles, was in der Welt Lust bereitet, von Gott, der höchsten und strengsten Autorität, bestraft wird.

Darüber hinaus werdet ihr im Laufe eures Lebens *zwangsläufig menschlicher Ungerechtigkeit begegnen*, in der Kindheit genauso wie im Erwachsenenalter. Besonders, wenn diese von Menschen ausgeht, die ihr als Autoritäten anseht und deshalb unbewußt mit Gott gleichsetzt, wird euer unbewußter Glaube an Gottes schonungslose Ungerechtigkeit gestärkt. Solche Erfahrungen verstärken auch eure Angst vor Gott.

All das formt ein Bild, das, wenn man es richtig analysiert, aus Gott ein Monstrum macht. *Dieser Gott eures Unterbewußtseins gleicht wirklich mehr einem Satan.*

Ihr müßt selber in eurer Arbeit an euch herausfinden, was davon für euch persönlich gilt. Ist eure Seele von ähnlich falschen Begriffen geprägt? Wird einem heranwachsenden Menschen eine solche Prägung bewußt, versteht er häufig nicht, daß diese Gottesvorstellung falsch ist, wendet sich ganz und gar von Gott ab und will nichts mit dem Monstrum zu tun haben, das er in seinem Kopf entdeckt hat. Nebenbei gesagt, ist dies häufig der wahre Grund für Atheismus. Die Abwendung ist genauso falsch wie das entgegengesetzte Extrem, die

Furcht vor einem Gott, der streng, ungerecht, fromm, selbstgerecht und grausam ist. Wer unbewußt das verzerrte Gottesbild beibehält, fürchtet zu Recht diese Gottheit und verlegt sich darauf, ihr Wohlwollen zu erschmeicheln. Hier habt ihr ein gutes Beispiel zweier entgegengesetzter Extreme, denen es beiden im gleichen Maße an Wahrheit fehlt.

Betrachten wir nun den Fall eines Kindes, das gütige Autorität in einem stärkeren Grade erfährt als negative Autorität mit Furcht und Enttäuschung. Nehmen wir an, daß verwöhnende und in ihre Kinder vernarrte Eltern dem Kind jeden Wunsch erfüllen. Sie flößen ihm damit kein Verantwortungsgefühl ein, so daß es sich praktisch alles erlauben kann. Das Gottesbild, das sich daraus entwickelt, steht auf den ersten, oberflächlichen Blick einer wahren Vorstellung von Gott näher – es ist verzeihend, »gütig«, liebevoll, nachsichtig. Dies erzeugt die unbewußte Annahme, man könne in den Augen Gottes mit allem ungestraft davonkommen, könne das Leben betrügen und Selbstverantwortung vermeiden. Anfangs wird ein solches Kind weit weniger Furcht kennen. Aber da das Leben sich nicht betrügen läßt, wird diese falsche Haltung Konflikte heraufbeschwören und durch eine Kettenreaktion falscher Denkprozesse, Gefühle und Handlungen Furcht verursachen. Eine innere Verwirrung wird entstehen, da das Leben in seiner Wirklichkeit dem unbewußten Bild eines verwöhnenden Gottes nicht entspricht.

Viele Unterarten und Kombinationen dieser beiden Hauptkategorien können in der Seele zugleich existieren. Sie wird durch die in früheren Inkarnationen erreichte Entwicklung des Gottesbildes ebenfalls beeinflußt. Es ist deshalb äußerst wichtig, meine Freunde, herauszufinden, welches euer Gottesbild ist. Dieses Bild ist grundlegend und bestimmt euer ganzes Leben lang alle anderen Einstellungen, Bilder und Muster. Laßt euch nicht von euren bewußten Überzeugungen täuschen. Versucht vielmehr, eure Gefühlsreaktionen auf die Autorität, auf eure Eltern, eure Ängste und Erwartungen zu prüfen und zu analysieren. Auf diese Weise werdet ihr nach und nach eure *Gefühle* im Gegensatz zu euren *Gedanken* entdecken. Die ganze Skala zwischen den beiden gegensätzlichen Polen des Monsters und des in euch vernarrten Vaters (oder auch der Mutter) spiegelt sich in eurem Gottesbild wider, von Hoffnungslosigkeit und Verzweiflung bis zur Selbstverwöhnung und Ablehnung der Selbstverantwortung und der Erwartung eines Gottes, der euch verhätschelt.

Auflösen des Gottesbildes

Nun entsteht die Frage, wie man ein solches Bild auflöst. Wie löst man überhaupt ein Bild, also eine falsche Schlußfolgerung, auf? Zuerst müßt ihr euch der falschen Vorstellung voll bewußt werden. Der zweite Schritt ist, eure intellektuellen Vorstellungen geradezurücken. Es ist äußerst wichtig, zu verstehen, daß die richtige Formulierung der intellektuellen Vorstellung der falschen, noch fortdauernden emotionalen Vorstellung niemals aufgezwungen werden darf. Das würde nur Unterdrückung hervorrufen. Erkennt, daß die bisher unterdrückten, falschen Vorstellungen sich klar und deutlich im Bewußtsein entfalten müssen. Formuliert die richtige Vorstellung. Dann sollten die beiden miteinander verglichen werden. Ihr müßt immer wieder überprüfen, wie sehr ihr noch gefühlsmäßig von der richtigen Vorstellung abweicht.

Tut das ruhig, ohne innere Hast oder Ärger darüber zu hegen, daß eure Gefühle eurem Denken nicht so schnell folgen, wie ihr es gern hättet. Gebt ihnen Zeit zu wachsen. Das erreicht man am besten durch ständiges Beobachten und Vergleichen der falschen mit der richtigen Vorstellung. Erkennt, daß eure Emotionen Zeit brauchen, sich auszurichten, und beobachtet auch euren Widerstand gegen Veränderung und Wachstum. Das niedere Selbst der menschlichen Persönlichkeit ist sehr klug. Bleibt wachsam gegenüber seiner List.

Die Ungerechtigkeiten der Welt werden oft Gott zugeschrieben, meine Freunde. Habt ihr auch diese Überzeugung, ist es das beste, das eigene Leben zu prüfen und herauszufinden, wie ihr selbst zu Vorkommnissen, die völlig ungerecht erscheinen, beigetragen und sie sogar bewirkt habt. Je mehr ihr die magnetische Kraft der Bilder und die große Wirkungskraft aller unbewußten psychologischen Abläufe versteht, desto besser werdet ihr die Wahrheit dieser Lehren verstehen und erfahren, und um so tiefer werdet ihr euch davon überzeugen, daß *es keine Ungerechtigkeit gibt*. Findet *die Ursache und Wirkung* eurer inneren und äußeren Handlungen.

Gott ist nicht ungerecht

Wenn ihr nur die Hälfte der Anstrengung, die ihr üblicherweise dafür aufbringt, die Fehler anderer aufzuspüren, daran verwendet, eure eigenen zu finden, werdet ihr *die Verbindung mit eurem eigenen Gesetz von Ursache und Wirkung sehen, und das allein wird euch freisetzen* und zeigen, daß es keine Ungerechtigkeit gibt. Das allein wird euch zeigen, daß es nicht Gott, das Schicksal oder eine ungerechte Weltordnung ist, deretwegen ihr an den Folgen der Unzulänglichkeiten anderer Menschen leiden müßt, sondern eure Unwissenheit und Angst, euer Stolz und eure Ichbezogenheit, die direkt oder indirekt das bewirkten, was euch bisher scheinbar, ohne daß ihr es angezogen hättet, zu widerfahren schien. Findet das verborgene Bindeglied, und ihr werdet die Wahrheit erfahren. Ihr werdet erkennen, daß ihr kein Opfer der Umstände oder der Unzulänglichkeiten anderer Menschen seid, sondern in Wirklichkeit der Schöpfer eures Lebens. Emotionen sind sehr machtvolle schöpferische Kräfte, denn euer Unbewußtes beeinflußt das der anderen Menschen. Diese Wahrheit ist vielleicht am wichtigsten für die Entdeckung, wie ihr Ereignisse in eurem Leben, gute ebenso wie schlechte, günstige ebenso wie ungünstige, hervorruft.

Habt ihr das einmal erfahren, könnt ihr euer Gottesbild auflösen, ob ihr nun Gott fürchtet, weil ihr glaubt, in einer ungerechten Welt zu leben und das Opfer von Umständen zu sein, über die ihr keine Kontrolle habt, oder ob ihr Selbstverantwortung ablehnt und einen alles erlaubenden, verwöhnenden Gott erwartet, der euer Leben führt, Entscheidungen für euch trifft und euch selbstauferlegte Beschwernisse abnimmt. Die Erkenntnis, wie ihr die Wirkungen eures Lebens verursacht, wird jedes Gottesbild auflösen. Das ist einer der wichtigsten Punkte, die zur Veränderung führen.

Die wahre Vorstellung von Gott

Gott *ist*. Gottes Gesetze sind ein für allemal gemacht und funktionieren gleichsam automatisch. Begreift Gott, unter vielen anderen Dingen, *als Leben und Lebenskraft*. Begreift Gott *als elektrischen Strom, ausgestattet mit höchster Intelligenz*. Dieser »elektrische Strom« ist überall, in euch, um euch, außerhalb von euch. Es liegt an euch, wie ihr ihn nutzt. Ihr könnt Elektrizität für konstruktive Zwecke benutzen, sogar zum Heilen, oder aber um zu töten. Das macht den Strom weder gut noch schlecht. *Ihr* macht ihn gut oder schlecht. Dieser Kraftstrom ist ein wichtiger Wesenszug Gottes, es ist der, der euch am meisten berührt.

Diese Vorstellung mag die Frage aufwerfen, ob Gott persönlich oder unpersönlich ist, eine uns leitende Intelligenz oder Gesetz und Prinzip. Da die Menschen das Leben dualistisch erfahren, neigen sie zu dem Glauben, daß entweder das eine oder das andere stimme. Gott ist jedoch beides. Aber sein persönlicher Aspekt bedeutet nicht Persönlichkeit. Gott ist keine Person, die an einem bestimmten Ort wohnt, obwohl es möglich ist, daß das Selbst eine persönliche Gotteserfahrung hat. *Denn der einzige Ort, wo man nach Gott suchen und ihn finden kann, ist im Inneren, sonst nirgendwo.* Wohl kann man Gottes Existenz außerhalb des Selbst aus der Schönheit der Schöpfung, den Naturerscheinungen, der Weisheit, die Philosophen und Wissenschaftler gesammelt haben, ableiten, aber solche Beobachtungen werden nur zu einer Gotteserfahrung, wenn seine Gegenwart zuerst innerlich empfunden wird. Die innere Erfahrung Gottes ist die größte aller Erfahrungen, weil sie alle wünschenswerten Erfahrungen beinhaltet.

Diese spezielle Gefühlserfahrung könnte man als kosmisches Gefühl bezeichnen. Dieses Gefühl ist kein theoretisches Verstehen oder Gefühl vom Kosmos. Es ist eine echte körperliche, mentale, emotionale und spirituelle Erfahrung, die die gesamte Person umfaßt. Ich kann diese Erfahrung in der Beschränktheit der menschlichen Sprache nicht angemessen beschreiben.

Die kosmische Erfahrung spaltet nicht länger das Fühlen vom Denken ab. Sie ist *Fühlen und Denken in einem.* Das ist schwer vorstellbar, wenn ihr solch eine Erfahrung nie gemacht habt. Aber einige von euch haben gelegentlich einen Schimmer davon geahnt. Das Einssein ist allumfassend. Es ist eine Erfahrung der Seligkeit, die Einsicht in das Leben und seine Geheimnisse, allumfassende Liebe, das Wissen, daß alles gut ist und daß es nichts gibt, was wir fürchten müßten.

Im kosmischen Gefühlszustand erfahrt ihr unmittelbar *die Gegenwart Gottes in eurem Inneren.* Die Unmittelbarkeit dieser außerordentlich mächtigen Gegenwart ist zuerst schockierend. Das gute Gefühl ist schockierend. Es ist, als ob buchstäblich ein Stromstoß durch euer gesamtes System schießt. Deshalb muß die Ich-Persönlichkeit ausreichend stark und gesund werden, damit sie sich an die hohen Schwingungen der Gottesgegenwart gewöhnen kann. Dann kann diese Erscheinung erfahren werden als der Zustand eurer ewigen Wirklichkeit, als eure wahre Identität.

In dem Augenblick, in dem ihr euch in diesem Zustand befindet, wißt ihr zutiefst, daß ihr das, was ihr jetzt entdeckt, schon immer gewußt habt, daß ihr

euch nur vorübergehend von dem Zustand des Fühlens und Wissens abgeschnitten hattet, von der Erfahrung und Wahrnehmung des Lebens, *wie es
wirklich ist.* Diese Beschreibung ist natürlich äußerst begrenzt, denn Worte können die
Erfahrung nicht vermitteln. Damit ihr auch nur eine ungefähre Vorstellung
dieser Realität erlangt, könnt ihr jetzt, in diesem Augenblick, für die Fähigkeit
beten, einen Vorgeschmack davon zu bekommen. Öffnet eure inneren Fähigkeiten, euer höheres Selbst, einem Verständnis auf tiefster Ebene, meine
Freunde.

Die ewigen göttlichen Gesetze

Gottes Liebe zeigt sich nicht nur in der persönlichen Beziehung, wenn sich
Gott in der menschlichen Seele offenbart, sondern auch in den *göttlichen Gesetzen,* im *Wesen* dieser Gesetze. Die scheinbar unpersönliche Liebe in diesen
Gesetzen, *die sind* – begreift, was diese Worte »die sind« bedeuten –, zeigt sich
unmißverständlich darin, daß sie dazu geschaffen sind, euch letztendlich zum
Licht und zur Glückseligkeit zu leiten, wie sehr ihr auch von ihnen abweicht.
Je weiter ihr euch von den Gesetzen entfernt, desto mehr nähert ihr euch
ihnen durch das Elend, daß die Entfernung bewirkt. Das Elend wird euch ver-
anlassen, an dem einen oder anderen Punkt umzukehren. Alle kommen letztlich dahin, wo sie erkennen, daß sie selbst ihr Elend oder ihr Glück bestimmen, die einen früher, die anderen später. Das ist die Liebe im Gesetz – das ist
der »Plan der Erlösung«. Abweichung vom Gesetz ist genau das Mittel, das den
Schmerz, der durch die Abweichung verursacht wurde, heilt und euch so dem
Ziel näher bringt: der Einheit mit Gott.

Gott läßt euch von den universellen Gesetzen abweichen, wenn ihr es
wünscht. Ihr seid Gottes Ebenbild, und das bedeutet, daß ihr frei wählen
könnt. Ihr seid nicht gezwungen, in Seligkeit und Licht zu leben, doch ihr
könnt, wenn ihr so wollt. All dies drückt die Liebe Gottes aus.

Fällt es euch schwer, die Gerechtigkeit des Kosmos und die Selbstverantwortung in eurem eigenen Leben zu verstehen, denkt an Gott nicht als »ihn«
oder »sie«. Betrachtet Gott vielmehr als die große schöpferische Kraft, die euch
zur Verfügung steht. Es ist nicht Gott, der ungerecht ist. Die Ungerechtigkeit
wird durch den falschen Gebrauch des euch zur Verfügung stehenden mächti-

gen Stroms bewirkt. Wenn ihr von dieser Voraussetzung ausgeht und darüber meditiert und wenn ihr von jetzt an herauszufinden sucht, wo und wie ihr unwissentlich den Kraftstrom in euch mißbraucht habt, wird Gott euch antworten. Das kann ich euch versprechen.

Ihr macht euch keine Vorstellung davon, was die Entdeckung von Ursache und Wirkung in eurem Leben für euch bedeuten wird. Je stärker der Widerstand dagegen zu Anfang ist, um so größer wird der Sieg sein. Ihr habt ja keine Ahnung, wie frei es euch machen wird, wie sicher und beschützt. Ihr werdet das Wunder der Schöpfung dieser Gesetze verstehen, die es zulassen, daß ihr mit dem Lebensstrom euer Leben gestaltet, wie es euch gefällt. Das wird euch Vertrauen geben und das tiefe, absolute Wissen, daß es nichts gibt, das ihr fürchten müßtet.

Der Kosmos ist ein Ganzes, und die Menschheit ist ein organischer Teil davon. Gott zu erfahren heißt, sich selbst als integralen Bestandteil dieser Einheit zu erkennen und zu verwirklichen. Jedoch können die meisten Menschen auf ihrem gegenwärtigen inneren Entwicklungsstand Gott nur unter den dualen Aspekten von spontan aktivem Bewußtsein und automatischer Gesetzmäßigkeit erfahren. In Wirklichkeit bilden diese beiden Aspekte eine sich gegenseitig beeinflussende Einheit.

Der Aspekt des spontanen Bewußtseins ist das aktive Prinzip, das in menschlichen Begriffen das männliche Prinzip genannt wird. Es ist die Lebenskraft, die schöpferisch wirkt. Sie ist starke Energie. Sie durchdringt die gesamte Schöpfung und alle ihre Kreaturen. Alle bewußt lebenden Wesen können sie nutzen.

Der Aspekt des automatischen Gesetzes ist das passive, empfängliche Prinzip, die Lebenssubstanz oder der weibliche Aspekt, den das schöpferische Prinzip gestaltet, formt und mit dem es spielt. Zur Erschaffung eines jeglichen Dinges müssen beide Aspekte zusammentreffen. Sie sind die Bedingungen der Schöpfung und in jeder ihrer Formen gegenwärtig, ob es nun eine Galaxis oder ein einfaches Gerät ist.

Spricht man von Gott, ist wichtig zu verstehen, daß im Menschen, dessen Wesen und Leben auf denselben Bedingungen, Prinzipien und Gesetzen beruht wie die kosmische Intelligenz, alle göttlichen Aspekte gespiegelt sind. Kosmische und menschliche Intelligenz sind in ihrem Wesen gleich und unterscheiden sich nur im Grad. Selbstverwirklichung bedeutet also die größtmögliche Aktivierung des göttlichen Potentials im Selbst.

Gott ist in euch und wirkt durch euch

Gott als bewußte, spontane, lenkende Intelligenz, die *in* euch lebt, handelt nicht *für*, sondern *durch* euch. Es ist sehr wichtig, daß ihr diesen feinen, aber entscheidenden Unterschied versteht. Wenn ihr euch in dieser Hinsicht auf falsche Weise Gott nähert, habt ihr die vage Erwartung, daß Gott für euch handelt, und ihr lehnt die unvermeidlichen Enttäuschungen ab. Daraus schließt ihr, daß es keinen Schöpfer gibt. Könnte man mit einer äußeren Gottheit Kontakt aufnehmen, wäre die Erwartung, sie könne für einen handeln, logisch. Aber auf Antworten außerhalb von sich selbst warten ist eine Konzentration in die falsche Richtung. Wenn ihr den Kontakt mit Gott in euch herstellt, werden Antworten kommen, mehr noch, ihr werdet sie wahrnehmen und verstehen.

Solche Auswirkungen von Gottes Gegenwart im Selbst veranschaulichen Gottes persönlichen Aspekt. Sie demonstrieren aktive, bewußte, lenkende Intelligenz, immer wandelbar und frisch, jeder Situation mit unendlicher Weisheit angepaßt. Sie drücken den Geist Gottes aus, der im menschlichen Geist erscheint.

Wenn ihr euch selbst und damit die Rolle entdeckt, die ihr in der Gestaltung eures Schicksals spielt, könnt ihr wahrhaft zu euch finden. Ihr seid keine Getriebenen mehr, sondern Meister eures Lebens. Ihr werdet nun nicht mehr von unverständlichen Kräften gebunden, sondern könnt diese Kräfte bewußt und konstruktiv dazu nutzen, mehr von dem Besten in euch auszudrücken, immer größere Möglichkeiten zu entwickeln, mehr zum Leben beizutragen und deshalb mehr von ihm zurückzuerhalten.

Ihr müßt die Kraft und Freiheit, euer Leben zu meistern, selbst entdecken. Würde euch das Leben euer eigenes Geburtsrecht aufzwingen, um euch Leid zu ersparen, wärt ihr keine freien Geschöpfe. Gerade die Bedeutung der Freiheit schließt mit ein, daß keine Kraft, kein Zwang gebraucht werden darf, nicht einmal für gute, wünschenswerte Zwecke. Nicht einmal die größten Entdeckungen in eurer Entwicklung wären von Bedeutung, wärt ihr zu ihnen gezwungen. Die Wahl der Richtung, die letztlich wahre Freiheit und Stärke verheißt, muß jedem Individuum selbst überlassen bleiben. Selbstentdeckung, zuerst auf weltlicher, sogenannter psychologischer Ebene muß, wenn man ihr folgt, zu der Erkenntnis führen, daß ihr genau in dem Maße Meister der Welt seid, wie ihr euch selbst meistert. Diese Meisterung des Selbst hängt von einer gründlichen Kenntnis eurer selbst und der Tiefe und Weite der Vorstellungen ab, die euer Verstand zu erfassen vermag.

Da ihr nach dem Bilde Gottes geschaffen *seid*, müßt ihr auch *erschaffen*. Das geschieht fortwährend, ob ihr es wißt oder nicht. Ihr gestaltet euer Leben, euer Schicksal, eure Erfahrungen. Jeder Gedanke, jede Reaktion, jedes Gefühl, jede Antwort, jede Absicht, jede Handlung, jede Meinung, jede Motivation ist ein schöpferischer Prozeß. Wenn man von Widersprüchen und Konflikten zwischen sich gegenseitig ausschließenden Beweggründen zerrissen wird, wenn man zwischen automatischen, blinden Reflexen und bewußtem Handeln hin und her schwankt, ist dies das Ergebnis der eigenen Schöpfung. Vorstellungen, Absichten, Gedanken, Wollen, Fühlen, Einstellungen, wie sie von bewußten Wesen ausgedrückt werden, sind die stärksten Kräfte im Kosmos. Die Kraft des Geistes ist allen anderen Energien überlegen. Wird diese Kraft ihrem inneren Gesetz gemäß verstanden und angewandt, hebt sie die Manifestationen aller anderen Kräfte auf. Keine physikalische Kraft kann so stark sein wie die des Geistes. Da der Mensch Geist und Intelligenz ist, ist er von Hause aus imstande, die Gesetze, die blind und automatisch funktionieren, zu steuern. Diese Fähigkeit macht die Gotteserfahrung möglich.

Wenn ihr bewußt mit eurem höheren Selbst, das alle göttlichen Aspekte enthält, Kontakt aufnehmt, es um Führung und Inspiration bittet und das Ergebnis dieser inneren Handlung erfahrt, dann werdet ihr wissen, daß Gott in euch ist. Also, meine liebste Freunde, entdeckt euer verzerrtes Gottesbild, das die Erfahrung Gottes als ein umfassendes, glückseliges kosmisches Gefühl verhindert. Das ist es in Wirklichkeit. Öffnet euch dafür. Mögen die Worte, die ich euch gegeben habe, eurer Seele, eurem Leben Licht bringen. Laßt sie euer Herz erfüllen. Laßt sie ein Werkzeug sein, das euch von Illusionen befreit. Ich segne euch alle, die einzelnen und die Gruppe. Gottes Welt ist wunderbar, und es gibt nur Gründe, sich an ihr zu erfreuen, auf welcher Ebene ihr auch lebt, welchen Beschwernissen und Illusionen ihr auch vorübergehend ausgesetzt seid. Nehmt diese als Heilmittel an, und werdet stark und glücklich durch alles, was euch begegnet. Seid gesegnet. Lebt in Frieden. Lebt in Gott!

5 Einheit und Dualität

(Lesung Nr. 143)

Wir leben in einer Sphäre der Dualität. All unsere Erfahrungen kommen durch das Filter eines dualistischen Bewußtseins. Dieser Zustand ist schmerzhaft, weil wir zwischen gegensätzlichen Alternativen hin und her schwanken. Wir nehmen das Leben als eine Reihe von Geschehnissen wahr, die wir gut oder schlecht nennen. Am bedrohlichsten ist die Dualität von Leben und Tod. Wir wissen jedoch, daß auf einer Ebene der Einheit ein höheres Bewußtsein existiert und die Verbindung mit ihm höchstes Glück bringt. Wir streben nach Einheit, aber wie können wir sie erreichen, ohne Teile unseres jetzigen Seins zu verleugnen?

Diese Lesung erklärt unseren dualistischen Zustand und zeigt, wie wir die Anteile in uns, die die Vereinigung unmöglich machen, umwandeln können.

Seid gegrüßt, meine liebsten Freunde. Möge dieser Abend euch und all jenen, die diese Worte lesen, ein Segen und eine Bereicherung sein. Mögt ihr euren Geist und eure Herzen öffnen, damit ihr euch selbst besser versteht. Und solltet ihr meine Worte nicht sofort begreifen, so wird doch einiges davon in eurer Seele Wurzeln schlagen und später Früchte bringen. Das volle Verständnis dieser Lesung wird euch erst dann erreichen, wenn ihr euch den Weg durch die tiefen Schichten eures Unbewußten bahnt, wo das, was ich sage, gilt.

Es gibt zwei Hauptwege, sich dem Leben und dem Selbst zu nähern. Anders ausgedrückt: Das menschliche Bewußtsein kennt zwei grundlegende Möglichkeiten: die dualistische und die vereinende. Die Mehrheit der Menschen lebt vornehmlich auf der ersten Ebene, auf der ihr alles in Gegensätzen wahrnehmt und erfahrt; entweder-oder, gut oder schlecht, richtig oder falsch, Leben oder Tod. Mit anderen Worten, praktisch alles, was euch begegnet, jedes Problem ist von diesem Dualismus geprägt. Das Prinzip der Einheit verbindet diese Gegensätze. Mit dem Transzendieren des Dualismus transzendiert ihr auch den Schmerz, den er bewirkt. Wenigen Menschen gelingt dies. So bekommen die meisten nur gelegentlich einen Geschmack von der grenzenlosen Weite, der Weisheit und Freiheit der einheitlichen Sphäre.

In der Bewußtseinssphäre der Einheit gibt es keine Gegensätze, kein gut oder schlecht, kein richtig oder falsch, kein Leben oder Tod. Es gibt nur das Gute, das Richtige, nur Leben. Jedoch ist es nicht eine Form des Guten, des Richtigen, des Lebens, die nur den einen Pol der dualistischen Gegensätze umfaßt. Sie transzendiert beide Pole und ist völlig von ihnen verschieden. Das Gute, das Richtige, das Leben, das in der einheitlichen Bewußtseinssphäre existiert, verbindet beide dualistischen Pole, so daß kein Konflikt entsteht. Im Zustand der Einheit oder in der absoluten Realität zu leben erzeugt aus diesem Grund uneingeschränkte Freiheit, Erfüllung und jene grenzenlose Verwirklichung von Möglichkeiten, die in der Religion »Himmel« genannt wird. Für gewöhnlich stellt man sich den Himmel als Ort in Raum und Zeit vor. Das stimmt natürlich nicht. Es ist ein Bewußtseinszustand, der jederzeit von jedem Wesen, ob leibhaftig oder ohne materiellen Körper, verwirklicht werden kann.

Der Weg zur Sphäre der Einheit ist Verstehen

Man erreicht den Bewußtseinszustand der Einheit durch Verstehen und tiefes, inneres Wissen. Das Leben auf der dualistischen Ebene ist ein ständiges Problem. Ihr müßt mit der willkürlichen, illusorischen Teilung der Einheit kämpfen, die Dinge zu Gegensätzen werden läßt und Konflikte heraufbeschwört. Die Schaffung unversöhnlicher Gegensätze ruft Spannung im Inneren und deshalb auch in der Außenwelt hervor.

Laßt uns diesen Kampf und damit die Zwangslage des Menschen etwas besser verstehen. *In eurem wahren Selbst habt ihr bereits einen geistigen Zustand der Einheit, selbst wenn euch das Wissen davon oder das Bewußtsein dafür mangelt.* Dieses wahre Selbst verkörpert das Einheitsprinzip. Selbst jene, die nie etwas davon gehört haben, spüren ein tiefes Verlangen danach, und oft ahnen sie unbewußt einen anderen Geisteszustand, eine andere Lebenserfahrung als die ihnen bekannte. Sie sehnen sich nach der Freiheit, dem Glück und der Meisterung des Lebens, die der Bewußtseinszustand der Einheit mit sich bringt.

Das Individuum deutet dieses Verlangen falsch, zum Teil weil es eine unbewußte Sehnsucht nach Glück und Erfüllung ist. Schauen wir aber, was das wirklich heißt. Gemeint ist die Vereinigung der dualistischen Gegensätze, so daß Spannung, Konflikte und Angst aufhören. Damit wird die Welt lebendig, und das Selbst wird zum Meister, nicht auf enge, gespannte, feindselige Weise, sondern in dem Sinne, daß das Leben genau das sein kann, wozu es das Individuum bestimmt. Diese Freiheit, diese Meisterschaft und Glückseligkeit, diese Befreiung wird bewußt oder unbewußt gesucht.

Zum Teil wird die Sehnsucht falsch gedeutet, weil sie unbewußt ist, nur ein vages Gefühl tief in der Seele. Aber selbst wenn theoretisches Wissen eines solchen Zustandes existiert, wird er noch aus einem anderem Grunde falsch verstanden. Strebt man auf der dualistischen Ebene nach Freiheit, Meisterschaft, Vereinigung und dem Glückszustand, der sich aus dem Zustand der Einheit des Bewußtseins ergibt, muß dies einen ungeheuren Konflikt nach sich ziehen, denn es ist absolut unmöglich, es auf dieser Ebene herbeizuführen. Ihr bemüht euch um die Erfüllung eures großen Verlangens nach Transzendenz und sucht tief in euch einen neuen Bewußtseinszustand, wo alles eins ist. Sucht ihr aber die Erfüllung auf einer Ebene, wo alles geteilt ist, könnt ihr sie nie finden. Ihr verzweifelt und werdet immer mehr von Konflikten zerrissen, denn Illusion erzeugt Dualität.

Das geschieht vor allem bei Menschen, die von diesen Möglichkeiten gar nichts wissen, doch es erfolgt auch, wenn Menschen der spirituellen Erleuchtung näherstehen, aber den Unterschied zwischen diesen beiden Ebenen nicht kennen und nicht wissen, wie sie lernen können, die dualistische Ebene in ihrem Alltagsleben zu transzendieren.

Deutet man das vage Verlangen nach dem Bewußtseinszustand der Einheit oder das genaue theoretische Wissen darüber falsch und sucht es daher auf der dualistischen Ebene, passiert folgendes: Ihr spürt, es gibt nur Gutes, Freiheit, Recht, Schönheit, Liebe, Wahrheit, Leben ohne den bedrohlichen Gegenpol, aber sobald ihr dies auf der dualistischen Ebene anwendet, stürzt ihr genau in den Konflikt, den ihr zu vermeiden trachtet. Ihr kämpft dann für den einen dualistischen Aspekt und gegen den anderen. Dieser Kampf macht Transzendenz unmöglich.

Laßt mich das an einem vertrauten menschlichen Problem demonstrieren, damit das Gesagte konkreter wird. Nehmen wir an, ihr streitet euch mit einem Freund. Von eurer Position her seid ihr überzeugt, im Recht zu sein. Das setzt euren Freund sofort ins Unrecht. In dualistischer Sicht gibt es in Streitfällen nur ein Entweder-Oder. Das Ergebnis scheint wichtiger zu sein als das Thema selbst, denn prüft man ehrlich die Heftigkeit der Gefühle, stehen sie häufig in keinem Verhältnis zum eigentlichen Anlaß. Sie wären eher einer Angelegenheit auf Leben und Tod angemessen. Auch wenn euch dies auf logischer Ebene irrational vorkommt, bedeutet auf unbewußter Ebene im Unrecht sein tot sein, da im Unrecht sein Verneinung durch den anderen bedeutet. Auf dualistischer Ebene ist euer Identitätsgefühl mit der anderen Person und nicht mit eurem wahren Selbst verbunden. *Solange ihr euch nur als äußeres »Egoselbst« erfahrt, seid ihr von anderen abhängig.* So wird aus einem kleinen Streit eine Sache auf Leben und Tod, was den Gefühlsaufwand erklärt, wenn es gilt, das eigene Recht und das Unrecht des anderen zu beweisen. Nur wenn ihr den Kern eures Wesens verwirklicht habt, der die Einheit verkörpert, hört euer Leben auf, abhängig von anderen zu sein.

Auf dualistischer Ebene läuft jede Meinungsverschiedenheit auf Tod oder Leben hinaus. Leben wird schrecklich wichtig, um den Tod zu vermeiden. Häufig fürchten ihn die Menschen so sehr, daß sie sich kopfüber in ihn hineinstürzen. Solche Menschen entfliehen der Todesfurcht nicht. Ganz im Gegenteil. Ihr fortwährender Kampf mit dem Leben, der aus ihrer Furcht und ihrem Kampf mit dem Tod rührt, macht sie so unglücklich, daß sie glauben, den Tod nicht zu fürchten. Das ist eine Illusion, solange das Leben auf der dualistischen Ebene erfahren wird und man den einen Pol als wichtig und verteidigenswert ansieht und den Gegenpol als Bedrohung, der bekämpft werden muß. Solange ihr glaubt, gewinnen zu müssen, weil eure Ansicht wahr ist und die des anderen falsch, seid ihr tief in die Welt der Dualität verstrickt und somit in Illusion, Konflikt und Verwirrung. Je mehr ihr kämpft, desto stärker wird die Verwirrung.

Die Menschen sind durch Erziehung daran gewöhnt und werden durch alles, was sie in ihrer Umgebung lernen, darin bestärkt, daß man in allen möglichen Gegensätzlichkeiten für die eine Seite und gegen die andere kämpfen muß. Das gilt nicht nur für Materielles, sondern noch mehr für Ideen. So läßt sich jede Wahrheit in zwei Gegenpole teilen; man ist Anhänger der »richtigen« Idee, und der entgegengesetzte Aspekt wird zur »falschen« Idee erklärt. In Wirklichkeit jedoch ergänzen sich beide. In der Sphäre des Einsseins ist kein Aspekt ohne den anderen denkbar. Dort ist, was sich ergänzt, nicht »feindlich«, negiert sich nicht, nur im dualistischen Bewußtsein ist es einander entgegengestellt. Da vervielfältigt sich jeder Konflikt in komplizierte Unterarten der ursprünglichen dualistischen Spaltung. Da all das die Folge von Illusion ist, kann der Konflikt, je länger er andauert, um so weniger gelöst werden, und eure Verstrickung wird immer hoffnungsloser.

Kehren wir nun zu unserem Beispiel zurück, und sehen wir, warum das so ist. Je mehr ihr euren Freund ins Unrecht setzt, desto mehr Reibung herrscht, und desto weniger erlangt ihr, was ihr erhofft, indem ihr euer Recht und des Freundes Unrecht beweist. Ihr glaubt, daß mit dem Beweis euren Rechts und seines Unrechts er euch schließlich akzeptieren und wieder lieben würde und alles wieder gut wäre. Geschieht dies nicht, deutet ihr das falsch und bemüht euch noch stärker, in der Annahme, euer Beweis sei ungenügend gewesen. Der Riß vertieft sich, eure Angst steigt, und je mehr Waffen ihr ins Feld führt, desto gravierender werden die Schwierigkeiten, bis ihr euch und dem anderen tatsächlich Schaden zufügt und gegen eure eigensten Interessen handelt. Dann steht ihr vor einem weiteren Konflikt, der der ersten dualistischen Spaltung entspringt. Um eine völlige Spaltung mit all ihren wirklichen und eingebildeten Bedrohungen zu vermeiden – denn es ist schon echter Schaden entstanden –, steht ihr jetzt vor der Alternative, entweder nachzugeben, um euren Freund zu besänftigen und weiteren Schaden von euch abzuwenden, oder weiterzukämpfen. Da ihr noch überzeugt seid, es ginge um Recht gegen Unrecht, rauben alle Beschwichtigungen eure Selbstachtung, und dagegen kämpft ihr an. Ob ihr diese »Lösung« weiterverfolgt oder nicht, ihr werdet zerrissen sein zwischen Kampf und Unterwerfung. Beides erzeugt Spannung, Angst und innere und äußere Nachteile.

So entsteht aus der ersten Dualität eine zweite. Die erste ist: »Wer hat recht, und wer hat unrecht? Nur ich kann recht haben. Sonst ist alles schlecht.« Die zweite ist entweder, sich dem Falschen zu beugen, was ihr nicht könnt, denn es ist völlig falsch, oder den Kampf fortzusetzen. Etwas Falsches zugeben bedeutet im gewissen Sinne den Tod. Ihr steht also vor der Alternative, entweder etwas Falsches zuzugeben – was in tiefster Seele den Tod bedeutet –, um so befürchtete Folgen und das mögliche echte Risiko zu vermeiden, euer Leben in große Gefahr zu bringen – wieder der Tod im tiefsten Sinne –, oder auf eurem Recht zu beharren. Wie ihr euch auch wendet, ihr findet nur

Tod, Verlust, Vernichtung. Je härter ihr kämpft, für oder wider, um so weniger gibt es, wofür sich das Kämpfen lohnt, und um so mehr kehrt sich alles gegen euch. Die Illusion, eine Seite sei gut und die andere schlecht, hat euch zum nächsten, unumgänglichen Schritt auf dem Weg der Illusion geführt, dazu, daß alle Alternativen schlecht sind. Jeder dualistische Kampf ist dazu bestimmt, euch in weitere Fallen zu führen, die alle das Ergebnis der Illusion sind.

Wählt man den Weg zum Prinzip der Einheit, wird das, was zuerst als das unbestreitbar Gute und das augenscheinlich Schlechte erschien, bald aufhören so zu sein, und unvermeidbar trefft ihr auf Gutes und Schlechtes auf beiden Seiten. Geht man weiter diesen Weg, gibt es nichts Schlechtes mehr, sondern nur noch das Gute. Dieser Weg führt tief in das wahre Selbst, in die Wahrheit, die weit über die Interessen des ängstlichen kleinen Ich hinausführt. Sucht man die Wahrheit tief im eigenen Selbst, nähert man sich dem Bewußtseinszustand der Einheit. Unser Beispiel ist banal und kann auf viele alltägliche Meinungsverschiedenheiten übertragen werden. Es kann sich in kleinen Streitereien zwischen Liebespartnern oder als Konflikt zwischen kriegführenden Ländern zeigen. Es existiert in allen Schwierigkeiten, denen die Menschheit begegnet, individuell und als Ganzes. Solange ihr euch in diesem illusorischen dualistischen Konflikt befindet, werdet ihr Hoffnungslosigkeit erfahren, denn auf der dualistischen Denkebene gibt es keinen Ausweg. Solange ihr eure Existenz mit dem Egoselbst und deshalb mit dem dualistischen Herangehen an das Leben identifiziert, könnt ihr gar nicht anders als verzweifeln, auch wenn diese Verzweiflung verdeckt ist oder vorübergehend durch einen gelegentlichen Erfolg mit der erwünschten Alternative gelindert wird. Die Hilflosigkeit und Hoffnungslosigkeit, die vergeudete Energie des dualistischen Kampfes beraubt euch eures Geburtsrechtes. *Das Geburtsrecht könnt ihr nur auf der Ebene der Einheit finden.*

Da alles, was eure Erziehung und Umgebung euch lehrt, auf dualistische Maßstäbe ausgerichtet ist, ist es keine Überraschung, daß ihr diesem Bewußtseinszustand fest verhaftet seid und euch ihm angepaßt habt. Wenn ihr nur von der anderen Möglichkeit hört, fürchtet ihr euch davor. Ihr könnt nicht daran glauben und haltet fest an dem, was ihr wißt. Das erzeugt einen Teufelskreis, in dem die euch zu dieser Lebensweise programmierenden dualistischen Regeln und Vorschriften selbst Folge eurer Angst sind, den ichbezogenen Zustand aufzugeben, der allein das Leben zu garantieren scheint. Diesen Zustand aufzugeben kommt euch wie die Vernichtung eurer Individualität vor, was natürlich völlig falsch ist. Wegen eurer falschen Ängste also habt ihr diese dualistischen Regeln, und aufgrund ihres Diktats haltet ihr euch an den falschen Ängsten fest.

Ehe wir ausführlicher erörtern, warum ihr trotz der unmittelbaren Zugänglichkeit des Bewußtseinszustandes der Einheit an diesem schmerzhaften dualistischen Zustand festhaltet, möchte ich darauf eingehen, *wie die Vereinung des Selbst verwirklicht werden kann.* Das wahre Selbst, das göttliche Prinzip, die unendliche Intelligenz, oder wie immer ihr diese tiefe innere Mitte jedes Menschen nennen wollt, umfaßt alle Weisheit und Wahrheit, die man sich nur vorstellen kann. Die Wahrheit ist so umfassend und so unmittelbar zugänglich, daß kein weiterer Konflikt existiert, wenn dieser Wahrheit erlaubt wird, wirksam zu werden. Das Wenn und Aber des dualistischen Zustandes besteht dann nicht mehr. Das Wissen dieser eingeborenen Intelligenz überschreitet die des Ich bei weitem. Sie ist völlig objektiv und schenkt dem kleinen, eitlen Selbstinteresse keinerlei Beachtung – und das ist einer der Gründe, weswegen ihr sie fürchtet und meidet. Die Wahrheit, die aus ihr fließt, stellt das Selbst den anderen Menschen gleich. Weit entfernt davon, die Vernichtung zu sein, die das Ich fürchtet, öffnet diese Wahrheit die Schatztruhe einer pulsierenden Lebenskraft und Energie, die ihr für gewöhnlich nur in minderem Maße nutzt und die ihr mißbraucht, indem ihr eure Aufmerksamkeit und eure Hoffnungen auf die dualistische Ebene mit ihren engen Meinungen, falschen Vorstellungen, Eitelkeit, Stolz, Eigensinn und Angst richtet. Wenn dieses Lebenszentrum euch belebt, beginnt ihr eure grenzenlose Entfaltung, ein Vorgang, dessen Fortschritte deshalb möglich werden, weil das kleine Ich diese Fortschritte nicht länger mißbraucht, um das Leben auf der dualistischen Ebene zu suchen.

Die Verbindung zum geeinten wahren Selbst kann jederzeit hergestellt werden. Kehren wir wieder zu unserem Beispiel zurück, um herauszufinden, wie dies geschieht. Der Schritt, der am schwersten durchzuführen ist, in Wirklichkeit der einfachste überhaupt, ist die Frage: »Was ist die Wahrheit bei dieser Sache?« In dem Augenblick, da es euch mehr an der Wahrheit als an dem Beweis liegt, im Recht zu sein, nehmt ihr Kontakt mit dem göttlichen Prinzip der transzendenten Wahrheit und Einheit auf. Ist euer Wunsch, wahrhaftig zu sein, echt, wird die Inspiration kommen. Wie stark die Umstände auch in eine Richtung zu weisen scheinen, seid bereit loszulassen und fragt: »Ist das, was ich an dieser Sache sehe, alles, oder ist da noch mehr?« Dieser großzügige Akt der *Integrität* öffnet den Weg zum wahren Selbst.

Das wird leichter auszuführen sein, zieht ihr in Betracht, daß es nicht unbedingt eine Frage des Entweder-Oder ist, sondern daß es vielleicht Richtiges im Standpunkt des anderen gibt und Falsches in eurem. Dies habt ihr bisher nicht gesehen, weil eure Aufmerksamkeit gar nicht auf diese Möglichkeit gerichtet war. Auf diese Weise an ein Problem heranzugehen öffnet sofort den Weg, zur Existenzebene der Einheit aufzusteigen und vom wahren Selbst getragen zu werden. Es setzt sofort eine Energie frei, die deutlich fühlbar ist, wird dieser Schritt in tiefer, ernster Bereitschaft vollzogen. Er bringt Erleichterung der Spannung.

Was ihr dann herausfindet, ist immer gänzlich verschieden von dem, was ihr auf der dualistischen Ebene erhofft und gefürchtet habt. Ihr stellt fest, daß ihr weder so im Recht und so unschuldig seid, wie ihr geglaubt habt, noch so falsch, wie ihr gefürchtet habt. Ebensowenig ist es euer Gegner. Ihr entdeckt bald Seiten an der Angelegenheit, die ihr nie zuvor gesehen habt, obwohl sie nicht unbedingt verborgen lagen. Ihr versteht genau, wie der Streit entstand, was zu ihm führte, seine Geschichte lange vor seinem tatsächlichen Auftreten. Damit gewinnt ihr Einsicht in die Natur der Beziehung. Ihr lernt euch und den anderen kennen und steigert euer Verständnis für die Gesetze der Kommunikation. Je mehr eure Sicht sich ausweitet, desto freier, stärker und sicherer fühlt ihr euch. Diese Sicht beseitigt nicht nur den speziellen Konflikt und zeigt die richtige Weise, ihn zu klären, sondern legt auch wichtige Aspekte eurer allgemeinen Schwierigkeiten offen und macht dadurch deren Beseitigung einfacher. Der pulsierende Frieden, der diesem erweiterten Verständnis entspringt, ist von bleibendem Wert. Er hat Einfluß auf eure Selbstverwirklichung und euer Alltagsleben. Was ich beschrieben habe, ist ein typisches Beispiel von intuitivem Verstehen als Einheit: dem Wissen um die Wahrheit. Anfangs bedarf es ganz offensichtlich des Mutes, und ihr werdet vorübergehenden Widerstand, eine tiefere Wahrheit als die ichbezogene zu sehen, erleben. Doch dann wird euer Pfad soviel leichter sein als der Kampf, der sich aus dem Entweder- Oder des dualistischen Lebens ergibt.

Ehe ihr euch die Denkens- und Seinsweise der Einheit zu eigen macht, steigt die Spannung, denn solange ihr auf der dualistischen Ebene bleibt, kämpft ihr gegen die Einheit in der falschen Überzeugung, euer Unrecht und des anderen Recht zu sehen und zuzugeben bedeute eure unmittelbare Unterwerfung und Versklavung. Ihr werdet zum Nichts, wertlos, bejammernswert – und von da ist es in eurer Fantasie nur ein Schritt zur Vernichtung. So bildet ihr euch ein, daß es die größte Gefahr bedeutet, eure dualistische Ebene zu verlassen. Die Spannung wird in dem Maße zunehmen, wie eure Konflikte eskalieren. Aber sobald ihr den Wunsch zur Wahrhaftigkeit spürt und begierig und bereit seid, nicht einfach euren Kopf, eure kleine Wahrheit durchzusetzen, aber auch nicht aus Furcht vor den Folgen euch der kleinen Wahrheit des anderen unterwerft, sondern die *größere, umfassendere Wahrheit* zu besitzen wünscht, die eure beiden kleinen Wahrheiten transzendiert, dann wird eine wesentliche Spannung in eurer Psyche beseitigt sein. Der Weg zur Manifestation des wahren Selbst wird vorbereitet sein.

Hindernisse beim Auffinden des wahren Selbst

Laßt mich hier wiederholen: Die beiden bedeutsamsten Hindernisse für das wahre Selbst sind die Unkenntnis seiner Existenz und der Möglichkeit, mit ihm in Verbindung zu treten, sowie ein enger, verkrampfter psychischer Zustand mit engen, verkrampften Seelenregungen. Diese zwei Faktoren machen den Kontakt mit dem wahren Selbst und daher auch mit einem Seinszustand der Einheit unmöglich. Solange ihr auf der dualistischen Ebene seid, lebt ihr in seelischem Krampf. Wenn ihr den einen dualistischen Aspekt bekämpft und den anderen herbeiführen wollt, *beobachtet eure Seelenregungen.* Oberflächlich mögt ihr euch auf die scheinbare Berechtigung der Position verlassen, die ihr herbeiführen wollt. Ihr sagt vielleicht: »Ist es nicht völlig richtig, gegen das Falsche in der Welt anzugehen?« Auf der dualistischen Ebene mag das so sein. In dieser eingeschränkten Sicht überseht ihr aber, daß das Falsche eben nur existiert, weil ihr in dualistischer Weise an das Problem herangeht und in völliger Unkenntnis darüber seid, daß es noch eine andere Sehweise gibt. Die sich ergebende Spannung trübt den Blick für das Vorhandensein anderer Aspekte, die das vereinigen, was ihr für richtig und für falsch haltet, ungeachtet dessen, was eigentlich das Falsche ist.

Der einfache Akt, die Wahrheit zu wollen, setzt verschiedene Bedingungen voraus: Die wichtigste ist die Bereitschaft loszulassen, woran man festhält, sei es eine Anschauung, eine Angst oder eine bevorzugte Lebensweise. Wenn ich von Loslassen spreche, meine ich damit lediglich das Hinterfragen und die Bereitschaft zu sehen, daß es jenseits dieser Sicht noch etwas anderes gibt. Dies führt uns zurück zu der Frage, warum es euch mit soviel Angst erfüllt, den

Ichzustand loszulassen, also die dualistische, schmerzhafte Lebensweise. Warum widersetzt ihr euch so sehr dem Bekenntnis zu dem tiefinneren Zentrum, das alles Gute vereint und augenblicklich zugänglich ist? Es steht allerdings jenseits der persönlichen, kleinen Erwägungen des Ich.

Euer Ich gegen euer göttliches Zentrum

Die dualistische Sphäre ist die des Ich. Die Sphäre der Einheit ist die Welt der göttlichen Mitte, das größere Selbst. Das Ich findet seine gesamte Existenz in der Sphäre, in der es zu Hause ist. Sie loszulassen bedeutet, die Ansprüche des kleinen Ich loszulassen. Das heißt nicht Vernichtung, aber dem Ich scheint es genau das zu bedeuten. Tatsächlich ist auch das Ich nur ein Teil, ein vereinzelter Aspekt der übergeordneten Intelligenz, des wahren, inneren Selbst. Es ist nicht anders, es hat lediglich weniger von dem wahren Selbst in sich. Da es abgetrennt und begrenzt ist, ist es weniger zuverlässig als das, aus dem es stammt. Aber das heißt nicht, daß das Ich vernichtet werden muß. In der Tat wird sich das Ich schließlich in das wahre Selbst integrieren, so daß es nur ein Selbst gibt, das voller, fähiger und weiser sein wird. Sein Vermögen wird größer und besser sein, als ihr euch vorstellen könnt.

Das abgetrennte Ich aber glaubt, diese Entwicklung bedeute seine Vernichtung. In seiner unwissenden, begrenzten Sicht existiert es nur als ein isoliertes Wesen, und so arbeitet es weiter an seiner Abtrennung. Da das begrenzte Bewußtsein die Existenz des wahren Selbst ignoriert – auch wenn es theoretisch akzeptiert wird, wird seine lebendige Realität angezweifelt, solange falsche persönliche Auffassungen nicht beseitigt sind –, fürchtet es sich, den festen Griff zu lockern und loszulassen, was gerade die Seelenregung ist, die zum wahren Selbst führt. Dies ist der fortwährende Kampf des Ich, bis es durch wiederholtes Erkennen der größeren Wahrheit in selbst den kleinsten persönlichen Dingen aufhört zu kämpfen.

Das wahre Selbst kann sich nicht zeigen, solange die persönlichen Probleme nicht in Ordnung gebracht sind. Aber der Prozeß, der dahin führt, und die ersten Ahnungen der Selbstverwirklichung überschneiden sich häufig. Eines fördert das andere. Es kann euch sehr helfen, den Grundkonflikt des Menschen so zu betrachten. Solange ihr euch ganz mit dem Ich identifiziert, werdet ihr weiter größere Abtrennung suchen, was Selbstidealisierung zur Folge hat.

Selbstverherrlichung und -idealisierung erscheinen aus dieser Sicht als offensichtliche Erlösung und Garantie, eure existentiellen Ängste zu lindern. Das Ich glaubt: »Wenn mich alle für besonders, besser als andere, klug, schön, begabt, glücklich, unglücklich oder sogar schlecht halten« oder was auch immer ihr zur Verherrlichung eures idealisierten Selbst gewählt habt –, »dann werde ich die nötige Bestätigung, Liebe, Bewunderung, Zustimmung erhalten, die ich zum Leben brauche.« Dieses Argument bedeutet, daß ihr irgendwo tief in euch glaubt, ihr könntet nur leben, wenn ihr durch andere bemerkt, bejaht und bestätigt werdet. Ihr glaubt, unbemerkt würdet ihr aufhören zu leben. Das mag übertrieben klingen, aber ist es nicht. Es erklärt, warum euer idealisiertes Selbstbild so zerstörerisch ist. *Ihr fühlt euch zuversichtlicher, wenn ihr euch bemerkbar macht, als wenn ihr positive Anstrengungen macht.*

So scheint eure Erlösung bei denen zu liegen, die eure Existenz nur anerkennen, wenn ihr besonders seid. Zugleich will die mißverstandene Botschaft eures wahren Selbst, daß ihr das Leben meistert, aber ihr versucht es auf der falschen Ebene und glaubt, jeden Widerstand, der euch im Wege steht, bezwingen zu müssen. Jede persönliche Scheinlösung ist eine Hoffnung, Hindernisse auf eurem Wege, jemand Besonderes zu sein, zu beseitigen. Die Wahl der Scheinlösung hängt von euren individuellen Charakterzügen, Umständen und frühen Kindheitseinflüssen ab. Jede von ihnen – und es gibt drei grundlegende: *die aggressive, die unterwürfige und die des Rückzugs* – ist dazu bestimmt, über andere zu triumphieren und eure Freiheit und Erfüllung herzustellen.

Eure Existenz scheint garantiert, wenn ihr bedingungslos geliebt und akzeptiert werdet und andere euch zu Diensten sind, und ihr hofft das durch den Sieg über sie zu erreichen. Ihr könnt jetzt sehen, daß ihr von einer Folge von Fehlschlüssen beherrscht seid, die mit der Wirklichkeit nichts zu tun haben.

Natürlich könnt ihr eure Reaktionen und Einstellungen nur in Erfahrung bringen, wenn ihr gelernt habt, sie zuzugeben. Auch müßt ihr die Bedeutung einer Reaktion hinterfragen und hinter ihre Fassade schauen, hinter das, was sie zu sein vorgibt. Sobald ihr das zulaßt, ist leicht festzustellen, daß all diese falschen Auffassungen euch beherrschen und euch der Schönheit der Realität berauben. Ihr werdet darüber hinaus sehen, nicht theoretisch, sondern als Realität, daß euer Leben nicht von der Bestätigung durch andere abhängt, ihr nicht besonders und von anderen getrennt sein müßt, daß ebendieser Anspruch euch in Einsamkeit und Verwirrung gefangenhält und andere euch Liebe und Zustimmung nur geben, wenn ihr nicht besser, besonders oder anders als sie sein wollt. Diese Liebe wird kommen, wenn euer Leben nicht davon abhängig ist.

Wenn ihr wirklich zur Erkenntnis gekommen seid, können eure Leistungen auf andere nicht dieselbe Wirkung haben wie dann, wenn sie dazu dienen, euch abzusondern. In dem einen Fall wird eure Vervollkommnung eine Brücke zu anderen Menschen sein, weil sie keine Waffe gegen sie ist. Im anderen wird sie Gegnerschaft erzeugen, weil ihr etwas erreichen wollt, um besser als andere zu sein, was heißt, daß sie geringer sein müssen. Wenn das, was ihr erreicht habt, euch besser machen soll, muß sich das, was ihr der Welt gebt, gegen euch wenden, weil ihr es in einem *kriegerischen Geiste* anbietet. Gebt ihr es aber, um das Leben und andere zu bereichern, werdet ihr und euer Leben dadurch erhöht, denn eure Gabe kommt aus einem *friedlichen Geiste*. In diesem Falle werdet ihr Teil des Lebens. Wenn ihr vom Leben nehmt – und vom Lebenszentrum in euch – und als integraler Teil des Lebens an es zurückgebt, handelt ihr gemäß dem Prinzip der Einheit.

Wenn ihr glaubt: »Um leben zu können, muß ich besser sein als andere und mich absondern«, ist Enttäuschung unvermeidlich. Diese Anschauung kann nicht das erwünschte Ergebnis bringen, weil sie auf Illusion beruht. Die dualistische Vorstellung ist: »Ich gegen den anderen.« Je mehr ihr gegen andere kämpft, desto weniger werden sie sich eurer Forderung, euer Selbst zu bestätigen, fügen, und um so mehr werdet ihr dies als Gefahr erfahren – in dem gleichen Maße wie die Aufgabe des Kämpfens selbst. Wohin ihr euch auch wendet, scheint der Weg versperrt zu sein. Ihr macht euch mit eurer illusorischen Vorstellung, ihr wärt verloren, es sei denn, die anderen bestätigen euch, von den anderen vollständig abhängig. Zugleich aber versucht ihr, sie auszuschalten und zu besiegen. Ihr seid voll Unmut über die Abhängigkeit und fühlt euch schuldig an dem Kampf. Beides erzeugt intensive Frustrationen und Ängste, und beides bringt keine Erlösung.

Beobachtet die anfängliche Abneigung, eure Annahmen in bezug auf problematische Angelegenheiten zu hinterfragen. Genau das ist der Stolperstein. Euer Zurückscheuen vor dem, was so schmerzhaft und ängstigend scheint, macht es euch unmöglich, den Irrtum eurer verborgenen Einstellungen aufzudecken. Wenn ihr eure Probleme so objektiv, so gelöst anschaut, wie ihr nur könnt, und den Weitblick des wahren Selbst zum Ausdruck bringt, wenn ihr euch mit bester Absicht und dem echten Wunsch nach Unvoreingenommenheit der Sache zuwendet, die euch stört, dann werdet ihr zuerst bemerken, wie ihr vor diesem Wunsch zurückweicht und – mehr oder weniger offen oder subtil verborgen – das Verlangen nach Flucht verdeckt. Ertappt euch dabei und geht mutig weiter, indem ihr euch weiter und tiefer hinterfragt. Ihr werdet dann schließlich erkennen, daß die äußere Schwierigkeit eine symbolische Darstellung eures inneres Kampfes ist, wo ihr für das Leben gegen den Tod, für die Existenz gegen die Vernichtung streitet. Ihr werdet eure Anforderungen an andere erkennen, ohne deren Erfüllung ihr offensichtlich nicht glaubt, existieren zu können.

Der Übergang vom dualistischen Irrtum zur Wahrheit des Einsseins

Wenn ihr auf dieser Ebene eures Wesens angekommen seid, werdet ihr imstande sein, eure Prinzipien zu hinterfragen, die die Grundlage für all dies gelegt haben. Und das ist der erste Schritt, der den Übergang vom dualistischen Irrtum zur Wahrheit des Einsseins möglich macht. Ihr werdet weiterhin bemerken, daß das Loslassen von Idealen und Überzeugungen sich auch wie Vernichtung anfühlt, denn im Unrecht sein heißt sterben und im Recht sein leben.

Sobald ihr diese Öffnungsbewegung vollzieht und den Mut habt, die Wahrheit zu wollen, eine vollständigere als die, die ihr im Augenblick sehen könnt, gleich bei welcher Sache, werdet ihr zu einem neuen Frieden und einer neuen intuitiven Einsicht in die Natur der Dinge gelangen. Etwas in eurer verhärteten Seelensubstanz wird sich gelöst haben, und damit wird der weitere Weg zur völligen Selbstverwirklichung vorbereitet.

Mit jeder neuen Lösung wird euer seelisches Klima für das letzte, völlige Erwachen eures inneren Zentrums, das alles Leben, alle Wahrheit, all die vereinte Tugend der Schöpfung beinhaltet, günstiger. Mit jedem Schritt in diese Richtung gebt ihr eine weitere falsche Vorstellung auf, die eine Belastung für euch war. Das Aufgeben von dem, was zuerst wie ein Schutz vor Vernichtung schien, wird sich jetzt als das zeigen, was es wirklich ist: Aufgabe von Last, Leid und Einkerkerung. Dann begreift ihr die Absurdität eures Widerstandes dagegen, das dualistische Leben mit all seinem Elend und seiner Hoffnungslosigkeit zu verlassen.

Vielleicht ist es euch jetzt möglich, etwas hiervon zu verstehen. Es wird euch auf eurem persönlichen Pfad helfen. Wendet es auf euren Alltag an, und ihr werdet euch davon überzeugen können, daß die abstrakt klingenden Worte, die ich hier benutze, nicht von etwas weit Entferntem sprechen, sondern von etwas, das jedem von euch zugänglich sind. Ihr werdet erfahren, daß sie praktisch und konkret sind, wenn ihr nur den Willen habt, euch selbst im Verhältnis zum Leben in einer umfassenderen Wirklichkeit zu sehen, als ihr bisher zu tun bereit wart.

Die Botschaft eures wahren Selbst sagt: »Dein Geburtsrecht ist vollkommenes Glück, Freiheit und Meisterung des Lebens.« Wenn ihr nach dualistischen Prinzipien dafür kämpft, entfernt ihr euch immer mehr von der Selbstverwirklichung, die euch wahrhaft Meisterschaft, Freiheit und völlige Erfüllung schenkt. Ihr sucht sie mit falschen Mitteln, die so verschieden sind wie eure individuellen Charaktere.

Beobachtet, wie ihr individuell versucht, den falschen Kampf zu führen, der zu mehr Verwirrung und Schmerz führt. Auf welche Weise ihr auch zu gewinnen versucht, ihr seid von anderen, von Umständen abhängig, die oft jenseits eurer tatsächlichen Kontrolle liegen, und so seid ihr zum Versagen verurteilt. Dieser nutzlose Kampf verhärtet den Stoff eurer Seelen. Je spröder er wird, um so weniger seid ihr imstande, Kontakt mit dem Zentrum eures inneren Wesens aufzunehmen, wo ihr alles findet, was ihr nur braucht, vitales Wohlbefinden, Produktivität, inneren Frieden, alles Nebenprodukte der Entdeckung des wahren Selbst.

Ihr könnt den Zustand der Einheit, in dem ihr wirkliche Meisterschaft erlangt, nur erreichen, wenn ihr das Bedürfnis losläßt, zu gewinnen, gesondert und besonders zu sein, recht zu haben, euren Kopf durchzusetzen. Entdeckt das Gute in allen Lebenslagen, ob ihr sie nun für gut oder schlecht, richtig oder falsch haltet. Selbstverständlich heißt das weder Resignieren noch ängstliches Einlenken, noch Schwäche. Es bedeutet, mit dem Strom des Lebens zu gehen und sich dem zu stellen, was sich bisher noch eurer unmittelbaren Kontrolle entzieht, ob ihr es mögt oder nicht. Es bedeutet anzunehmen, wo ihr seid und was das Leben für euch gerade ist. Es bedeutet Harmonie mit eurem inneren Rhythmus. Dieses Vorgehen öffnet den Kanal zu eurem Gottselbst, so daß schließlich völlige Selbstverwirklichung stattfindet. Eure lebendigen Ausdrucksformen werden bestimmt und belebt durch das göttliche Prinzip, das in euch wirkt und sich durch eure Individualität ausdrückt. Die Fähigkeiten eures Ich integrieren sich in das universelle Selbst. Die Integration erhöht eure Individualität, statt sie zu mindern, erhöht eure Freuden und nimmt euch nichts.

Begreift, daß die Wahrheit in euch lebt. Alles, was ihr braucht, ist in euch. Entdeckt, daß der fortwährende Kampf völlig unnötig ist. Alles, was zu tun ist, ist, eure Wahrheit im Jetzt zu erkennen und anzuerkennen, daß mehr in euch sein kann, als ihr seht. Wendet euch an dieses innere Zentrum und öffnet euch für seine intuitiven Botschaften. Möge dies genau dort möglich sein, wo ihr es in diesem Augenblick am meisten braucht. *Euer Maß ist immer, was sich am unangenehmsten anfühlt, was euch am stärksten versucht sein läßt, wegzusehen.*

Seid gesegnet und fahrt fort auf eurem wunderbaren Pfad, der euch die Erkenntnis bringen wird, daß ihr bereits alles habt, was ihr braucht, und daß ihr seid, wo ihr sein müßt. Ihr schaut bloß weg, weil ihr auf die entgegengesetzte Richtung eingestellt seid. Lebt in Frieden. Lebt in Gott.

6 Liebe, Eros und Sex

(Lesung Nr. 44)

Da sich der dualistische Zustand auf der körperlichen Ebene in den zwei Geschlechtern ausdrückt, ist es jetzt angebracht, mit einer der beliebtesten Lesungen fortzufahren: »Liebe, Eros und Sex«. Niemand bleibt von der Berührung, manchmal sogar dem Ansturm dieser Kräfte verschont. Diese Lesung wirft ein Licht auf die Verwirrung, der wir alle ausgesetzt sind, wenn wir lieben oder begehren, und hilft die widersprüchlichen Gefühle zu klären. Wie bewahrt man den Eros? Das ist die Frage!

Seid gegrüßt im Namen des Herrn. Ich bringe euch den Segen, liebste Freunde. Gesegnet sei diese Stunde.

Heute abend möchte ich drei besondere Kräfte des Kosmos besprechen: die Kraft der Liebe, die zwischen den Geschlechtern wirkt, die Kraft des Eros und die der Sexualität. Alle drei sind völlig unterschiedliche Prinzipien oder Kräfte, die sich auf jeder Ebene, von der höchsten bis zur niedrigsten, anders ausdrücken. Die Menschheit hat diese drei Prinzipien schon immer miteinander verwechselt. Kaum jemand versteht, daß dies drei verschiedene Kräfte sind und welches die Unterschiede sind. Die Verwirrung ist so groß, daß es nützlich sein wird, die Begriffe aufzuklären.

Die spirituelle Bedeutung der erotischen Kraft

Die erotische Kraft ist eine der stärksten Kräfte, die es gibt; sie hat ungeheure Schubkraft und Energie. Sie sollte als Brücke zwischen Sex und Liebe dienen, tut es jedoch selten. Bei einem spirituell hochentwickelten Menschen hebt der Eros das Geschöpf aus der erotischen Erfahrung, die selbst nur von kurzer Dauer ist, in den permanenten Zustand reiner Liebe. Gleichwohl trägt selbst seine starke Schubkraft die Seele nur so weit und nicht weiter. Er wird sich auflösen, wenn das Individuum nicht durch die Pflege all der Qualitäten und Erfordernisse, die für wahre Liebe nötig sind, lernt zu lieben. Nur wenn es die Liebe gelernt hat, kann der Funke der erotischen Kraft am Leben bleiben. Allein, ohne die Liebe, brennt die erotische Kraft aus. Genau das ist natürlich das Problem bei der Ehe. Da die meisten Menschen zu reiner Liebe nicht fähig sind, sind sie auch nicht fähig, eine ideale Ehe zu führen.

Der Eros scheint in vieler Hinsicht der Liebe ähnlich. Er bringt Impulse zum Vorschein, die der Mensch ansonsten nicht haben würde, Impulse der Selbstlosigkeit und Zuneigung, deren er vorher nicht fähig gewesen wäre. Deswegen wird der Eros so oft mit Liebe verwechselt. Aber ebenso häufig wird er auch mit der Sexualität verwechselt, die sich wie der Eros als starker Drang erweist.

Jetzt, meine Freunde, möchte ich euch die spirituelle Bedeutung und den Sinn der erotischen Kraft erklären, insbesondere was die Menschheit betrifft. Ohne den Eros würden viele Menschen nie das große Gefühl und die Schönheit der echten Liebe erfahren. Sie würden sie nie zu schmecken bekommen, und die Sehnsucht nach Liebe bliebe tief in ihrer Seele versteckt. Ihre Angst vor der Liebe bliebe stärker als ihr Verlangen.

Eros ist die Erfahrung, die den unentwickelten Geist in die größte Nähe zur Liebe bringt. Er erhebt die Seele über die Trägheit, die bloße Zufriedenheit und das Dahinvegetieren. Er veranlaßt die Seele, aufzuwallen und aus sich herauszugehen. Wenn diese Kraft selbst die unentwickeltste Person überkommt, wird sie fähig, über sich hinauszuwachsen. Selbst ein Krimineller wird zeitweilig, wenigstens gegenüber *einem* anderen Menschen, ein Wohlwollen verspüren, wie er es vorher nie gekannt hat. Der allerselbstsüchtigste Mensch wird, solange dieses Gefühl andauert, selbstlose Impulse haben. Faule Menschen werden aus ihrer Trägheit gerissen. Der Gewohnheitsmensch wird natürlich und ohne Mühe seine festen Gewohnheiten ablegen. Die erotische Kraft löst den Menschen aus seiner Abgetrenntheit, sei es auch nur für kurze Zeit. Der Eros gibt der Seele einen Vorgeschmack auf die Einheit und lehrt die angstvolle Psyche, sich danach zu sehnen. Je stärker man den Eros erfährt, desto weniger Zufriedenheit wird die Seele in der Scheinsicherheit des Abgetrenntseins finden. Selbst ein ansonsten gänzlich ichbezogener Mensch kann während der erotischen Erfahrung zu einem Opfer fähig sein. Ihr seht also, meine Freunde, der Eros befähigt die Menschen, Dinge zu tun, zu denen sie sonst nicht neigen würden, Dinge, die eng mit der Liebe verbunden sind. Es ist leicht einzusehen, warum Eros so oft mit Liebe verwechselt wird.

Der Unterschied zwischen Eros und Liebe

Wie unterscheidet sich also der Eros von der Liebe? Liebe ist ein dauerhafter Zustand der Seele, Eros nicht. Liebe kann es nur geben, wenn für sie durch Entwicklung und Läuterung ein Fundament vorbereitet wird. Liebe kommt und geht nicht zufällig, Eros wohl. Er schlägt mit plötzlicher Kraft zu und ergreift den Menschen oft unversehens, ja selbst, wenn dieser sich mit seinem Willen gegen die Erfahrung wehrt. Nur wenn die Seele zu lieben bereit ist und die Grundlage dafür aufgebaut hat, wird Eros die Brücke zur Liebe zwischen Mann und Frau werden.

Nun könnt ihr verstehen, wie wichtig die erotische Kraft ist. Ohne den Anstoß dieser Kraft, der die Menschen aus den alten Gleisen herausbewegt, wären viele von ihnen nie bereit, sich auf eine bewußtere Suche nach dem Abbruch der trennenden Mauern zu begeben. Die erotische Erfahrung pflanzt den Keim in die Seele und bewirkt die Sehnsucht nach Einheit, die das große Ziel im Plan der Erlösung ist. Solange die Seele abgetrennt ist, müssen Einsamkeit und Elend ihr Los sein. Die erotische Erfahrung befähigt den Menschen, sich nach Vereinigung mit wenigstens einem anderen Wesen zu sehnen.

In den Höhen der Geistwelt besteht Einheit unter allen Wesen – und so auch mit Gott. In der irdischen Sphäre ist der Eros eine vorwärtstreibende Kraft, selbst wenn seine wahre Bedeutung nicht verstanden wird, selbst wenn er, wie es oft geschieht, mißbraucht und nur um seiner selbst willen genossen wird, so lange wie er eben andauert. Wird er nicht zur Pflege der Liebe in der Seele gebraucht, erschöpft er sich. Trotzdem werden seine Wirkungen unvermeidlich in der Seele verbleiben.

Die Angst vor dem Eros und die Angst vor der Liebe

In gewissen Lebensphasen überkommt der Eros die Menschen plötzlich, selbst diejenigen, die das scheinbare Risiko fürchten, sich aus ihrer Abtrenntheit herauszuwagen. Menschen, die vor ihren Gefühlen und dem Leben als solchem Angst haben, tun oft unbewußt und aus Unkenntnis alles, was in ihrer Macht steht, um die große Erfahrung der Einheit zu vermeiden. Obwohl viele Menschen diese Angst haben, sind es in der Tat nur wenige, die nicht wenigstens ein kurzes Sichöffnen der Seele erfahren haben, so daß Eros sie berühren konnte. Für die angsterfüllte Seele, die sich dieser Erfahrung widersetzt, ist es ein gutes Heilmittel, ungeachtet der Tatsache, daß Kummer und Verlust aufgrund anderer psychologischer Faktoren die Folge sein können. Gleichwohl gibt es auch überemotionale Menschen, die wohl andere Lebensängste kennen mögen, aber vor dieser Erfahrung keine Angst haben. Ja mehr noch, der Reiz dieser Erfahrung ist ihnen eine große Versuchung, und sie jagen ihr begierig nach. Sie suchen sich ein Objekt nach dem anderen, emotional zu unwissend, den tiefen Sinn des Eros zu verstehen. Sie sind nicht willig, die reine Liebe zu erlernen, und benutzen den Eros zu ihrem Vergnügen. Wenn das Vergnügen schal wird, jagen sie anderswo weiter danach. Das ist Mißbrauch, der nicht ohne böse Folgen bleiben kann. Ein solcher Mensch wird den Mißbrauch wiedergutmachen müssen – selbst wenn er in Unwissenheit geschah.

Bezahlen muß auch der überängstliche Feigling, der das Leben zu betrügen sucht, indem er sich vor dem Eros versteckt und so seiner Seele ein Mittel vorenthält, das, wenn richtig genutzt, heilsam ist. Die meisten Menschen dieser Kategorie haben irgendwo in ihrer Seele eine verletzliche Stelle, durch die Eros eintreten kann. Es gibt auch einige wenige, die eine feste Mauer aus Furcht und Stolz um ihre Seele gebaut haben, diese Lebenserfahrung ganz meiden und sich um ihre eigene Entwicklung betrügen. Diese Furcht mag aus unglücklichen Erfahrungen mit dem Eros in einem früheren Leben rühren oder vielleicht auch daher, daß ihre Seele die Schönheit des Eros gierig mißbrauchte, ohne sie in Liebe umzuwandeln. Es kann sein, daß solche Menschen sich entschieden haben, vorsichtiger zu sein. Ist diese Entscheidung zu rigide und hart, erfolgt das entgegengesetzte Extrem. Für die nächste Inkarnation werden dann Umstände gewählt, die ein Gleichgewicht herstellen, bis die Seele einen harmonischen Zustand erreicht, in dem es keine Extreme mehr gibt. Dieses Ausbalancieren in zukünftigen Inkarnationen gilt immer für alle Persönlichkeitsaspekte. Um dieser Harmonie wenigstens in einem gewissen Grade näher zu kommen, muß ein angemessenes Gleichgewicht zwischen Vernunft, Gefühl und Willen hergestellt werden.

Die erotische Erfahrung vermischt sich oft mit dem Sexualtrieb, doch dies muß nicht immer so sein. Alle drei Kräfte, Liebe, Eros und Sex, erscheinen oft völlig getrennt, doch mischen sich manchmal zwei wie etwa *Eros und Sex* oder *Eros und Liebe* in dem Maße, in dem die Seele zur Liebe fähig ist, oder *Sex und etwas, das wie Liebe aussieht*. Nur im Idealfall mischen sich alle drei auf harmonische Weise.

Die Sexualität

Die sexuelle Kraft ist die schöpferische Kraft auf jeder Ebene des Daseins. In den höchsten Sphären erzeugt sie geistiges Leben, geistige Vorstellungen, Ideen und Prinzipien. In den niederen erzeugt sie, rein und unvergeistigt, das Leben, wie es sich in dieser Sphäre verkörpert. Sie schafft die äußere Schale, das Vehikel des Wesens, dem es bestimmt ist, in dieser Sphäre zu leben.

Die reine sexuelle Kraft ist zutiefst selbstsüchtig. *Sex ohne Eros und Liebe* wird als »tierisch« bezeichnet. Reinen Sex als Fortpflanzungtrieb gibt es bei allen lebenden Geschöpfen: Tieren, Pflanzen, selbst bei Mineralien. Eros beginnt auf der Entwicklungsstufe, auf der sich die Seele als Mensch inkarniert. Die reine Liebe ist in den höheren spirituellen Bereichen zu finden. Ich behaupte nicht, daß es Eros und Sex in Wesen höherer Entwicklung nicht mehr gäbe, sondern vielmehr, daß sich alle drei harmonisch verbinden, geläutert und immer weniger selbstsüchtig sind. Ich sage auch nicht, daß der Mensch nicht versuchen sollte, eine harmonische Mischung aller drei Kräfte zu erreichen.

In seltenen Fällen und für eine begrenzte Zeit existiert *Eros allein, ohne Sex und Liebe.* Dies nennt man üblicherweise platonische Liebe. Aber über kurz oder lang werden sich in einem hinlänglich gesunden Menschen Eros und Sex verbinden. Statt unterdrückt zu werden, wird die sexuelle Kraft von der erotischen aufgenommen, und beide fließen in einem Strom. Je mehr diese drei Kräfte getrennt bleiben, desto ungesunder ist die Persönlichkeit.

Eine weitere häufige Verbindung, besonders in langen Beziehungen, ist das Miteinander echter *Liebe mit Sex ohne Eros.* Obwohl die Liebe nicht vollkommen sein kann, wenn sich nicht alle drei Kräfte mischen, gibt es hier ein gewisses Maß an Zuneigung, Gemeinschaft, Zärtlichkeit, gegenseitigem Respekt und eine Sexbeziehung, die grob sexuell ist ohne den erotischen Funken, der schon vor einiger Zeit verlöscht ist. Fehlt der Eros, muß die sexuelle Beziehung schließlich leiden. Das ist das Problem bei den meisten Ehen, meine Freunde. Es gibt kaum einen Menschen, den nicht die Frage verwirrt, was man denn in einer Beziehung tun könne, um den Funken zu erhalten, der zu erlöschen scheint, je mehr sich Gewohnheit und Vertrautheit einstellen. Ihr mögt diese Frage nie im Zusammenhang mit diesen drei verschiedenen Kräften gestellt haben, jedoch wißt und spürt ihr, daß etwas, das am Anfang der Ehe gegenwärtig war, verlorengeht. Dieser Funke ist Eros. Ihr befindet euch in einem Teufelskreis und glaubt, daß die Ehe ein hoffnungloses Unterfangen ist. Nein, meine Freunde, das ist sie nicht, auch wenn ihr zur Zeit das Ideal noch nicht erlangen könnt.

Die ideale Liebespartnerschaft

In der idealen Liebespartnerschaft zwischen zwei Menschen müssen alle drei Kräfte vorhanden sein. Mit der Liebe scheint ihr kaum Schwierigkeiten zu haben, denn in den meisten Fällen würde man nicht heiraten, wäre nicht wenigstens die Bereitschaft zur Liebe gegeben. Ich werde an diesem Punkt keine Extremfälle erörtern, in denen das nicht zutrifft, sondern mich auf eine Beziehung konzentrieren, in der eine reife Wahl stattgefunden hat und die Partner dennoch nicht die Fallstricke der Gewohnheit vermeiden können, weil der *flüchtige Eros verschwunden ist*. Beim Sex ist es ganz genauso. Die sexuelle Kraft lebt in den meisten gesunden Menschen und wird nur allmählich schwächer – besonders bei Frauen –, nachdem der Eros vergangen ist. Männer mögen den Eros dann woanders suchen. Bleibt der Eros nicht lebendig, muß die sexuelle Beziehung leiden.

Wie bewahrt man den Eros? Das ist die große Frage, meine Lieben. Eros kann nur erhalten werden, wenn er als Brücke zu wahrer Liebespartnerschaft im höchsten Sinne benutzt wird. Wie geschieht das?

Die Suche nach der anderen Seele

Suchen wir zuerst einmal nach dem Hauptelement der erotischen Kraft. Wenn ihr es genau untersucht, werdet ihr sehen, daß es das Abenteuer ist, die Suche nach der Erkenntnis der anderen Seele. Dieser Wunsch lebt in jedem geschaffenen Geist. Die ihm innewohnende Lebenskraft wird ihn schließlich aus seiner Abgetrenntheit herausführen. Eros stärkt die Neugier, das andere Wesen kennenzulernen. Solange es etwas Neues in der anderen Seele zu finden gibt und solange ihr euch einander offenbart, wird der Eros leben. Sobald ihr glaubt, ihr hättet alles, was zu finden ist, gefunden und alles offenbart, was zu offenbaren ist, wird der Eros euch verlassen. So einfach ist es mit ihm. Aber *euer großer Irrtum setzt dort ein, wo ihr glaubt, es gäbe für jede Seele, die eure und die eines anderen, eine Grenze der Offenbarung.* Wenn ein gewisser Punkt in der für gewöhnlich recht oberflächlichen gegenseitigen Offenbarung erreicht ist, scheint es euch, das sei alles, mehr wäre da nicht, und ihr begnügt euch mit einem beschaulichen Leben ohne weitere Suche.

Die starke Einwirkung des Eros hat euch so weit getragen. Aber danach ist es von eurem Willen, weiter die unbegrenzten Tiefen im anderen zu suchen und freiwillig eure innere Suche zu offenbaren und mitzuteilen, abhängig, ob ihr den *Eros als Brücke* zur Liebe nutzt. Das wiederum hängt immer davon ab, ob ihr lieben lernen wollt. Nur so werdet ihr eurer Liebe den Funken des Eros erhalten. Nur so werdet ihr weiterhin den anderen finden und euch finden lassen. Es gibt dafür keine Grenze, denn die Seele ist endlos und ewig: Ein ganzes Leben würde nicht reichen, sie kennenzulernen. Es kann niemals dazu kommen, daß ihr die andere Seele völlig kennt oder selbst völlig erkannt seid. Die Seele ist lebendig, und nichts, was lebt, ist statisch. Sie hat die Fähigkeit, noch tiefere Schichten, die schon in ihr vorhanden sind, zu offenbaren. Auch befindet sich die Seele in ständiger Veränderung und Bewegung wie alles Geistige seiner Natur gemäß. Geist bedeutet Leben, und Leben bedeutet Wandlung. Da die Seele Geist ist, kann sie nie völlig erkannt werden. Wären die Menschen weise, würden sie dies erkennen und aus der Ehe das wunderbare Abenteuer machen, das sie ihrer Bestimmung nach ist, statt sich einfach nur so weit tragen zu lassen, wie der erste Schwung des Eros reicht. Ihr solltet diesen machtvollen Schwung als Antrieb benutzen und dann durch ihn das Verlangen finden, euch aus eigener Kraft weiterzubewegen. Dann werdet ihr den Eros zur wahren ehelichen Liebe bringen.

Die Fallstricke der Ehe

Die Ehe ist den Menschen von Gott bestimmt. Ihr göttlicher Sinn ist nicht allein die Fortpflanzung. Das ist nur einer ihrer Aspekte. Die spirituelle Konzept der Ehe ist, daß sie die Seele befähigt, sich zu offenbaren und ständig die andere zu suchen, um ewig neue Facetten des anderen Wesens zu entdecken. Je mehr das geschieht, desto glücklicher wird die Ehe sein, desto beständiger und sicherer ist sie gegründet und desto weniger in Gefahr, unglücklich zu enden. Das ist die Erfüllung ihres geistigen Zweckes.

So funktioniert die Ehe gleichwohl in der Praxis kaum. Ihr erreicht einen gewissen Zustand der Vertrautheit und Gewohnheit und glaubt, ihr kennt den anderen. Es kommt euch nicht einmal in den Sinn, daß der andere euch überhaupt nicht kennt. Er oder sie mag gewisse Seiten eures Wesens kennen, aber das ist alles. Die Suche nach dem anderen Wesen wie auch die nach Selbstoffenbarung erfordert innere Aktivität und Wachsamkeit. Da die Menschen aber oft zu innerer Inaktivität neigen – während als Überkompensation um so stärker äußere Aktivität auftreten kann –, geben sie der Verlockung nach und sinken in einen Zustand der Ruhe, in dem sie der Selbsttäuschung nachgeben, daß sie einander völlig kennen. Das ist die Falle. Es ist der Anfang des Endes oder bestenfalls ein Kompromiß, der nagende, unerfüllte Sehnsucht zurückläßt. An diesem Punkt wird die Beziehung statisch. Sie ist nicht länger lebendig, selbst wenn sie einige sehr angenehme Seiten hat. Gewohnheit ist eine große Verführerin, die schwerfällig und träge werden läßt, so daß man sich nicht mehr bemühen und arbeiten oder wachsam zu sein braucht.

Es kann sein, daß zwei Menschen eine scheinbar befriedigende Beziehung aufbauen und mit den Jahren sich zwei Möglichkeiten gegenübersehen: Die erste ist, daß allmählich der eine oder auch beide Partner offen und bewußt Unzufriedenheit verspüren. Die Seele braucht Vorwärtsdrängen, Finden und Gefundenwerden, um Trennendes aufzulösen, gleich, wie sehr die andere Seite der Persönlichkeit auch die Einheit fürchtet und zur Trägheit neigt. Diese Unzufriedenheit ist entweder bewußt – obwohl in den meisten Fällen ihr wahrer Grund unbekannt bleibt – oder unbewußt. In jedem Falle ist die Unzufriedenheit stärker als die Versuchung, die von der Bequemlichkeit, der Trägheit und Schwerfälligkeit ausgeht. Dann zerbricht die Ehe, und einer oder beide Partner geben sich der Illusion hin, daß es mit einem neuen Partner anders würde, besonders wenn Eros wieder seinen Pfeil abgeschossen hat. Solange dieses Prinzip nicht verstanden ist, kann jemand von einer Partnerschaft zur anderen gehen, und sein Gefühl bleibt nur immer so lange lebendig, wie Eros am Werke ist.

Die zweite Möglichkeit ist, daß die Versuchung überwiegt, einen Pseudofrieden beizubehalten. Dann können die Partner zusammenbleiben und sicherlich gemeinsam etwas erfüllen, aber ein großes, unerfülltes Bedürfnis wird immer in ihren Seelen bleiben. Da die Männer ihrer Natur nach stärker das aktive und abenteuerlustige Prinzip verkörpern, neigen sie zur Polygamie und tendieren deshalb auch mehr als Frauen zur Untreue. So könnt ihr auch das Motiv des Mannes für seine Neigung zur Untreue verstehen. Frauen neigen mehr zur Passivität, weil sie in größerem Maße das empfängliche Prinzip in sich tragen und daher eher zu Kompromissen fähig sind. Aus diesem Grunde neigen sie zur Monogamie. Natürlich gibt es bei beiden Geschlechtern Ausnahmen. Untreue ist oft für den aktiven Partner genauso verwirrend wie für das »Opfer«. Beide verstehen sich selbst nicht. Der untreue Teil kann genauso darunter leiden wie derjenige, dessen Vertrauen verraten wurde.

Wo der *Kompromiß* gewählt wird, stagnieren beide Partner, wenigstens in einem sehr wichtigen Aspekt ihrer seelischen Entwicklung. Sie finden Zuflucht in der steten Annehmlichkeit ihrer Beziehung. Vielleicht glauben sie sogar, daß sie glücklich sind, und das kann in gewisser Hinsicht auch so sein. Die Vorteile der Freundschaft, Gemeinsamkeit, des gegenseitigen Respektes und ein angenehmes gemeinsames Leben mit einer gut einfahrenen Routine wiegen die Unrast der Seele auf, und die Partner mögen genug Disziplin besitzen, um einander treu zu bleiben. Jedoch fehlt ein wichtiges Element ihrer Beziehung: einander soviel wie möglich von Seele zu Seele zu offenbaren.

Echte Ehe

Nur wenn zwei Menschen das tun, können sie sich *gemeinsam läutern* und sich so gegenseitig helfen. Zwei entwickelte Seelen können einander zur Erfüllung verhelfen, indem sie sich einander offenbaren, indem sie die Tiefen der anderen Seele ergründen. Auf diese Weise wird das, was in jeder Seele ist, im bewußten Denken zum Vorschein kommen, und die Läuterung findet statt. Dann wird der Lebensfunke bewahrt, und die Beziehung kann niemals stagnieren oder in einer Sackgasse enden. Euch, die ihr diesen Pfad geht und den verschiedenen Schritten dieser Lehre folgt, wird es leichter fallen, die Fallstricke und Gefahren der Ehe zu überwinden und den Schaden, der unabsichtlich entstand, wiedergutzumachen.

So, liebe Freunde, erhaltet ihr nicht nur den Eros, diese pulsierende Lebens~ kraft, sondern ihr wandelt ihn auch in wahre Liebe um. Nur in der echten Partnerschaft von Liebe und Eros könnt ihr in eurem Gefährten neue Wesens~ schichten, die ihr bisher nicht wahrgenommen habt, entdecken. Und auch ihr selbst werdet geläutert, wenn ihr euren Stolz ablegt und euch so offenbart, wie ihr wirklich seid. Eure Beziehung wird immer neu sein, selbst wenn ihr glaubt, euch bereits gut zu kennen. Alle Masken müssen fallen, nicht nur die an der Oberfläche, sondern auch die tieferen, deren ihr euch vielleicht nicht bewußt seid. Dann wird eure Liebe lebendig bleiben. Sie wird nie statisch sein, nie stillstehen. Ihr werdet nie anderswo suchen müssen. Es gibt so viel zu sehen und zu entdecken in diesem Land der anderen Seele, die ihr gewählt habt und die ihr auch weiterhin achtet, aber in der jetzt der Lebensfunken, der euch zusammenbrachte, zu fehlen scheint. Ihr braucht nie Angst zu haben, die Liebe des Geliebten zu verlieren. Diese Angst ist nur berechtigt, wenn ihr es unter~ laßt, gemeinsam die Reise der Selbstoffenbarung zu wagen. *Dies*, meine Freun~ de, *ist der wahre Sinn der Ehe*, und dies ist der einzige Weg, auf dem sie die glorreiche Erfahrung werden kann, die sie ihrer Bestimmung nach ist.

Getrenntheit

Denkt tief darüber nach, ob ihr Angst habt, die vier Wände eurer Isolation zu verlassen. Einige meiner Freunde wissen nicht, daß es ein nahezu bewußter Wunsch ist, in der Abgetrenntheit zu bleiben. Bei vielen von euch sieht es doch so aus: Ihr wollt die Ehe, weil ein Teil von euch sich danach sehnt – und auch weil ihr nicht allein sein wollt. Recht oberflächliche und nichtige Grün~ de können benutzt werden, um dieses tiefe Verlangen der Seele zu erklären. Aber neben der Sehnsucht und neben den oberflächlichen und selbstsüchtigen Beweggründen eures unerfüllten Wunsches nach Partnerschaft muß es in euch auch einen Mangel an Bereitschaft geben, diese abenteuerliche Reise der Selbstoffenbarung zu wagen. Ein integraler Bestandteil des Lebens wartet dar~ auf, von euch erfüllt zu werden, wenn nicht in diesem Leben, dann in zukünfti~ gen.

Wenn ihr allein lebt, könnt ihr vielleicht mit diesem Wissen, mit dieser Wahrheit den Schaden wiedergutmachen, den ihr eurer Seele durch die falschen Vorstellungen zufügt, die ihr in eurem Unterbewußtsein hegt. Vielleicht entdeckt ihr eure Angst vor der großen abenteuerlichen Reise mit einem anderen und versteht dadurch euer Alleinsein. Dieses Verständnis wird sicher hilfreich sein und vielleicht sogar eure Gefühle so weit verändern, daß sich auch euer äußeres Leben verändern kann. Es hängt von euch ab. Wer nicht bereit ist, dieses große Abenteuer zu wagen, kann keinen Erfolg in dem größten Unternehmen haben, das die Menschheit kennt – der Ehe.

Partnerwahl

Nur wenn ihr der Liebe, dem Leben und dem anderen mit solcher Bereitschaft begegnet, werdet ihr imstande sein, dem geliebten Menschen das größte Geschenk zu machen: euer wahres Selbst. Dann wird es auch naturgemäß geschehen, daß ihr das gleiche Geschenk von dem Geliebten wiedererhaltet. Aber dafür muß eine gewisse emotionale und *spirituelle Reife* vorhanden sein. Habt ihr diese Reife, werdet ihr intuitiv den richtigen Partner wählen, einen, der im wesentlichen dieselbe Reife und Bereitschaft besitzt, sich auf diese Reise zu begeben. Die Wahl eines Partners, der nicht dazu bereit ist, rührt aus eurer verborgenen Angst, selbst diese Reise zu unternehmen. *Ihr zieht magnetisch Menschen und Situationen an, die euren unbewußten Wünschen und Ängsten entsprechen.* Das wißt ihr selbst.

Die Menschheit als Ganzes ist von diesem Ideal der Verbindung zweier Menschen in ihrem wahren Selbst weit entfernt, aber das ändert nichts an dem Ideal. In der Zwischenzeit müßt ihr lernen, das Beste daraus zu machen. Und wenn ihr so glücklich seid, diesen Pfad zu gehen, könnt ihr, wo ihr auch steht, viel lernen, und sei es nur zu verstehen, warum ihr das Glück, nach dem sich ein Teil eurer Seele sehnt, nicht verwirklichen könnt. Allein diese Entdeckung bedeutet viel und wird euch in diesem oder in zukünftigen Leben befähigen, der Verwirklichung eurer Sehnsucht näher zu kommen. Was auch eure Lage sein mag, ob ihr einen Partner habt oder allein seid, durchforscht euer Herz, und es wird euch Antwort auf euren Konflikt geben. Diese Antwort muß aus euch kommen, und wahrscheinlich wird sie sich auf eure Angst, Abneigung und Unkenntnis der Tatsachen beziehen. Sucht und ihr werdet wissen. Versteht, daß Gottes Absicht in der Liebespartnerschaft die *völlige* – nicht nur die teilweise – gegenseitige Offenbarung von Seele zu Seele ist.

Körperliche Offenbarung fällt vielen leicht. Bis zu einem gewissen Grade tauscht ihr eure Gefühle aus – für gewöhnlich so weit, wie euch Eros trägt. Aber dann schließt ihr die Tür, und in diesem Augenblick beginnen eure Schwierigkeiten.

Es gibt viele, die nichts enthüllen wollen. Sie möchten allein und abseits bleiben. Sie scheuen die Erfahrung, sich zu offenbaren und die Seele eines anderen Menschen zu entdecken, und sie vermeiden sie, so gut sie es können.

Eros als Brücke

Meine Lieben, ich wiederhole: Begreift, wie wichtig das erotische Prinzip für eure Welt ist. Es hilft vielen, die unvorbereitet und der Liebeserfahrung abgeneigt sind. Es handelt sich um das, was ihr »Verliebtheit« oder »Romanze« nennt. Durch den Eros erhält der Mensch einen Geschmack von der idealen Liebe. Wie ich zuvor sagte, benutzen viele dieses Glücksgefühl unachtsam und begierig, ohne je die Schwelle zur wahren Liebe zu überschreiten. Wahre Liebe fordert im spirituellen Sinne viel mehr vom Menschen. Stellt er sich dieser Forderung nicht, verwirkt er das Ziel, nach dem seine Seele sich verzehrt. Das Extrem der Jagd nach dem Liebesabenteuer ist ebenso falsch wie das andere, in dem nicht einmal die große Kraft des Eros die festverschlossene Tür öffnen kann. Aber wenn die Tür nicht zu fest verriegelt ist, kommt Eros in bestimmten Lebensphasen zu euch. Ob ihr ihn dann als Brücke zur Liebe nutzt, hängt von euch ab, eurer Entwicklung, eurer Bereitschaft, eurem Mut, eurer Demut und eurer Fähigkeit, euch zu offenbaren.

Gibt es Fragen im Zusammenhang mit diesem Thema, meine lieben Freunde?

FRAGE: *Wenn du von Offenbarung von Seele zu Seele sprichst, meinst du damit, daß dies auf höherer Ebene auch die Art ist, wie sich die Seele Gott offenbart?*
ANTWORT: Es ist dasselbe. Aber ehe ihr euch wirklich Gott offenbaren könnt, müßt ihr lernen, euch einem anderen geliebten Menschen zu offenbaren. Und wenn ihr das tut, offenbart ihr euch auch Gott. Viele Menschen fangen damit an, sich ihrem persönlichen Gott zu offenbaren. Tatsächlich aber ist eine sol-

che Offenbarung tief in ihrem Herzen nur eine Ausflucht, weil sie abstrakt und vage ist. Niemand sonst kann sehen oder hören, was sie offenbaren. Sie sind immer noch allein. Aber sie müssen nicht das tun, was so risikoreich scheint, soviel Demut erfordert und deshalb so demütigend zu sein droht. Wenn ihr euch einem anderen Menschen gegenüber offenbart, erreicht ihr vieles, was mit der Offenbarung gegenüber Gott nicht erreicht werden kann. Gott kennt euch und braucht eure Offenbarung nicht.

Wenn ihr die andere Seele findet und ihr begegnet, erfüllt ihr eure Bestimmung. Findet ihr eine andere Seele, findet ihr auch einen Teil Gottes, und offenbart ihr eure eigene Seele, offenbart ihr einen Teil Gottes und gebt einem anderen Menschen etwas Göttliches. Wenn Eros zu euch kommt, wird er euch hoch genug erheben, so daß ihr spürt und wißt, was in euch sich nach dieser Erfahrung sehnt, was euer wahres Selbst ist, das sich danach sehnt, sich zu offenbaren. Ohne Eros seid ihr euch nur der trägen äußeren Schichten bewußt.

Weicht dem Eros nicht aus, wenn er zu euch kommt. Wenn ihr das spirituelle Konzept dahinter versteht, werdet ihr ihn weise nutzen. Gott wird dann imstande sein, euch zu führen, und euch befähigen, einem anderen Wesen und euch selbst auf dem Weg zu wahrer Liebe zu helfen. Läuterung ist hierbei ein wesentliches Element. Obwohl die Läuterungsarbeit in einer tiefen Beziehung sich anders ausdrückt als in der Arbeit auf diesem Pfad, verhilft sie euch zu einer Läuterung derselben Art.

FRAGE: *Ist es einer Seele möglich, so reich zu sein, daß sie sich mehr als einer Seele offenbaren kann?*
ANTWORT: Mein lieber Freund, sagst du das im Scherz?

FRAGE: *Nein. Ich frage, ob Polygamie im Rahmen des spirituellen Gesetzes liegt.*
ANTWORT: Nein, gewiß nicht. Und sollte jemand glauben, sie läge im Rahmen spiritueller Entwicklung, ist das eine Täuschung. Der Mensch sucht den richtigen Partner. Entweder ist der polygame Mensch zu unreif, den richtigen Partner zu finden, oder er hat den richtigen gefunden und läßt sich nun einfach vom Schwung des Eros tragen, ohne diese Kraft je zur Liebe zu erheben, der vom Willen gesteuert wird. Der Schritt über diese Schwelle erfordert Überwindung und Arbeit, wie ich es beschrieben habe.

In solchen Fällen ist der Mensch mit der abenteuerlustigen Persönlichkeit ständig auf der Suche. Jedesmal findet er einen anderen Teil eines Wesens, offenbart sich selbst aber nur bis zu einem gewissen Punkt oder zeigt vielleicht auch jedesmal einen anderen Teil seiner Persönlichkeit. Gelangt er jedoch an seinen Kern, verschließt sich die Tür. Eros verschwindet dann, und die Suche beginnt erneut. Immer wieder begegnet er Enttäuschung, die nur zu verstehen ist, wenn man diese Wahrheiten verstanden hat.

Der reine Sexualtrieb hat auch teil an der Sehnsucht nach dieser großen Erfahrung, aber die sexuelle Befriedigung leidet, wenn die Beziehung nicht auf der Ebene, die ich euch hier zeige, gehalten wird. Sie ist dann zwangsläufig von kurzer Dauer. Sich vielen zu offenbaren ist nicht Reichtum. Man bietet entweder immer wieder neuen Partnern dieselben Waren an, oder, wie ich schon sagte, man offenbart verschiedene Facetten der eigenen Persönlichkeit. Je größer die Zahl der Partner, denen ihr euch zu offenbaren sucht, desto weniger gebt ihr jedem. Dies ist zwangsläufig so, es kann nicht anders sein.

FRAGE: *Manche Menschen glauben, sie könnten Sex und Eros und den Wunsch nach einem Partner verdrängen und sich völlig der Liebe zur Menschheit hingeben. Glaubst du, daß es möglich ist, daß Mann oder Frau diesem Teil des Lebens abschwören kann?*

ANTWORT: Es ist möglich, aber mit Sicherheit weder gesund noch ehrlich. Vielleicht ein Mensch unter zehn Millionen hat eine solche Aufgabe. Es ist möglich. Es kann das Karma einer Seele sein, die bereits weit entwickelt ist, echte Partnerschaft erfahren hat und mit einer besonderen Mission hier ist. Es kann auch sein, daß bestimmte karmische Schulden abgezahlt werden müssen. In den meisten Fällen – und hier kann ich sicher verallgemeinern – ist die Vermeidung der Partnerschaft ungesund. Sie ist eine Flucht. Der wahre Grund ist Angst vor der Liebe, vor der Lebenserfahrung, doch der ängstliche Verzicht wird zum Opfer erklärt. Jedem, der mit solch einem Problem zu mir käme, würde ich sagen: »Prüfe dich. Geh unter die Oberfläche der bewußten Gründe und Erklärungen für dein Verhalten. Versuche herauszufinden, ob du Liebe und Enttäuschung fürchtest. Ist es nicht angenehmer, nur für dich zu leben und keine Schwierigkeiten zu haben? Ist es nicht dieses, was du tief in dir fühlst und mit anderen Gründen verdecken willst? Die große humanitäre Arbeit, die du tun willst, dient sicher einem guten Zweck, aber glaubst du wirklich, das eine schließe das andere aus? Ist es nicht viel wahrscheinlicher, daß die große Aufgabe, der du dich verschrieben hast, besser zu erfüllen ist, wenn du auch die persönliche Liebe erfährst?«

Würden all diese Fragen ehrlich beantwortet, müßte der Mensch sehen, daß er auf der Flucht ist. Persönliche Liebe und Erfüllung ist in den meisten Fällen die Bestimmung für Mann und Frau, denn soviel mehr kann in der persönlichen Liebe gelernt werden als auf jede andere Weise. Eine dauerhafte, feste Beziehung in einer Ehe zu schaffen ist der größte Sieg, den ein Mensch erringen kann, denn es ist eines der schwierigsten Dinge, die es gibt, wie in eurer Welt gut zu sehen ist. Diese Lebenserfahrung bringt die Seele Gott näher als alle halbherzigen guten Taten.

FRAGE: *Ich möchte noch eine Frage in Verbindung mit meiner vorherigen stellen: Das Zölibat ist angeblich eine höchst spirituelle Entwicklungsform verschiedener religiöser Richtungen. Andererseits ist bei einigen Religionen, etwa den Mormonen, auch die Polygamie anerkannt. Ich verstehe, was du sagst, aber wie rechtfertigst du dieses Verhalten von Menschen, von denen man annimmt, daß sie nach Einheit mit Gott suchen?*

ANTWORT: In jeder Religion gibt es menschlichen Irrtum. Von Religion zu Religion sind es allerdings verschiedene Irrtümer. Hier haben wir zwei Extreme. Wenn in verschiedenen Religionen extreme Dogmen oder Regeln entstehen, handelt es sich immer um eine Rationalisierung und eine Ausflucht, auf die die individuelle Seele ständig zurückgreift. Es ist der Versuch, die gegensätzlichen Ströme in der ängstlichen oder der gierigen Seele dann mit guten Motiven zu erklären.

Es gibt den allgemeinen Glauben, daß alles, was Sexualität betrifft, Sünde sei. Der Sexualtrieb tritt bereits im Kind auf. Je unreifer das Geschöpf ist, desto mehr ist die Sexualität von der Liebe getrennt und deshalb um so selbstsüchtiger. Was ohne Liebe ist, ist »sündig«, wenn man dieses Wort benutzen will. Nichts, was mit Liebe verbunden ist, ist falsch – oder Sünde.

Beim heranwachsenden Kind, das von Natur unreif ist, wird sich der Sexualtrieb zuerst in egoistischer Form zeigen. Nur wenn die ganze Persönlichkeit wächst und harmonisch reift, wird die Sexualität mit der Liebe zusammenwachsen. Aus Unwissenheit hat die Menschheit lange geglaubt, daß Sex als solcher Sünde sei. Deshalb wurde er verborgen gehalten, und dieser Teil der Persönlichkeit konnte nicht wachsen. Nichts, was im verborgenen bleibt, kann wachsen. Ihr wißt das. Deshalb ist bei vielen Erwachsenen der Sex kindlich geblieben und von der Liebe getrennt. Und das hat die Menschheit dazu verleitet zu glauben, daß Sexualität Sünde sei und ein wirklich spiritueller Mensch sich ihrer enthalten müsse. Auf diese Weise entstand einer der oft erwähnten Teufelskreise.

Wegen dieses Glaubens konnte der Trieb nicht wachsen und mit der Liebeskraft verschmelzen. Folglich ist Sex in der Tat oft egoistisch und lieblos, roh und tierisch. Wenn die Menschen erkennen würden – und das geschieht immer mehr –, daß der Sexualtrieb so natürlich und gottgegeben ist wie jede andere universelle Kraft und als solche nicht sündhafter, durchbrächen sie diesen Teufelskreis, und mehr Menschen ließen ihren Sexualtrieb heranreifen und mit der Liebe eins werden – und natürlich auch mit dem Eros.

Wie viele Menschen gibt es nicht, für die Sexualität völlig abgetrennt von der Liebe existiert! Nicht nur leiden sie unter schlechtem Gewissen, wenn ihre Sexualität hervordrängt, sondern sie sind auch unfähig, mit den sexuellen Gefühlen für die geliebte Person umzugehen. Aufgrund der verzerrten Bedingungen und des eben erwähnten Teufelskreises kam die Menschheit zu dem Glauben, daß man Gott nicht finden kann, wenn man dem sexuellen Drang nachgibt. Das ist ganz und gar falsch. Ihr könnt nicht abtöten, was lebt. Ihr könnt es nur verstecken, und dann zeigt es sich in Weisen, die viel schmerzhafter sein können. Nur in den allerseltensten Fällen wird der Sexualtrieb tatsächlich konstruktiv sublimiert und zeigt seine schöpferische Kraft in anderen Bereichen. Wirkliche Sublimation kann es nicht geben, wenn sie sich auf Angst gründet und als Ausflucht benutzt wird. Beantwortet das deine Frage?

FRAGE: *Vollkommen, danke. Wie paßt die Freundschaft zwischen zwei Menschen in dieses Bild?*
ANTWORT: Freundschaft ist brüderliche Liebe. Solche Freundschaft kann es auch zwischen Mann und Frau geben. Der Eros mag sich dazwischendrängen wollen, aber Vernunft und Wille können dennoch dem Lauf der Gefühle die Richtung angeben. Umsicht und ein gesundes Gleichgewicht zwischen Vernunft, Gefühl und Willen sind notwendig, um die Gefühle davor zu bewahren, in unangemessene Bahnen einzumünden.

FRAGE: *Ist Scheidung gegen das spirituelle Gesetz?*
ANTWORT: Nicht unbedingt. Wir haben dafür keine festgelegten Regeln. In manchen Fällen ist Scheidung eine bequeme Lösung, eine Ausflucht. In anderen Fällen ist Scheidung vernünftig, weil die Entscheidung zur Heirat aus Unreife rührte und es beiden Partnern am Wunsch mangelt, die Verantwortung

zur Ehe in ihrem wahren Sinn zu erfüllen. Wenn nur einer oder keiner dazu bereit ist, ist Scheidung besser, als zusammenzubleiben und eine Farce aus der Ehe zu machen. Wenn nicht beide bereit sind, diese Reise gemeinsam zu unternehmen, ist es besser, sich sauber voneinander zu trennen, als daß einer die Entwicklung des anderen behindert. Das kommt natürlich vor. Es ist besser, einen Irrtum zu beenden, als unbegrenzt ohne ein wirksames Heilmittel darin zu verbleiben.

Die Verallgemeinerung, Scheidung sei immer falsch, ist genauso irrig wie die Annahme, sie sei immer richtig. Gleichwohl sollte man die Ehe nicht leichten Herzens aufgeben. Selbst wenn sie ein Fehler war und nicht funktioniert, sollte man versuchen, die Gründe zu finden. Soweit beide Partner nur irgendwie dazu bereit sind, sollten sie ihr Bestes tun, die im Wege stehenden Hindernisse herauszufinden und zu überwinden. Man sollte sicherlich sein Bestes tun, selbst wenn die Ehe nicht die ideale Erfahrung ist, von der ich heute abend sprach. Nur wenige Menschen sind bereit und reif genug für sie. Ihr könnt euch darauf vorbereiten, indem ihr das Beste aus den Fehlern eurer Vergangenheit macht und aus ihnen lernt.

Meine lieben Freunde, denkt sorgfältig über das nach, was ich euch gesagt habe. Meine Worte enthalten viel Nahrung zum Nachdenken für euch, die ihr hier zusammengekommen seid, wie auch für jene, die meine Worte lesen werden. Es gibt keinen einzigen, der nicht etwas daraus lernen könnte.

Ich möchte diese Lesung mit der Versicherung abschließen, daß wir in der Geistwelt Gott zutiefst dankbar sind für eure großen Mühen und euer Wachstum. Es ist uns die größte Freude und unser größtes Glück. Und so, meine Lieben, empfangt den Segen im Namen des Herrn. Möge die wunderbare Stärke, die euch von der Welt des Lichts und der Wahrheit zuteil wird, eure Herzen erfüllen. Geht in Frieden und seid glücklich, meine Lieben. Lebt mit Gott!

7 Die spirituelle Bedeutung der Beziehung

(Lesung Nr. 180)

»Das Leben ist Beziehung«, sagt der GUIDE. *Von allen Beziehungen ist die zwischen Mann und Frau die größte Herausforderung und die beste Gelegenheit zu spirituellem Wachstum und Austausch. »Aber wie kann ich mich einer anderen Person harmonisch verbinden, wenn ich selbst in mir noch gespalten bin?« Der* GUIDE *möchte, daß wir uns diese Frage stellen. Er lehrt uns, eine intime Beziehung zu unserem wahren inneren Wesen aufzubauen und mit dieser neu erworbene Ehrlichkeit die verschiedenen Probleme, die in unseren Beziehungen entstehen, auf wahrhaftige und konstruktive Weise zu lösen.*

Seid gegrüßt, meine geliebten Freunde. Segen für jeden unter euch. Gesegnet sei euer Leben, jeder Atemzug, jeder Gedanke und jedes Gefühl.

Diese Lesung handelt von Beziehungen und deren außerordentlicher Bedeutung für das individuelle Wachstum und den Prozeß der Vereinigung. Zuerst möchte ich darauf hinweisen, daß auf der menschlichen Ebene der Manifestation individuelle Bewußtseinseinheiten existieren, die manchmal harmonieren, sehr oft aber auch miteinander im Konflikt stehen und Reibungen und Krisen hervorrufen. Jenseits dieser Ebene der Manifestation existieren jedoch keine anderen bruchstückhaften Bewußtseinseinheiten. Oberhalb der menschlichen Ebene gibt es nur *ein* Bewußtsein, durch das jedes einzelne geschaffene Wesen verschieden ausgedrückt wird. Wenn man zu sich selbst kommt, erfährt man diese Wahrheit, ohne jedoch das Gefühl der Individualität zu verlieren. Dies könnt ihr sehr genau spüren, wenn ihr euch mit euren inneren Mißklängen auseinandersetzt, meine Freunde. Denn in bezug auf sie gilt genau das gleiche Prinzip.

Ungleiche Entwicklung von Teilen des Bewußtseins

Im jetzigen Zustand ist ein Teil eures innersten Wesens entwickelt und beherrscht euer Denken, Fühlen, Wollen und Handeln. Andere Teile, die sich auf einem niedrigeren Entwicklungsstand befinden, beherrschen ebenso euer Denken, Fühlen, Wollen und Handeln. So seht ihr euch innerlich geteilt, und dies erzeugt Spannung, Schmerz, Angst wie auch innere und äußere Schwierigkeiten.

Einige Aspekte eurer Persönlichkeit sind wahrhaftig, andere befinden sich in Irrtum und Verzerrung. Die sich daraus ergebende Verwirrung verursacht schwere Störungen. Für gewöhnlich schiebt ihr den einen Teil beiseite und identifiziert euch mit dem anderen. Jedoch kann die Leugnung eines eurer Teile keine Vereinigung herbeiführen. Ganz im Gegenteil, sie erweitert den Riß. Vielmehr muß man die abweichende, konfliktträchtige Seite zum Vorschein bringen und sich ihr in ihrer ganzen Ambivalenz stellen. Nur dann findet ihr die höchste Realität eures geeinten Selbst. Wie ihr wißt, verwirklichen sich Einheit und Frieden in dem Maße, wie ihr die Natur des inneren Konfliktes erkennt, akzeptiert und versteht.

Für die Einheit oder Uneinigkeit zwischen äußerlich getrennten und unterschiedlichen Wesen gilt genau dasselbe Gesetz. Auch sie sind jenseits der Ebene der Erscheinungen eins. Die Uneinigkeit wird nicht von tatsächlichen Unterschieden zwischen Bewußtseinseinheiten verursacht, sondern – genauso wie beim Individuum – durch solche in der Entwicklung des sich offenbarenden universellen Bewußtseins.

Auch wenn das Prinzip der Vereinigung in und zwischen Individuen dasselbe ist, kann es nicht auf einen anderen Menschen angewendet werden, sofern es nicht zuvor auf das eigene innere Selbst angewendet wurde. Nähert ihr euch dieser Wahrheit gemäß den auseinandertreibenden Teilen eures Selbst nicht und tretet ihr eurer Ambivalenz nicht mutig entgegen, akzeptiert und versteht sie, kann der Vorgang der Vereinigung mit einem anderen Menschen nicht in die Praxis umgesetzt werden. Diese Tatsache ist sehr wichtig und erklärt das Gewicht, das diese Pfadarbeit darauf legt, *sich zuerst dem eigenen Selbst zu nä-*

hern. Nur dann lassen sich auch die Beziehungen auf eine sinnvolle und wirkungsvolle Weise pflegen.

Elemente der Uneinigkeit und der Vereinigung

Beziehung stellt die größte Herausforderung für ein Individuum dar, denn nur in der Beziehung zu anderen können noch in der einzelnen Seele bestehende ungelöste Probleme beeinflußt und aktiviert werden. Viele Menschen ziehen sich vor der Interaktion mit anderen zurück, so daß sie sich die Illusion erhalten können, Probleme gingen von der anderen Person aus, da sie Störungen nur in deren Gegenwart empfinden und nicht, wenn sie allein sind.

Je weniger der Kontakt gepflegt wird, desto heftiger wird das Verlangen danach. Dies ist ein andere Art von Schmerz, der *der Einsamkeit und Enttäuschung.* Kontakt aber macht es schwer, für längere Zeit die Illusion aufrechtzuerhalten, daß das innere Selbst fehlerlos und harmonisch ist. Es wäre schon geistige Verwirrung, den beständigen Anspruch zu erheben, die eigenen Probleme in Beziehungen seien nur von anderen, aber nicht von einem selbst verursacht. Aus diesem Grunde sind Beziehungen zugleich Erfüllung, Herausforderung und Maßstab für die eigene innere Verfassung. *Die Reibung, die in der Verbindung zu anderen entsteht, kann ein scharfes Instrument der Läuterung und Selbsterkenntnis sein,* wenn man geneigt ist, es zu benutzen.

Zieht man sich von dieser Herausforderung zurück und verzichtet auf die Erfüllung des intimen Kontaktbedürfnisses, werden viele inneren Probleme nie ans Licht gebracht. Die Illusion inneren Friedens und innerer Einheit, die aus der Vermeidung des Kontaktes rührt, hat sogar zu der Vorstellung geführt, daß spirituelles Wachstum durch Abgeschiedenheit gefördert würde. Nichts könnte der Wahrheit ferner sein. Diese Aussage darf nicht mit der Feststellung verwechselt werden, daß Perioden der Zurückgezogenheit für die innere Konzentration und Selbstkonfrontation notwendig sind. Aber sie sollten immer mit Perioden des Kontakts abwechseln – und je intimer ein solcher Kontakt ist, desto mehr ist er Ausdruck spiritueller Reife.

Kontakt mit anderen und der Mangel daran kann in verschiedenen Abstufungen beobachtet werden. Es gibt viele Gradunterschiede zwischen den krassen Extremen völliger äußerer und innerer Isolation einerseits und tiefster, intimster Bezogenheit andererseits. Manche haben eine gewisse oberflächliche

Fähigkeit der Kontaktpflege zu anderen erlangt, halten sich aber von einer sinnvolleren, offenen, unverhüllten wechselseitigen Offenbarung zurück. Der durchschnittliche heutige Mensch bewegt sich irgendwo zwischen diesen beiden Extremen.

Erfüllung als Maßstab persönlicher Entwicklung

Es ist möglich, das persönliche Erleben von Erfüllung an der Tiefe der Verbundenheit und des intimen Kontakts, an der Stärke der Gefühle, die man sich gestattet, und der Bereitschaft, zu geben und zu empfangen, zu messen. Enttäuschung deutet auf ein Fehlen von Kontakt, was wiederum ein klarer Hinweis darauf ist, daß das Selbst sich von der Herausforderung der Beziehung zurückzieht und dadurch persönliche Erfüllung, Lust, Liebe und Freude aufopfert. Wenn Teilen für euch heißt, nur euren Bedingungen gemäß zu empfangen, und ihr tatsächlich insgeheim nicht zum Teilen bereit seid, müssen eure Sehnsüchte unerfüllt bleiben. Die Menschen wären gut beraten, ihre unerfüllten Sehnsüchte aus diesem Blickwinkel zu betrachten, statt, wie üblich, sich der Annahme hinzugeben, daß man kein Glück habe und vom Leben unfair behandelt werde.

Zufriedenheit und Erfüllung in der Beziehung ist ein oft vernachlässigter Maßstab für die eigene Entwicklung. Das Verhältnis zu anderen ist ein Spiegel des eigenen Zustandes und daher eine direkte Hilfe für die Selbstläuterung. Umgekehrt können Beziehungen nur durch völlige Ehrlichkeit sich selbst gegenüber und durch Selbstkonfrontation aufrechterhalten werden. Nur dann können sich Gefühle erweitern, kann in langfristigen Beziehungen der Kontakt erblühen. Ihr seht also, meine Freunde, daß Beziehungen einen außerordentlich wichtigen Aspekt menschlichen Wachstums darstellen.

Die Stärke und Bedeutung von Beziehungen stellt jene oft vor ernste Probleme, die sich noch mitten im Kampf mit ihren inneren Konflikten befinden. Das unerfüllte Verlangen wird unerträglich schmerzhaft, wenn aufgrund von Kontaktschwierigkeiten die Isolation gewählt wird. Dieses Problem kann nur gelöst werden, wenn ihr euch ernsthaft darauf einlaßt, ohne die Abwehr durch vernichtende Schuldgefühle und Selbstanklage *die Ursache für den Konflikt in euch selbst zu suchen.* Die Abwehr beseitigt natürlich jede Möglichkeit, wirklich an den Kern des Konfliktes zu gelangen. Diese Suche danach wie auch die innere Bereitschaft zur Veränderung müssen gepflegt werden, um dem schmerzlichen Dilemma zu entgehen, in dem die beiden verfügbaren Alternativen – Isolation und Kontakt – gleich unerträglich sind.

Es ist wichtig, sich daran zu erinnern, daß Rückzug sehr subtil und äußerlich kaum bemerkbar sein kann und sich nur in einer gewissen Zurückgenommenheit und in übertriebenem Selbstschutz ausdrückt. Äußere Geselligkeit deutet nicht notwendigerweise auf eine Fähigkeit und Bereitschaft zu innerer Nähe hin. Für viele ist Nähe zu belastend. An der Oberfläche scheint sich dies darauf zu beziehen, wie schwierig andere Menschen sind, aber tatsächlich liegt die Schwierigkeit in einem selbst, völlig ungeachtet der Unzulänglichkeiten der anderen.

Wer ist verantwortlich für die Beziehung?

Wenn Menschen, deren spirituelle Entwicklung sich auf verschiedenen Ebenen bewegt, eine enge Beziehung miteinander haben, *ist immer der höher entwickelte verantwortlich für die Beziehung*. Insbesondere trägt er die Verantwortung dafür, die Interaktion, die alle Reibung, allen Mißklang zwischen den Parteien erzeugt, in ihren Tiefen zu erforschen.

Der weniger entwickelte Mensch ist dazu nicht so gut imstande, da er sich noch in dem Zustand befindet, wo man anderen die Schuld zuweist und davon abhängig ist, daß der andere alles »richtig« macht, um Unannehmlichkeiten und Enttäuschung zu vermeiden. Auch ist der weniger entwickelte Mensch immer dem *grundlegenden Irrtum der Dualität* verhaftet. Aus dieser Perspektive wird jede Reibung immer in dem Sinne betrachtet, daß »nur einer von uns recht hat«. (Ein solcher im dualistischen Denken befangener Mensch wird, wenn er im anderen einen Fehler sieht, automatisch die eigene Unschuld annehmen, obwohl die eigene negative Verstrickung unendlich viel gewichtiger sein kann als die des anderen.)

Der spirituell entwickeltere Mensch ist zu realistischer, *nichtdualistischer Wahrnehmung* imstande. Er wird wohl sehen, daß einer der beiden ein tieferes Problem hat, was aber der Wichtigkeit des möglicherweise geringeren Problems des anderen nichts nimmt. Der entwickeltere wird immer bereit und fähig sein, nach seinem eigenen Anteil zu suchen, wenn er negativ betroffen ist, selbst wenn der andere offenkundig im Unrecht ist. Ein Mensch, der spirituell und emotional unreif und roh ist, wird die Hauptlast der Schuld immer auf dem anderen abladen. Das gilt für jede Beziehung: zwischen Lebensgefährten, Eltern und Kindern, Freunden oder Geschäftspartnern.

Die Neigung, euch von anderen emotional abhängig zu machen, deren Überwindung ein wichtiger Teil des Wachstumsprozesses ist, rührt größtenteils aus dem Wunsch, euch von der Verantwortung zu befreien oder den Schwierigkeiten zu entziehen, wenn es um den Aufbau und die Aufrechterhaltung einer Beziehung geht. Es scheint viel einfacher zu sein, den größten Teil der Last anderen zuzuschieben. Aber was für ein Preis ist dafür zu bezahlen! Dies macht euch in der Tat hilflos und verursacht Isolierung oder nicht endenden Schmerz und Spannungen mit anderen. Nur wenn ihr anfangt, wirklich Selbstverantwortung zu übernehmen, indem ihr euer eigenes Problem in der Beziehung betrachtet und zur Veränderung bereit seid, entsteht Freiheit und werden Beziehungen erfreulich und fruchtbar.

Wenn die höher entwickelte Person sich weigert, die angemessene spirituelle Verpflichtung auf sich zu nehmen, Verantwortung für die Beziehung zu akzeptieren und im eigenen Inneren nach dem Kern des Streits Ausschau zu halten, wird sie niemals wirklich das Wechselspiel verstehen, in dem ihr Problem das des anderen beeinflußt. Die Beziehung muß sich dann verschlechtern, die Verwirrung steigert sich, und beide sind immer weniger imstande, mit sich und dem anderen umzugehen. Wenn andererseits die spirituell höher entwickelte Person die Verantwortung annimmt, wird sie dem anderen auf subtile Weise helfen. Kann sie der Versuchung widerstehen, sich ständig auf die offensichtlichen Fehler des anderen zu stürzen, und schaut sie statt dessen nach innen, wird sie ihre eigene Entwicklung beträchtlich voranbringen und Frieden und Freude verbreiten. Das Gift der Spannung wird so alsbald ausgetrieben. Auch wird es möglich, andere Partner für einen wirklichen gegenseitigen Wachstumsprozeß zu finden.

Verbinden sich zwei gleiche miteinander, tragen beide volle Verantwortung für die Beziehung. Das ist in der Tat ein wunderschönes Unterfangen, ein zutiefst befriedigender Zustand der Wechselseitigkeit. Der leichteste Bruch in einer Stimmung wird in seiner Bedeutung erkannt und so der Wachstumsprozeß aufrechterhalten. Beide werden erkennen, daß sie diesen Bruch mitgeschaffen haben, ob es sich nun um tatsächliche Spannung oder momentane Gefühlserstarrung handelt. Die innere Realität des Wechselspiels wird immer bedeutsamer. Dies wird weitgehend Schaden von der Beziehung abwenden.

Ich muß hier betonen, daß ich, wenn ich von der Verantwortung für den weniger entwickelten Partner rede, damit nicht meine, ein anderer Mensch könne je die Last der Schwierigkeiten anderer tragen. Das ist nicht möglich. Vielmehr meine ich damit, daß die Schwierigkeiten in der Interaktion für gewöhnlich von dem, dessen spirituelle Entwicklung auf einem niedrigeren Stand ist, nicht in die Tiefe hinein erforscht werden. Er wird andere für sein Unglück und seine Mißstimmung in einer bestimmten Wechselwirkung verantwortlich machen und ist nicht imstande oder bereit, die Situation in ihrer Gesamtheit zu sehen. So ist er nicht in der Lage, die Disharmonie zu beseitigen. Nur diejenigen, die Verantwortung dafür übernehmen, die innere Störung und die wechselseitige Wirkung herauszufinden, können das. Daher ist die spirituell weniger entwickelte Person immer von der spirituell entwickelteren abhängig.

Eine Beziehung zwischen Individuen, in der die Destruktivität des weniger entwickelten Teils Wachstum, Harmonie und gute Gefühle unmöglich macht oder in der der Kontakt übermäßig negativ ist, sollte getrennt werden. In der Regel sollte der höher entwickelte Mensch die Initiative übernehmen. Tut er das nicht, deutet dies auf eine unerkannte Schwäche oder Angst hin, die untersucht werden muß. Wenn eine Beziehung auf dieser Grundlage aufgelöst wird, nämlich daß sie eher zerstörerisch und schmerzlich ist als konstruktiv und harmonisch, sollte dies dann geschehen, wenn die inneren Probleme und gemeinsamen Interaktionen von demjenigen, der die Initiative zur Lösung der Verbindung übernimmt, völlig erkannt sind. Dies wird ihn oder sie davor bewahren, eine neue Beziehung mit ähnlichen zugrundeliegenden Abläufen und Interaktionen einzugehen. Das heißt auch, daß die Entscheidung zur Lösung der Verbindung nicht das Ergebnis von Groll, Angst oder Flucht ist, sondern aufgrund von Wachstum geschieht.

Zerstörerische Wechselwirkungen

Es ist keinesfalls leicht, die zugrundeliegenden Interaktionen und die gegenseitigen Beeinflussungen in einer Beziehung zu erforschen und die Schwierigkeiten beider Beteiligten aufzudecken und zu akzeptieren. Doch nichts könnte schöner und lohnender sein. Jeder, der den Zustand der Erleuchtung erreicht, wo das möglich ist, wird keine Interaktion mehr fürchten. Schwierigkeiten und

Ängste treten in genau dem Maße auf, wie ihr eure eigenen Beziehungsprobleme auf andere übertragt und noch immer andere verantwortlich macht für alles, was nicht nach eurem Geschmack ist. Das kann viele subtile Formen annehmen. Vielleicht konzentriert ihr euch ständig auf die Fehler anderer, weil eine solche Konzentration euch auf den ersten Blick gerechtfertigt erscheint. Vielleicht betont ihr auf hintergründige Weise zu sehr eine Seite der Interaktion oder schließt eine andere aus. Solche Verzerrungen weisen auf Projektion und Leugnung der Selbstverantwortung für die Beziehungsschwierigkeiten hin. Die Leugnung nährt Abhängigkeit davon, daß der Partner vollkommen ist, was wiederum Furcht und Feindseligkeit erzeugt, weil man sich im Stich gelassen fühlt, sofern der andere nicht dem perfekten Bild gerecht wird, das man von ihm hat.

Liebe Freunde, was der andere auch falsch macht, wenn es euch beunruhigt, muß es etwas in euch sein, das ihr überseht. Wenn ich sage, beunruhigt, meine ich das in einem bestimmten Sinne. Ich spreche nicht von klarem, deutlichem Ärger, der sich schuldfrei ausdrückt und keine Spur von innerer Verwirrung oder Schmerz hinterläßt. Ich meine die Art Störung, die aus Konflikt rührt und weiteren Konflikt erzeugt. Die Menschen neigen gerne dazu zu sagen: »Das hast du mir angetan.« Das Spiel, andere schuldig zu sprechen, ist so weit verbreitet, daß ihr es kaum bemerkt. Ein Mensch beschuldigt den anderen, ein Land das andere, eine Gruppe die andere. Das ist ein ständiger Vorgang auf der gegenwärtigen Entwicklungsstufe der Menschheit. Es ist in der Tat einer der schädlichsten und trügerischsten Prozesse, die man sich vorstellen kann.

Die Menschen erleben dies als lustvoll, obwohl das sich ergebende Leid und die unlösbaren Konflikte, die folgen, der armseligen, flüchtigen Lust außerordentlich unangemessen sind. Wer dieses Spiel spielt, schädigt tatsächlich sich und andere, und ich empfehle sehr, daß ihr euch der blinden Verstrickung in dieses Schuldverlagerungsspiel bewußt werdet.

Aber was ist nun mit dem »Opfer«? Wie wird man damit fertig? Als Opfer ist euer erstes Problem, daß *ihr nicht einmal wißt, was geschieht*. Meist erfolgt die Anklage in einer subtilen, emotionalen, nicht klar formulierten Weise. Der stumme, verdeckte Vorwurf wird ohne Worte in eure Richtung gesandt. Er wird auf vielfältige Weise indirekt ausgedrückt. Offensichtlich ist die erste Notwendigkeit präzise, artikulierte Bewußtheit, denn sonst werdet ihr ebenso zerstörerisch und in fälschlicher Selbstverteidigung reagieren. Dann kennt keiner mehr wirklich die verwickelten Schichten von Aktion, Reaktion und

Interaktion, bis die Fäden sich so verwirren, daß es unmöglich scheint, sie aufzulösen. Manch eine Beziehung ist wegen einer solchen unbewußten Interaktion ins Stocken geraten.

Derartige *Äußerungen von Vorwürfen verbreiten Gift*, Angst und zumindest ebensoviel Schuld, wie man zu projizieren versucht. Die Empfänger der Vorwürfe und Schuldzuweisungen reagieren auf vielerlei Weise, entsprechend ihren eigenen Problemen und ungelösten Konflikten. Solange die Reaktion blind ist und die Schuldprojektion unbewußt, muß auch die Gegenreaktion neurotisch und zerstörerisch sein. Nur bewußte Wahrnehmung kann dies verhindern. Nur dann werdet ihr imstande sein, die euch aufgeladenen Last zu verweigern. Nur dann könnt ihr artikulieren und benennen.

Wie man zu Erfüllung und Lust kommt

In einer erblühenden Beziehung muß man sich hüten vor dieser Falle, die um so schwerer zu entdecken ist, weil Schuldzuweisungen so weit verbreitet sind. Auch sollten die Empfänger im anderen wie auch in sich selbst danach Ausschau halten. Und damit meine ich nicht die direkte Auseinandersetzung über den Fehler eines anderen. Ich meine den subtilen Vorwurf für das persönliche Unglück. Das ist es, was in Frage gestellt werden muß.

Der einzige Weg, wie man vermeiden kann, ein Opfer von Vorwürfen und Schuldzuweisungen zu werden, besteht darin, es selbst zu vermeiden. In dem Maße, wie ihr euch dieser hintergründig-negativen Haltung hingebt – und das kann auf andere Weise geschehen als bei demjenigen, der es euch antut –, werdet ihr euch nicht bewußt sein, daß es euch angetan wird, und ihr werdet deshalb zum Opfer des anderen. Die bloße Bewußtheit macht den Unterschied aus – ob ihr eure Wahrnehmung in Worten ausdrückt und den anderen damit konfrontiert oder nicht. Nur indem ihr eure eigenen problematischen Reaktionen und Verzerrungen, eure Negativität und Destruktivität ohne Abwehr erforscht und annehmt, könnt ihr die Schuldzuweisungen von anderen unschädlich machen. Nur dann werdet ihr nicht in ein Labyrinth aus Falschheit und Verwirrung gezogen, in dem Unsicherheit, Abwehrhaltung und Schwäche euch dazu bringen, euch entweder zurückzuziehen oder übermäßig aggressiv zu werden. Nur dann werdet ihr nicht mehr Selbstbehauptung mit Feindseligkeit oder flexiblen Kompromiß mit ungesunder Unterwerfung verwechseln.

Das sind die Kriterien, die die Fähigkeit zur Meisterung von Beziehungen bestimmen. Je tiefer diese neuen Einstellungen verstanden und gelebt werden, desto intimer, erfüllender und schöner wird das menschliche Zusammenspiel.

Wie könnt ihr für eure Rechte einstehen und euch Erfüllung und Lust aus dem Universum holen? Wie könnt ihr ohne Angst lieben, es sei denn, ihr geht die Beziehung zu anderen in der Weise an, die ich hier aufgezeigt habe? Läutert ihr euch nicht, indem ihr dies lernt, wird die Intimität immer mit Bedrohung verbunden bleiben. Es ist die Drohung, daß der eine oder beide von der Peitsche der Schuldzuweisung Gebrauch machen. Liebevolle, teilende und tiefe, befriedigende Nähe zu anderen könnte eine rein positive Kraft ohne irgendeine Bedrohung sein, wenn diese Fallstricke angeschaut, entdeckt und aufgelöst würden. Es ist von äußerster Wichtigkeit, danach in euch Ausschau zu halten, meine Freunde.

Die herausforderndste, schönste, spirituell wichtigste und wachstumsförderndste Beziehung ist die zwischen Mann und Frau. Die Kraft, die zwei Menschen in Liebe und Anziehung zusammenbringt, und die darin enthaltene Lust sind ein kleiner Teil der kosmischen Realität. Es ist, als ob jedes geschaffene Wesen unbewußt um die Glückseligkeit dieses Zustandes wüßte und ihn auf die wirksamste Weise, die der Menschheit offensteht, zu verwirklichen sucht – in der Liebe und Glückseligkeit zwischen Mann und Frau. Die Kraft, die sie zueinanderzieht, ist die reinste spirituelle Energie, die eine Ahnung vom reinsten spirituellen Zustand aufleuchten läßt.

Wenn Mann und Frau in einer dauerhaften und verantwortungsvollen Beziehung zusammenbleiben, hängt das Aufrechterhalten und das Steigern des Glücks davon ab, wie die beiden sich zueinander verhalten. Sind sie sich der unmittelbaren Beziehung zwischen dauerhafter Lust und innerem Wachstum bewußt? Benutzen sie die unvermeidlich auftretenden Schwierigkeiten als Maßstab für ihre eigenen inneren Schwierigkeiten? Verständigen sie sich in einer zutiefst wahrhaftigen, selbstoffenbarenden Weise, indem sie ihre inneren Probleme miteinander teilen und einander helfen? Die Antworten auf diese Fragen entscheiden darüber, ob die Beziehung scheitert, sich auflöst, stagniert oder erblüht.

Wenn ihr die Welt betrachtet, werdet ihr zweifellos sehen, daß sehr wenige Menschen auf solch offene Weise wachsen und sich offenbaren. Ebenso wenige erkennen, daß *miteinander und durch einander zu wachsen* die Beständigkeit der Gefühle, der Lust, der dauerhaften Liebe und des Respektes bestimmt. Deshalb überrascht es nicht, daß lange andauernde Beziehungen gefühlsmäßig meist mehr oder weniger tot sind.

In der Beziehung auftauchende Schwierigkeiten sind Signale dafür, daß etwas vernachlässigt wurde. Sie sind eine laute Botschaft für die, die sie hören können. Je eher sie beachtet werden, desto mehr spirituelle Energie wird freigesetzt, so daß sich der Glückszustand zusammen mit dem inneren Wesen beider Partner ausweiten kann. Es gibt in der Beziehung zwischen Mann und Frau einen Mechanismus, einem sehr fein abgestimmten Instrument vergleichbar, das die feinsten, untergründigsten Schwingungen im Zustand der Beziehung und der beteiligten Individuen anzeigt. Das erkennen selbst die bewußtesten und aufgeklärtesten Menschen nicht zu Genüge, auch wenn sie ansonsten mit spirituellen und psychologischen Wahrheiten vertraut sind. Jeden Tag, jede Stunde sind der innere Zustand und die eigenen Gefühle Zeugnis für den eigenen Wachstumsstand. In dem Maße, wie das beachtet wird, werden das Miteinander der Gefühle und das freie Fließen im eigenen Selbst und zum anderen hin erblühen und gedeihen.

Die vollkommen reife und spirituell wertvolle Beziehung muß immer zutiefst mit persönlichem Wachstum verknüpft sein. In dem Augenblick, wo eine Beziehung als für das innere Wachstum belanglos erfahren wird, gleichsam sich selbst überlassen bleibt, wird sie ins Stocken geraten. Nur, wenn beide Partner ihren höchsten, angeborenen Möglichkeiten entsprechend wachsen, kann die Beziehung fortwährend dynamischer und lebendiger werden. Diese Arbeit muß individuell und gemeinsam getan werden. Geht man so an die Beziehung heran, wird sie auf Fels gebaut sein, nicht auf Sand. Unter solchen Umständen wird Angst keinen Platz finden. Die Gefühle werden sich ausweiten, und die Sicherheit im Selbst und dem anderen gegenüber wird wachsen. In jedem Augenblick wird der Partner dem anderen als Spiegel für den eigenen inneren Zustand und deshalb auch für die Beziehung dienen.

Wo Spannung und Kälte existieren, ist dies ein Zeichen, daß etwas schiefgegangen ist. Eine Wechselwirkung zwischen den beiden Menschen ist nicht klar und muß angesehen werden. Ist sie verstanden und ans Licht gebracht, wird das Wachstum mit höchster Geschwindigkeit voranschreiten, und in der Dimension der Gefühle werden Glück, tiefe Erfahrung und Verzückung immer tiefer und schöner, und das Leben wird mehr Bedeutung gewinnen.

Umgekehrt deutet die Furcht vor der Intimität auf Erstarrung und die Leugnung der eigenen Beteiligung an den Schwierigkeiten in der Beziehung. Jeder,

der diese Prinzipien ignoriert oder für sie nur Lippenbekenntnisse abgibt, ist emotional nicht bereit, die Verantwortung für sein inneres Leid zu übernehmen, sowohl innerhalb einer Beziehung als auch für sich allein.

Ihr seht also, meine Freunde, es ist äußerst wichtig zu erkennen, daß *Seligkeit und Schönheit, ewige spirituelle Realitäten, für alle zugänglich sind*, die den Schlüssel zu den Problemen der Verbindung von Menschen wie auch zur Einsamkeit in ihrem eigenen Herzen suchen. Echtes Wachstum ist ebenso eine spirituelle Realität wie *tiefe Erfüllung*, pulsierende Lebendigkeit und glückliches, *freudiges Sichverbinden*. Wenn ihr innerlich bereit seid, euch mit einem anderen Menschen auf solche Weise zu verbinden, *werdet ihr den richtigen Partner finden*, mit dem diese Art des Teilens möglich ist. Das Teilen wird euch nicht mehr ängstigen, euch nicht länger mit bewußten oder unbewußten Ängsten bedrängen, wenn ihr diesen überaus wichtigen Schlüssel benutzt. Ihr werdet euch niemals hilflos oder wie ein Opfer fühlen, wenn dieser bedeutsame Übergang in eurem Leben stattgefunden hat und ihr nicht mehr andere für etwas verantwortlich macht, was ihr erfahrt oder nicht erfahrt. Auf diese Weise werden Wachstum und erfülltes, gutes Leben ein und dasselbe.

Nehmt alle diese neuen Gedanken mit euch, nehmt die innere Energie, die durch euren guten Willen aufgewacht ist, mit euch. Mögen diese Worte der Anfang einer neuen inneren Art und Weise sein, dem Leben zu begegnen und endlich die Entscheidung zu treffen: »Ich will mein gutes Gefühl auf die Probe stellen. Ich will die Ursache in mir suchen, statt im anderen, so daß ich frei werde zu lieben.« Diese Art der Meditation wird in der Tat Früchte tragen. Wenn ihr einen Keim, einen kleinen Teil dieser Lesung mitnehmt, war sie wirklich fruchtbar. Seid gesegnet, ihr alle, meine lieben Freunde, damit ihr die Götter werdet, die ihr euren Möglichkeiten nach seid.

8 Emotionales Wachstum und seine Funktion

(Lesung Nr. 89)

»Wenn ich nichts fühle, leide ich nicht.« In dem irregeleiteten Glauben, sie könnten dadurch vermeiden, unglücklich zu sein, geben sich viele Menschen große Mühe, nichts zu fühlen. Haben wir solch einen Gedanken nicht auch schon gehabt? Wir glauben, es sei nur ein Gedanke, aber dieser Wunsch hat Folgen: die Betäubung unserer Fähigkeit zu fühlen. Die Verdrängung der Gefühle lindert jedoch das Leiden nicht, ganz im Gegenteil, sie steigert den Schmerz. Gefühle brauchen Raum zu wachsen, genauso wie der Geist und der Körper, damit wir einen höheren emotionalen Zustand erreichen, in dem wir es wagen können zu lieben.

Seid gegrüßt, meine lieben Freunde. Gott segne einen jeden von euch, gesegnet sei diese Stunde.

Will man sich auf tieferer Ebene erfahren, wird es immer notwendiger, allen Gefühlen Zugang zum Wachbewußtsein zu geben, um sie zu verstehen und reifen zu lassen. Die meisten von euch haben große Widerstände, dies geschehen zu lassen. Ihr seid euch der Behinderungen nicht bewußt, die ihr eurem Wachstum in den Weg legt. Daher ist es notwendig, daß ich den Mechanismus dieses Widerstandes erörtere.

Zuerst laßt uns die Einheit der menschlichen Persönlichkeit feststellen. Menschen, die harmonisch funktionieren, haben die körperlichen, geistigen und emotionalen Seiten ihres Wesens entwickelt. Diese drei Sphären sollten harmonisch zusammenwirken und einander helfen, statt sich gegenseitig zu unterdrücken. Ist eine Funktion unterentwickelt, verursacht das Disharmonie in der Struktur des Menschen und lähmt die gesamte Persönlichkeit.

Wenden wir uns nun dem zu, was Menschen bewegt, das Wachstum ihrer emotionalen Seite besonders zu vernachlässigen, zu verdrängen und zu verkrüppeln. Diese Vernachlässigung ist universell. Die meisten achten hauptsächlich auf ihren Körper. Sie tun mehr oder weniger das, was für dessen Wachstum und Gesunderhaltung nötig ist. Ein gut Teil der Menschen pflegt auch die geistige Seite. Ihr lernt, euren Verstand, euer Denkvermögen zu benutzen, ihr nehmt auf und übt euer Gedächtnis und das logische Denken. All das fördert mentales Wachstum.

Warum aber wird allgemein die emotionale Seite vernachlässigt? Dafür gibt es gute Gründe, meine Freunde. Um darüber mehr Klarheit zu gewinnen, betrachten wir zuerst deren Funktion. Sie umfaßt vor allem *die Fähigkeit zu fühlen*. Die Fähigkeit, Gefühle zu erleben, ist gleichbedeutend mit der Fähigkeit, Glücksgefühle zu schenken und zu empfangen. In dem Maße, wie ihr vor jeglicher Art emotionaler Erfahrung zurückscheut, schließt ihr die Tür zur Erfahrung von Glück. Darüber hinaus besitzen Gefühle, wenn sie funktionieren, schöpferische Fähigkeiten. *In dem Maße, wie ihr euch der emotionalen Erfahrung verschließt, ist das volle Potential eurer schöpferischen Fähigkeiten an der Verwirklichung gehindert.* Im Gegensatz zu dem, was viele von euch glauben, ist die Entfaltung schöpferischer Fähigkeiten keineswegs ein bloß mentaler Vorgang. Tatsächlich hat der Intellekt weit weniger damit zu tun, als es auf den ersten Blick erscheinen mag, ungeachtet der Tatsache, daß auch technische Fertigkeiten nötig sind, um dem schöpferischen Potential vollen Ausdruck zu verleihen. Schöpferische Entfaltung ist ein intuitiver Prozeß. Selbstverständlich kann Intuition nur in dem Maße funktionieren, wie euer Gefühlsleben stark, gesund und reif ist.

Deshalb werden eure intuitiven Kräfte behindert, wenn ihr euer emotionales Wachstum vernachlässigt und euch selbst entmutigt, die Gefühlswelt zu erfahren. Warum gibt es in eurer heutigen Welt eine so vorherrschende Betonung des physischen und mentalen und eine so auffällige Vernachlässigung des emotionalen Wachstums? Es ließen sich verschiedene allgemeine Erklärungen finden, ich möchte aber direkt an die Wurzel des Problems gehen.

Das Betäuben der Gefühle, um Unglücklichsein zu vermeiden

In der Gefühlswelt erfahrt ihr Gutes und Böses, Glück und Unglück, Lust und Schmerz. Im Gegensatz zur rein verstandesmäßigen Registrierung solcher Eindrücke berührt euch emotionale Erfahrung. Da ihr vornehmlich nach Glück strebt und unreife Gefühle Unglück bewirken, ist euer zweites Ziel die Vermeidung von Unglück. Unglückliche Umstände gibt es im Leben jedes Kindes, Schmerz und Enttäuschung sind allgemein. Das erzeugt die meist unbewußte kindliche Schlußfolgerung: *»Wenn ich nicht fühle, werde ich nicht unglücklich sein.«* Mit anderen Worten, statt den mutigen und richtigen Schritt zu machen, negative, unreife Gefühle zu durchleben, um ihnen die Möglichkeit zu bieten, zu wachsen und so reif und konstruktiv zu werden, werden kindliche Gefühle unterdrückt, aus dem Bewußtsein entfernt und vergraben, so daß sie unangemessen und zerstörerisch bleiben, auch wenn sich der Mensch ihrer Existenz nicht bewußt ist.

Obwohl es wahr ist, daß ihr euer Vermögen zu emotionaler Erfahrung betäuben könnt und deshalb aktuellen Schmerz nicht sofort spürt, stimmt es auch, daß ihr damit eure Fähigkeit, glücklich zu sein und Lust zu empfinden, abstumpft, zugleich aber auch das gefürchtete Unglücklichsein auf die Dauer nicht wirklich vermeiden könnt. Das Unglück, das ihr zu vermeiden scheint, wird auf einem anderen und viel schmerzhafteren, aber indirekten Wege zu euch kommen. Der bittere Schmerz der Isolation, der Einsamkeit, des nagenden Gefühls, durch das Leben gegangen zu sein, ohne seine Höhen und Tiefen erfahren zu haben, ohne euch zum Besten und Äußersten des euch Möglichen entwickelt zu haben, ist das Ergebnis einer solchen falschen Lösung.

Wendet ihr Ausweichtaktiken an, erfahrt ihr das Leben nicht im vollen Umfang. Indem ihr euch dem Schmerz entzieht, zieht ihr euch auch vor dem Glück und vor allem vor der Erfahrung zurück. Irgendwann einmal – es kann sein, daß ihr euch nicht an den bewußten Entschluß erinnert – zogt ihr euch vom Leben, von der Liebe und der Erfahrung zurück, von allem, was das Leben reich und lohnend macht. Die Folge war, daß eure intuitiven Kräfte zusammen mit euren schöpferischen Fähigkeiten abstumpften. Ihr funktioniert nur noch mit einem Bruchteil eurer Möglichkeiten. Der Schaden, den ihr euch selbst mit dieser Scheinlösung zugefügt habt und noch weiter zufügt, solange ihr daran festhaltet, entzieht sich gegenwärtig eurer Wahrnehmung und Einschätzung.

Isolation

Da dies von Anfang an eure Verteidigung gegen das Unglücklichsein war, ist es verständlich, daß ihr euch unbewußt mit Händen und Füßen dagegen wehrt, das aufzugeben, was euch wie ein lebenswichtiger Schutz vorkommt. Ihr erkennt nicht, daß ihr damit nicht nur am Reichtum und an den Belohnungen des Lebens und an der Verwirklichung eures eigenen Potentials vorbeigeht, sondern daß ihr auch das Unglück nicht wirklich vermeidet. Die schmerzhafte Isolation ist nicht willentlich von euch gewählt und daher auch nicht akzeptiert worden als der Preis, der zu zahlen ist. Vielmehr trat sie als notwendiges Nebenprodukt eurer Scheinlösung auf. Und mit diesem Abwehrmechanismus hofft und kämpft das Kind in euch, um das zu erhalten, was ihr unmöglich erhalten könnt. Anders ausgedrückt, irgendwo tief im Inneren hofft und glaubt ihr, es sei möglich, dazuzugehören und geliebt zu werden, während ihr eure Gefühlswelt in einen Zustand der Erstarrung versetzt, die euch daran hindert, andere zu lieben. Ja, es kann sein, daß ihr andere braucht, und das kommt euch wohl wie Liebe vor, aber jetzt wißt ihr, das es nicht dasselbe ist. Innerlich hofft und glaubt ihr, es sei möglich, sich mit anderen zu vereinen und auf lohnende und befriedigende Weise mit der Welt zu kommunizieren, während ihr eine Mauer als falschen Schutz gegen die Auswirkungen emotionaler Erfahrung aufrichtet. Wenn ihr Gefühle nicht verhindern könnt, seid ihr eifrig bemüht, sie vor euch selbst und anderen zu verbergen. Wie könnt ihr erhalten, wonach es euch verlangt – Liebe, Zugehörigkeit, Kommunikation –, wenn ihr die gelegentlichen Gefühlsanflüge, nach denen der noch gesunde Teil in euch strebt, weder fühlt noch ausdrückt? Ihr könnt nicht beides haben, auch wenn das Kind in euch dies niemals akzeptieren will.

Da ihr euch auf so törichte Weise »schützt«, isoliert ihr euch, was bedeutet, daß ihr euch viel mehr dem aussetzt, was ihr zu vermeiden trachtet. Daher geht ihr doppelt leer aus: Ihr vermeidet nicht, wovor ihr Angst habt, nicht wirklich und nicht auf Dauer, und verpaßt alles, was ihr haben könntet, würdet ihr nicht vor dem Leben davonlaufen. Denn Leben und Fühlen ist eins. Die Liebe und die Erfüllung, nach der es euch immer stärker verlangen muß, bringen euch dazu, andere, die Umstände, das Schicksal oder Unglück dafür verantwortlich zu machen, statt zu sehen, daß ihr verantwortlich seid. Ihr wehrt euch gegen solche Einsicht, weil ihr spürt, daß ihr in dem Augenblick, wo ihr sie euch zu eigen macht, *euch ändern müßt* und nicht länger an der bequemen, aber nicht zu verwirklichenden Hoffnung festhalten könnt, ihr könntet erhalten, was ihr wollt, ohne die notwendigen Bedingungen zu erfüllen. Wollt ihr Glück, müßt ihr bereit sein, es zu geben. Und wie könntet ihr das, wenn ihr nicht bereit oder fähig seid, soviel zu fühlen, wie ihr fühlen könnt? Begreift, daß ihr den Zustand der Unerfülltheit hervorrieft und daß ihr ihn immer noch verändern könnt, ganz gleich, was euer physisches Alter ist.

Die Notwendigkeit, die Gefühle zu üben

Ein weiterer Grund für den Rückgriff auf diese erfolglose Scheinlösung ist folgendes:

Fühlen und emotionaler Ausdruck können, wie alles andere auch, reif und konstruktiv oder unreif und destruktiv sein. Als Kind hattet ihr einen unreifen Körper und einen unreifen Verstand und deshalb ganz natürlich auch eine unreife Gefühlswelt. Die meisten von euch ermöglichten ihrem Körper und ihrem Verstand, aus der Unreife herauszuwachsen und eine gewisse physische und mentale Reife zu erlangen. Ich will euch ein Beispiel auf der physischen Ebene geben: Der Säugling fühlt den starken Drang, seine Stimmbänder zu benutzen. Der Trieb hat die Funktion, durch kräftigen Gebrauch der Stimmbänder das Wachstum gewisser organischer Bereiche zu fördern. Es ist nicht angenehm, einen Säugling schreien zu hören, aber soweit es diesen besonderen Aspekt betrifft, führt die Übergangzeit zu starken gesunden Organen. Würde die unangenehme Periode durch Unterdrückung des instinktiven Bedürfnisses zu schreien vermieden, würde der Säugling die entsprechenden Organe schließlich schädigen und schwächen. Der Drang zu starker körperlicher Anstrengung hat dieselbe Funktion. All dies ist Teil des Wachstumsprozesses. Ihn mit der Entschuldigung zu stoppen, Überanstrengung wäre gefährlich, ist unsinnig und schädlich.

Und dennoch geschieht gerade das mit eurem emotionalen Selbst. Ihr stoppt seine Tätigkeit, weil ihr die Übergangsphase seines Wachstums als so gefährlich erachtet, daß ihr sein Wachstum insgesamt anhaltet. Infolge dieses Gedankenganges hindert ihr nicht nur Exzesse, sondern auch alle Übergangsfunktionen, die allein zu konstruktiven, reifen Gefühlen führen können. Da das mehr oder weniger auf jeden von euch zutrifft, muß die Wachstumsphase des Erfahrens und Reifens jetzt nachgeholt werden.

Während eure geistigen Prozesse heranreifen, müßt ihr auch durch Übergangsphasen gehen. Ihr lernt nicht nur, ihr müßt auch Fehler machen. In jüngeren Jahren habt ihr oft Meinungen, denen ihr später entwachst. Dann erkennt ihr, daß diese Meinungen gar nicht so »richtig« waren, wie sie euch in der Jugend vorkamen, und seht eine andere Seite, die euch früher entging. Dennoch war es nützlich, diese Zeit des Irrens durchzumachen. Wie könntet ihr die Wahrheit schätzen, ohne auch den Irrtum kennenzulernen? Ihr könnt die Wahrheit nie durch Vermeidung des Irrtums gewinnen. Er stärkt eure geistigen Fähigkeiten, eure Logik sowie die Weite und Kraft eurer Schlußfolgerungen. Ohne euch Fehler im Denken oder in euren Meinungen zu erlauben, können eure geistigen Fähigkeiten nicht wachsen.

Seltsamerweise kennt die menschliche Natur viel weniger Widerstand gegen die notwendigen Wachstumsschmerzen der physischen und mentalen Seite der Persönlichkeit als gegenüber dem Wachstum der emotionalen. Kaum irgend jemand erkennt, daß auch *emotionale Wachstumsschmerzen* notwendig sind und daß sie konstruktiv und förderlich sind. Auch wenn ihr bewußt nicht so denkt, glaubt ihr, der emotionale Wachstumsprozeß müsse ohne Wachstumsschmerzen vor sich gehen. Meist wird überhaupt nicht gesehen, daß dieser Bereich überhaupt existiert, geschweige denn, daß er Wachstum braucht; auch wißt ihr nicht, wie dieses Wachstum zustande gebracht werden kann. Ihr, die auf diesem Pfad seid, solltet anfangen, das zu verstehen. Tut ihr das, wird euer Beharren, stumpf und leblos zu bleiben, schließlich nachlassen, und ihr werdet keine Einwände mehr dagegen haben, durch eine Wachstumsphase zu gehen.

Unreife Gefühle zum Vorschein kommen lassen

In der Wachstumsphase *müssen sich unreife Gefühle ausdrücken.* Wird ihnen der Ausdruck zu dem Zweck erlaubt, ihre Bedeutung zu verstehen, werdet ihr schließlich einen Punkt erreichen, wo ihr diese unreifen Gefühle nicht mehr braucht. Dieser Prozeß wird nicht mit dem Willen oder durch eine äußere Verstandesentscheidung gelenkt, die das unterdrückt, was noch Teil eures emotionalen Wesens ist. Es ist ein organischer Prozeß emotionalen Wachstums, in dem Gefühle auf natürliche Weise ihre Richtung, ihr Ziel, ihre Intensität, ihr Wesen ändern. Aber das geht nur, wenn ihr eure Gefühle so erfahrt, wie sie jetzt in euch existieren.

Als ihr in eurer Kindheit verletzt wurdet, habt ihr bisweilen sehr intensiv mit Ärger, Ablehnung und Haß reagiert. Wenn ihr euch jetzt daran hindert, diese Gefühle bewußt zu erfahren, werdet ihr sie nicht loswerden. So macht ihr es nicht möglich, daß die gesunden, reifen Gefühle an ihre Stelle treten, sondern unterdrückt nur die bestehenden Gefühle. Ihr begrabt sie und redet euch ein, daß ihr nicht empfindet, was ihr tatsächlich noch empfindet. Indem ihr eure Fähigkeit zu fühlen abstumpft, verliert ihr den Kontakt zu den unterdrückten Gefühlen und ersetzt sie durch Gefühle, die ihr, wie ihr glaubt, haben solltet, tatsächlich aber nicht wirklich und ehrlich habt.

Ihr alle, manche mehr, manche weniger, zeigt Gefühle, die nicht wirklich die euren sind, Gefühle, die ihr glaubt haben zu müssen, aber nicht habt. Darunter findet manchmal etwas völlig anderes statt. Nur zu Zeiten extremer Krisen treten diese wirklichen Gefühle an die Oberfläche. Dann glaubt ihr, die Krise habe diese Reaktionen in euch ausgelöst. Nein, die Krise hat lediglich die noch unreifen Gefühle wiederbelebt. In ihr wirkt sich die verborgene emotionale Unreife ebenso wie die derzeitige Selbsttäuschung aus.

Die Tatsache, daß ihr rohe, zerstörerische, unreife Gefühle aus eurem Sichtfeld verbannt, statt aus ihnen herauszuwachsen, und euch dann euch selbst belügt und glaubt, viel integrierter und reifer zu sein, als ihr wirklich seid, ist nicht nur eine Selbsttäuschung, sondern führt euch tiefer in Isolation, Unglück, Selbstentfremdung und zu erfolglosen, unbefriedigenden Mustern, die ihr fortwährend wiederholt. Das Ergebnis scheint eure Scheinlösung, euren Abwehrmechanismus zu bestätigen, aber das ist eine falsche Schlußfolgerung.

Unreife Gefühle brachten euch als Kind Strafe ein; entweder verursachten sie euch echte Schmerzen, oder sie zeitigten unerwünschte Ergebnisse, wenn ihr sie zum Ausdruck brachtet. Ihr verlort etwas, was ihr wolltet, wie etwa die Zuneigung bestimmter Menschen, oder ein angestrebtes Ziel wurde unerreichbar, wenn ihr ausdrücktet, was ihr wirklich fühltet. Das wurde dann ein zusätzlicher Grund, euren Selbstausdruck zu unterbinden. Ihr empfandet die Gefühle als unerwünscht, und folglich entferntet ihr sie aus eurem Sichtfeld. Es schien euch notwendig, weil ihr nicht verletzt werden, nicht den Schmerz des Unglücklichseins erleben wolltet. Darüber hinaus schien es notwendig, bestehende Gefühle zu verdrängen, weil der Ausdruck des Negativen unerwünschte Folgen verursachte.

Ihr könntet sagen, da letzteres stimmt, ist euer Vorgehen gerechtfertigt und notwendig zur Selbsterhaltung. Ihr werdet mit Recht sagen, die Welt wird euch auf die eine oder andere Weise strafen, wenn ihr eure negativen Gefühle auslebt. Ja, meine Freunde, das ist wahr. Unreife Gefühle sind in der Tat zerstörerisch und bringen euch tatsächlich Nachteile. *Aber euer Irrtum liegt in der bewußten oder unbewußten Annahme, daß es ein und dasselbe sei, sich der Gefühle bewußt zu sein und ihnen in Handlungen freien Lauf zu lassen.* Ihr könnt zwischen den beiden Verhaltensweisen nicht unterscheiden. Ebensowenig könnt ihr unterscheiden zwischen einem konstruktiven Ziel – bei dem es nötig ist, eure Gefühle auszudrücken und am richtigen Ort mit den richtigen Leuten über sie zu sprechen – und der Zerstörungskraft, die darin liegt, unbedacht alle Kontrolle aufzugeben, nicht das rechte Ziel, den rechten Ort, die richtigen Menschen auszusuchen und den Selbstausdruck nicht zur Einsicht in das Selbst zu benutzen. Wenn ihr euch bloß gehenlaßt, weil es euch an Disziplin oder an einem Ziel fehlt, und eure negativen Gefühle zeigt, so ist das in der Tat destruktiv.

Versucht, zwischen konstruktiven und destruktiven Zielen zu unterscheiden, versucht, die Absicht für die Aufdeckung eurer Gefühle zu erkennen, und bringt dann den Mut und die Demut auf, die echten Gefühle im Bewußtsein zuzulassen und sie auszudrücken, wenn es sinnvoll ist. Wenn ihr das tut, werdet ihr den außerordentlichen Unterschied spüren. Auf der einen Seite laßt ihr die unreifen und zerstörerischen Gefühle zum Vorschein kommen, um euch von einem Druck zu befreien und ihnen einen Auslaß ohne Ziel und Sinn zu geben. Auf der anderen Seite wollt ihr alle Gefühle, die einst in euch waren und noch immer in euch sind, durch einen zielbewußten Akt wiedererfahren. Was man sich in emotionaler Erfahrung nicht richtig angeeignet, sondern vielmehr verdrängt hat, wird durch aktuelle Situationen immer wieder wachgerufen werden. Diese Situationen erinnern euch auf eine oder andere Weise an die ursprüngliche »Lösung«, die solche unassimilierten Erfahrungen das erste Mal hervorgebracht haben. Die Erinnerung bindet sich nicht unbedingt an Fakten, sondern kann ein inneres Klima, eine symbolische Gedankenverbindung sein, die ausschließlich im Unterbewußtsein sitzt. Wenn ihr lernt, euch dessen, was wirklich in euch vorgeht, bewußt zu werden, werdet ihr auch die Erinnerungen bemerken. Damit kann die Erkenntnis einhergehen, daß ihr oft tatsächlich das Gegenteil von dem fühlt, wozu ihr euch zwingt.

Wie man den Wachstumsprozeß aktiviert

Mit den ersten tastenden Schritten in die Richtung, euch dessen, was ihr fühlt, bewußt zu werden und ihm auf direkte Weise ohne Gründe und Entschuldigungen Ausdruck zu verleihen, werdet ihr ein Verständnis für euch gewinnen, wie ihr es nie zuvor hattet. Ihr werdet den Prozeß des Wachsens in euch spüren, weil ihr nicht bloß in äußeren Gesten, sondern mit eurem allerinnersten Selbst aktiv daran beteiligt seid. Ihr werdet nun nicht nur zu verstehen beginnen, was es war, das so viele unwillkommene Ergebnisse bewirkte, sondern auch wie es in eurer Macht steht, dies zu ändern. Das Verständnis der Interaktion zwischen euch und anderen wird zeigen, wie eure unbewußten, entstellten Muster andere auf eine Weise beeinflußten, die eurer ursprünglichen Absicht genau entgegengesetzt war. Damit werdet ihr ein inneres Verständnis über den Kommunikationsprozeß erwerben.

Dies ist die einzige Art, wie Gefühle reifen können. Indem ihr die Phase, die dem Kind und dem Heranwachsenden fehlte, durchlauft, werden die Gefühle schließlich reifen, und ihr braucht danach keine Angst mehr vor den Gefühlen zu haben, über die ihr aufgrund der Verbannung aus eurem Bewußtsein keine Kontrolle habt. Ihr werdet imstande sein, ihnen zu trauen und euch von ihnen führen zu lassen – denn das ist das eigentliche Ziel eines reifen und gut funktionierenden Menschen. Ich möchte sagen, daß ihr alle dies in einem gewissen Maße bereits erlebt habt. Es gibt Zeiten, in denen ihr euch erlaubt, euch von der Kraft eurer Intuition leiten zu lassen. Doch geschieht dies eher als Ausnahme denn als Regel. Als Regel kann es so lange nicht geschehen, wie eure Emotionen destruktiv und kindisch bleiben. In diesem Zustand sind sie unzuverlässig. Da ihr verhindert, daß sie reifen, lebt ihr nur durch eure geistigen Fähigkeiten – und die sind in ihrer Wirksamkeit zweitrangig. Wenn gesunde Gefühle eure Intuition zuverlässig machen, wird das Zusammenspiel zwischen den mentalen und emotionalen Fähigkeiten harmonisch. Die einen stehen nicht im Widerspruch zu den anderen. Solange ihr euch auf eure intuitiven Prozesse nicht verlassen könnt, werdet ihr unsicher sein, und das Selbstvertrauen wird euch fehlen. Ihr versucht dies wettzumachen, indem ihr euch auf andere oder auf falsche Religionen verlaßt, und werdet dadurch schwach und hilflos. Habt ihr aber reife, starke Gefühle, werdet ihr Vertrauen in euch selbst haben und darin eine Sicherheit finden, von der ihr niemals zu träumen wagtet.

Nach dem ersten schmerzhaften Freisetzen negativer Gefühle werdet ihr eine gewisse Erleichterung in dem Wissen finden, daß giftige Stoffe euer System verlassen haben, ohne für euch oder andere zerstörerisch geworden zu sein. Nachdem ihr so Einsicht und Verständnis gewonnen habt, werden neue, warme, gute Gefühle in euch aufsteigen, die sich nicht ausdrücken konnten, solange die negativen Emotionen zurückgehalten wurden. Auch werdet ihr unterscheiden lernen zwischen echten guten Gefühlen und falschen guten Gefühlen, die ihr aus dem Bedürfnis, euer idealisiertes Selbst aufrechtzuerhalten, darübergelagert habt: »So sollte ich sein.« Weil ihr an dem idealisierten Selbstbild festhaltet, könnt ihr euer wahres Selbst nicht finden und habt nicht den Mut, zu akzeptieren, daß ein vergleichsweise großer Bereich eurer Persönlichkeit noch immer kindlich, unvollständig und unvollkommen ist.

Was ist echte Sicherheit?

Dieses zu akzeptieren ist der erste notwendige Schritt, eure zerstörerischen Prozesse zu stoppen und *ein echtes, kräftiges Selbst aufzubauen*, das auf sicherem Grund steht. Denn nur in den reifen Gefühlen, in dem Mut, diese Reife und dieses Wachstum zu ermöglichen, werdet ihr die innere Sicherheit finden, nach der ihr anderswo so leidenschaftlich sucht.

Erschafft euch also echte Sicherheit. Ihr habt nichts zu befürchten, wenn das, was schon in euch ist, ins Bewußtsein kommt. Das Wegschauen bringt das, was ist, nicht zum Verschwinden. Deshalb ist es weise, das, was in euch ist, anschauen zu wollen, ihm zu begegnen und es anzunehmen – nicht mehr und nicht weniger! Zu glauben, das Wissen um das, was ihr fühlt und seid, schade euch mehr, als es nicht zu wissen, ist äußerst töricht. Dennoch tut ihr alle bis zu einem gewissen Grade genau das. Das ist die Natur eures Widerstandes dagegen, euch selbst anzunehmen und mutig gegenüberzutreten. Nur wenn ihr euch dem, was in euch ist, gestellt habt, wird euer weitaus reiferer Intellekt imstande sein, die Entscheidung zu fällen, ob es sich lohnt, die inneren Verhaltensmuster beizubehalten oder nicht. Niemand zwingt euch, aufzugeben, was euch als Schutz erscheint, doch schaut es mit dem klaren und wachen Auge der Wahrheit an. Das ist alles, worum ich euch bitte.

Und jetzt, meine Freunde, wollen wir dieses Thema im Lichte der Spiritualität betrachten. Ihr seid ursprünglich alle mit der Vorstellung hergekommen,

spirituell zu wachsen. Man könnte sagen, daß fast alle von euch dies zu erreichen hoffen, ohne sich um das emotionale Wachstum zu kümmern. Ihr möchtet glauben, das eine wäre ohne das andere möglich. Selbstverständlich ist das
völlig unmöglich. Früher oder später werdet ihr alle den Punkt erreichen, wo
ihr euch entscheiden müßt, ob ihr wirklich emotionales Wachstum wollt oder
weiterhin an der kindischen Hoffnung festhaltet, spirituelles Wachstum sei
möglich, wenn ihr eure Gefühlswelt außer acht laßt, wenn ihr erlaubt, daß sie
im verborgenen liegt, ohne ihr die Möglichkeit des Wachsens zu geben. Das
wollen wir für eine Weile anschauen, meine Freunde. Fürchtet nichts.

Werden Gefühle am Wachsen gehindert, kann auch die Liebe nicht wachsen

Ihr alle wißt, welcher Religion oder Philosophie oder spirituellen Lehre ihr
auch folgt, daß *Liebe die erste und höchste Macht ist.* Letzlich *ist sie die einzige
Macht.* Die meisten von euch haben diese Maxime oft benutzt. Doch ich frage
mich, meine Freunde, da ihr euch ständig vom Fühlen, Reagieren und Erfahren
abwandtet, wußtet ihr, daß eure Worte leer waren? *Wie könnt ihr lieben, wenn
ihr eure Gefühle nicht zulaßt?* Wie könnt ihr lieben und zugleich »unvoreingenommen und distanziert« bleiben, wie ihr es nennt? Das bedeutet, persönlich
nicht einbezogen zu sein, keinen Schmerz, keine Enttäuschung, keine persönliche Betroffenheit zu riskieren. Kann man auf eine so bequeme Weise lieben?
Wenn ihr die Fähigkeit zu fühlen betäubt, wie könnt ihr wahrhaft Liebe erfahren? Ist sie denn ein intellektueller Prozeß? Ist sie ein lauwarmes Etwas aus
Gesetzen, Worten, Buchstaben, Vorschriften und Regeln, über die ihr redet?
Oder ist Liebe ein Gefühl, das aus der Tiefe der Seele kommt, ein mächtiges
wärmendes Strömen, das euch nicht gleichgültig und unberührt lassen kann?
Ist sie nicht vor allem ein Gefühl, und wird nicht erst, nachdem sie voll erfahren und ausgedrückt ist, sozusagen als Nebenprodukt, Weisheit und vielleicht
sogar intellektuelle Einsicht daraus folgen?

Wie könnt ihr hoffen, Spiritualität zu gewinnen – und Spiritualität und
Liebe sind eins –, indem ihr eure Gefühlsprozesse vernachlässigt? Denkt darüber nach, meine Freunde. Seht doch, wie ihr euch alle zurücklehnt und auf
eine bequeme Spiritualität hofft, die euch persönliche Verwicklungen in der
Gefühlswelt erspart. Wenn ihr das klar erkannt habt, werdet ihr begreifen, wie

widersinnig diese Haltung ist. Die bewußten oder unbewußten Rationalisierungen, mit denen ihr den Gefühlen immer noch Bewußtheit und Ausdruck verweigert, werden euch in einem anderen Licht erscheinen, auch wenn die Gefühle augenblicklich noch in einem hohen Maß zerstörerisch sind. Ihr werdet euren Widerstand gegenüber dem, was so dringend getan werden muß, mit etwas mehr Verständnis und Wahrhaftigkeit betrachten. Jede spirituelle Entwicklung ist eine Farce, wenn ihr diesen Teil eures Wesens leugnet. Wenn ihr nicht den Mut aufbringt, der dem Negativen in euch erlaubt, euer Wachbewußtsein zu erreichen, wie können dann gesunde, starke Gefühle euer Wesen erfüllen? Wenn ihr mit dem Negativen nicht umgehen könnt, weil es dem Zugriff eures Bewußtseins entzogen ist, wird dasselbe negative Element dem positiven im Wege stehen.

Die unter euch, die diesem Pfad folgen und dartun, was so nötig ist, werden erst eine Unzahl negativer Gefühle erfahren. Aber nachdem ihr euch mit ihnen auseinandergesetzt und sie richtig verstanden habt, werden sich reife, konstruktive Gefühle entwickeln. Ihr werdet Wärme, Mitgefühl und Engagement fühlen, wie ihr es nie für möglich gehalten habt. Ihr werdet euch nicht mehr isoliert fühlen. Ihr werdet anfangen, euch mit anderen in Wahrhaftigkeit und Wirklichkeit zu verbinden, nicht in Falschheit und Selbsttäuschung. Wenn das geschieht, wird eine neue Sicherheit und Selbstachtung zu einem Teil von euch. Ihr werdet anfangen, euch selbst zu vertrauen und zu mögen.

FRAGE: *Ist Glaube an Gott, ist Liebe ohne emotionale Reife möglich?*
ANTWORT: Das ist unmöglich, wenn wir über wahre Liebe reden, über die Bereitschaft, sich wirklich einzulassen, und nicht über das kindliche Bedürfnis, geliebt und geschätzt zu werden, das so oft mit Liebe verwechselt wird. Emotionale Reife ist die notwendige Grundlage für die Existenz echter Liebe und wahren, echten Glaubens. Liebe und Glauben und emotionale Unreife schließen einander aus, mein Kind. Die Fähigkeit zu lieben ist eine direkte Folge von emotionaler Reife und Wachstum. Wahrer Glaube an Gott im Sinne echter Religion im Gegensatz zur falschen ist auch eine Angelegenheit emotionaler Reife, weil die echte Religion sich auf das Selbst verläßt. Sie klammert sich nicht an eine Vaterautorität aus dem Bedürfnis nach Schutz. In falschem Glauben und falscher Liebe schwingt immer auch stark emotionales Bedürfnis mit. Echte Liebe und wahrer Glaube kommen aus Stärke, Selbstvertrauen und Selbstverantwortung. All das sind Eigenschaften emotionaler Reife. Und nur

mit Stärke, Selbstvertrauen und Selbstverantwortung sind wahre Liebe, Engagement und Glaube möglich. Alle, die jemals spirituelles Wachstum erlangt haben, ob sie in der Geschichte bekannt sind oder nicht, müssen emotionale Reife besessen haben.

FRAGE: *Wenn jemand bei dieser Arbeit auf wilde Emotionen stößt, die auf die Kindheit zurückgehen, wie läßt sich damit umgehen, und wie kann man sie ersetzen und auflösen, wenn man gerade nicht seinen Helfer zur Seite hat? Zur Zeit haben wir vielleicht zweimal monatlich die Gelegenheit, solche Gefühle bei unserem Helfer auszudrücken, und gerade dann fühlen wir sie vielleicht nicht. Wenn man auf sich gestellt ist, wie kann man dann mit diesen Gefühlen umgehen, wenn sie auftauchen?*

ANTWORT: Zuerst einmal ist es bezeichnend, wenn Gefühle nur dann aufkommen, wenn man gerade nicht mit seinem Helfer arbeitet. Das zeigt für sich schon auf einen starken Widerstand hin. Es ist eine anhaltende Spätfolge dauerhafter Verdrängung. Deswegen werden die Emotionen, die zuerst hochkommen, sich zu unpassenden Zeiten zeigen und so stark sein, daß sie den Menschen verwirren. Aber nach vergleichsweise kurzer Zeit und mit dem inneren Willen, sich ehrlich mit dem Selbst in seiner Gänze auseinanderzusetzen, werden die zerstörerischen Gefühle sich nicht nur zur angemessenen Zeit und am rechten Ort einstellen, sondern ihr werdet auch fähig sein, mit ihnen in zufriedenstellender Weise umzugehen. Das Stadium des Widerstandes deutet auf die Tatsache, daß innerlich noch Kampf und Haß neben dem kindlichen Wunsch existieren, die offensichtlichen Konflikte sollten gelöst werden, ohne daß der Abwehrmechanismus angetastet wird. Wenn euch destruktive Gefühle beherrschen, statt daß ihr imstande seid, sie ohne Verdrängung zu beherrschen, ist das eine Form von Wutanfall, mit dem die Psyche sagt: »Jawohl, du hast mich dazu gezwungen, und nun kannst du sehen, wohin das führt.« Wenn solche subtil verborgenen Emotionen aufgedeckt werden können, wird dies die Gefahr mildern, daß negative Emotionen eine Kraft annehmen, die die Persönlichkeit nicht handhaben kann.

Zweitens ist es wichtig, euch für solche Gefühle, die wahrscheinlich nicht zu eurem Selbstbild passen, nicht schuldig zu fühlen. Wenn ihr statt dieses falschen Selbstbildes eure Realität annehmen lernt, wird sich die Kraft negativer Empfindungen verringern. Ja, natürlich werdet ihr negative Gefühle erfahren, aber ihr werdet nie befürchten müssen, sie könnten zu Kontrollverlust führen. Laßt es mich so sagen: Die starke Auswirkung negativer Gefühle bis zu dem

Punkt, wo ihr fürchtet, mit ihnen nicht umgehen zu können, ergibt sich nicht so sehr aus ihrer Existenz als solcher, sondern vielmehr aus dem fehlenden Akzeptieren der Tatsache, daß ihr nicht euer idealisiertes Selbstbild seid. Die negativen Emotionen allein wären weit weniger beunruhigend, wenn ihr euch nicht an euer idealisiertes Selbst klammern würdet, während ihr zugleich darum kämpft, es aufzugeben. Sobald ihr euch annehmt, wie ihr jetzt gerade seid, und die innere Entscheidung trefft, euch von der Illusion über euch selbst zu trennen, werdet ihr euch viel wohler fühlen und fähig werden, negative Emotionen auf eine Weise zu erfahren, die das Wachstum fördert. Ihr werdet daraus Einsichten ziehen, selbst wenn ihr im Augenblick allein seid. Zudem werden in den Sitzungen Emotionen aufwallen und euch, sind sie ausgedrückt und durchgearbeitet, noch mehr Einsichten gewähren.

Ich kann dir keine Regeln geben. Ich kann nur die Ursachen hinter den Manifestationen aufzeigen. Wenn du das wahrhaft in dich aufnimmst, es zu verstehen wünschst und von dort aus weitermachst, wird dir das sehr helfen. Natürlich gilt das für alle meine Freunde.

FRAGE: *Heißt das, daß die Emotionen als solche nicht gefährlich sind, sondern daß es die Enttäuschung über uns selbst ist, die sie so machtvoll oder gefährlich macht?*
ANTWORT: Ja, das ist richtig. Aber sie brauchen nicht gefährlich zu sein, wenn du das nicht willst. Wenn ein innerer Ärger nicht richtig verstanden und auf konstruktive Weise, so wie du es auf diesem Pfad lernst, freigesetzt worden ist, findet ein sogenannter Wutanfall statt, und das Kind in dir schlägt wild um sich und zerstört andere und dich selbst. Finde das Kind, das schlagen will, und du wirst die sich entwickelnden negativen Emotionen unter Kontrolle haben, ohne sie zu verdrängen, sie konstruktiv ausdrücken und von ihnen lernen. Finde den Bereich, wo du böse bist, daß man sich nicht um dich gekümmert und dir nicht alles, was du wolltest, gegeben hat. Sobald du dir über die Ursache für all diese Wut im klaren bist, wirst du auch darüber lachen können, weil du die absurden Forderungen des Kindes in dir erkennen wirst. Das ist die Arbeit, die du in dieser Phase leisten mußt. Es ist ein entscheidender, ausschlaggebender Meilenstein auf deinem Weg. Wenn du über diesen Berg bist, wird die weitere Arbeit viel leichter. Immer wenn du Angst vor dem Verlust an Kontrolle hast, rate ich dir, an das Bild zu denken, das du von dir hast, an das, was du glaubst, sein zu müssen, im Gegensatz zu den Gefühlen, die tatsächlich zum Vorschein kommen. In dem Augenblick, wo du den Unterschied

siehst, werden dich die negativen Emotionen nicht mehr bedrohen. Du wirst fähig sein, mit ihnen umzugehen. Das ist der beste Rat, den ich für dich in dieser Hinsicht habe. Finde in dir den Ärger über die Welt, die dir nicht erlaubt, dein idealisiertes Selbstbild zu sein, die dich hindert, das zu sein, was du ohne ihre Einmischung sein könntest. Sobald du dir solcher emotionalen Reaktionen bewußt bist, wirst du wieder einen großen Schritt vorwärts gemacht haben.

Ihr seht also, meine Freunde, euer Mißverständnis besteht darin, daß ihr glaubt, der Schaden beruhe auf der Existenz negativer Emotionen als solcher. Das stimmt nicht. Er beruht auf dem Nichtannehmen eures wahren Selbst, auf den Anschuldigungen, die ihr der Welt entgegenschleudert dafür, daß sie euch nicht erlaubt, das zu sein, was ihr fühlt, sein zu können, würde sie es nur zulassen. Das ist die Natur dieser starken, machtvollen Gefühle, und sie können euch nur so lange gefährden, wie ihr euch ihrer Natur nicht bewußt seid. Sucht deshalb nach ihrer Bedeutung. Sucht ihre wahre Botschaft, und ihr braucht nie mehr Angst zu haben.

Damit, liebe Freunde, gehe ich von euch. Gesegnet sei jeder von euch. Mögt ihr alle weitere Kraft gewinnen, weitere Weisheit, um euer Leben und euer inneres Wachstum zu leiten, damit es nicht stillsteht. Denn das ist das einzige, was dem Leben Sinn gibt – dauerndes Wachstum. Je besser ihr das vollbringt, desto mehr werdet ihr mit euch im Frieden sein. Segen mit aller Stärke, Liebe und Wärme werden euch zuteil. Seid gesegnet, lebt in Frieden, lebt in Gott.

9 Echte und falsche Bedürfnisse

(Lesung Nr. 192)

Die meisten von uns sind überzeugt, daß unsere Probleme von Menschen verursacht werden, die nicht auf unsere Bedürfnisse reagieren. Nein, sagt der GUIDE. *Vieles von dem, was wir erstreben, gründet sich auf falsche Bedürfnisse und kann nie erfüllt werden. Wie es dazu kam, daß falsche Bedürfnisse die unbefriedigten echten Bedürfnisse ersetzten, wie sie von den echten unterschieden und aufgegeben werden können und letztlich, wie wir unsere jetzigen, echten Bedürfnisse erkennen und befriedigen können, das ist der Inhalt dieser Lesung.*

Seid gegrüßt, liebe Freunde. Segen und Kraft strömen hervor. Wenn ihr Herz und Verstand dafür öffnet, könnt ihr sie empfangen.

Die meisten Menschen sind sich ihrer ungeheuren spirituellen Möglichkeiten und Kräfte noch nicht bewußt. Was meine ich, wenn ich von spirituellen Möglichkeiten und Kräften rede? Ich meine damit, daß diese Kräfte bei weitem die in eurer Daseinssphäre als normal betrachteten menschlichen Fähigkeiten überschreiten.

Das Erwecken des schlummernden spirituellen Potentials

Diese Kräfte bleiben unzugänglich und können sogar gefährlich sein, wenn der Mensch nicht bis zu einem gewissen Grade geläutert ist und das Bewußtsein sich noch in einem Zustand des Halbschlafs befindet, was immer mit destruktiven Verhaltensmustern verbunden ist, wie Eigensinn, Stolz, Furcht, Gier, Neid, Bosheit, Grausamkeit, Trotz und Selbstsucht. Die Mehrheit der Menschen befindet sich in einem Zustand, in dem sie zu etwa neunzig Prozent schlafen und nur zu zehn Prozent für das wach sind, was in der Welt und in ihnen existiert. Der Prozeß, das Selbst wiederzuerwecken, erfordert große Mühe, innere Verpflichtung und Arbeit sowie den Willen, das Opfer der destruktiven Muster mit ihren kurzlebigen, teuren Befriedigungen zu bringen. Nur dann kann die Bewußtheit allmählich wachsen, die Wahrnehmung sich schärfen und als Offenbarung des wiedererwachenden wahren Selbst ein neues inneres Wissen verfügbar werden.

Diese wachsende intuitive Wahrnehmung, dieses innere Wissen – zuerst vom Selbst, dann vom innersten Wesen anderer und schließlich von der kosmischen Wahrheit und Schöpfung – weitet sich zur Erfahrung ewigen Lebens. Die Erfahrung wird zur Gewißheit! Die Wiedererweckung der spirituellen Möglichkeiten umfaßt auch den Zugang zu den Lebenskräften, die allzeit gegenwärtig in und um euch existieren. Sie lassen sich zum Heilen und Helfen nutzen und zur Steigerung von Erfüllung und Bewußtheit im Selbst und in anderen. Selbstverständlich ist Mißbrauch dieser Kräfte unvermeidlich, wenn das spirituelle wahre Selbst noch immer vom kleinen Selbst beherrscht wird. *Zuerst muß in der Seele des Menschen die Liebe erweckt werden, so daß die neuen Kräfte gefahrlos genutzt werden können.* Wenn das Energiefeld eines Menschen wegen des unentwickelten Zustandes der Seele auf niedrige Frequenzen ausgerichtet ist, können die weitaus höheren Frequenzen spiritueller Kräfte Gesundheit und Leben zerstören und ungeheure Gefahren heraufbeschwören. Deshalb ist es wichtig, daß die Entwicklung in einem bestimmten Rhythmus vorangeht. Der sicherste Weg ist immer die Betonung der *Läuterung* vor allem anderen.

Wenn die Läuterung der Entwicklung spiritueller und psychischer Potentiale und Kräfte vorausgeht, wächst auch die Glückseligkeit. Es wächst die Furchtlosigkeit. Lösungen zu allen Problemen werden immer zugänglicher: Sie zeigen sich, weil man sich den Problemen stellt und mit ihnen umgeht. Dadurch wird die Heilung aller geistigen, seelischen und körperlichen Erkrankungen möglich.

Diesen utopischen Zustand könnt ihr aber nicht aufrechterhalten, wenn ihr euch nicht mit euren Bedürfnissen auseinandersetzt, den wahren wie den falschen, den bewußten wie den unbewußten. Wer seine unbewußten Gefühlserfahrungen nicht ins Bewußtsein hebt, muß alles unterdrückte Material in die nächste Inkarnation mitnehmen. Das vergrabene Material sucht sich dann für die nächste Inkarnation Umstände und Menschen, die die Gelegenheit bieten, was schlummert und unassimiliert ist, wieder ans Licht zu bringen. So scheinen die Eltern oder die Umwelt nur für die schmerzvollen Kindheitserfahrungen verantwortlich zu sein. Tatsächlich dient der unentwickelte Zustand der Eltern als Medium, Bilder hervorzubringen, die sonst latent und dem Bewußtsein unzugänglich blieben und die völlige Läuterung blockierten. Es ist natürlich möglich, durch Vermeidung mit den schmerzhaften Erfahrungen auf hergebrachte Weise umzugehen und damit den Zyklus zu verlängern. Aber für jedes Wesen kommt der Tag, an dem die offene Konfrontation mit dieser Erfahrung nicht mehr zu vermeiden ist.

Ihr könnt diese Ereigniskette sogar innerhalb einer Lebensspanne verfolgen. In dem Maße, wie ihr eure Vergangenheit als Kind nicht voll erfahren habt, müßt ihr später ähnliche Erfahrungen magnetisch anziehen. Wenn ihr das Wissen um die Kindheit und um das, was wirklich in euch vorgegangen ist, gemieden habt, wißt ihr jetzt bei der Wiederholung der Erfahrung oft nicht, was ihr fühlt und erlebt. Seid ihr euch eurer vergangenen Gefühle bewußt geworden, seht ihr auch, wie die Vergangenheit sich wiederholt. Der Zustand der Betäubung und Fühllosigkeit für die vergangenen Gefühle macht euch für ähnlichen Gefühle heute fühllos, es sei denn, der innere Entschluß und echte Bemühung führen euch zum Erwachen, selbst wenn dies zuerst schmerzhaft erscheint.

Die Unerfülltheit der berechtigten Bedürfnisse des Kindes

Wachsamkeit für das, was euch heute zustößt, und das Wissen darum ist nur möglich, wenn ihr die ähnlichen Erfahrungen aus der Vergangenheit offenlegt und mit ihnen umgeht. Dann wird nicht nur das zurückgebliebene Seelenmaterial erhellt, sondern auch das Erbe früherer Existenzen. Wenn ihr in eurer Pfadarbeit noch mehr von diesem Restmaterial erfahrt, trefft ihr auf die Tatsache, daß das Schmerzhafteste darin die Unerfülltheit eurer berechtigten Bedürfnisse als Kind ist. Ihre Leugnung schuf die falschen Bedürfnisse. Diese Beobachtung ist außerordentlich wichtig.

Was sind echte und was falsche Bedürfnisse? Zuerst einmal kann, was zu einer bestimmten Zeit im Leben eines Menschen stimmte, zu einer späteren völlig falsch und unrealistisch sein. Was dem Kind ein echtes Bedürfnis ist, ist keineswegs ein echtes Bedürfnis für den Erwachsenen. Leugnet der heranwachsende Mensch den Schmerz eines unerfüllten echten Bedürfnisses, verschwindet dieses Bedürfnis nicht. Ganz im Gegenteil, die Leugnung erhält und verfestigt den Schmerz und projiziert das Bedürfnis in eine spätere Zeit, auf andere Menschen, so daß es zu einem falschen Bedürfnis wird. Um konkret zu werden: Ein Kind braucht Fürsorge, Pflege, Wärme, Aufmerksamkeit und Wertschätzung seiner Individualität. Werden seine Bedürfnisse nicht erfüllt, muß es leiden. Wird das Leiden bewußt akzeptiert und durchgearbeitet, bleibt der Mensch nicht behindert, auch wenn viele dies glauben möchten. Was den gelähmten Zustand erzeugt, ist die *Überzeugung*, der Schmerz könne nur beseitigt werden, wenn einem endlich all das, was fehlte, gegeben wird, selbst Jahre später. Das kann natürlich nicht geschehen. Selbst wenn es dem Erwachsenen möglich wäre, nach den Vorstellungen des Kindes, dem dies vorenthalten wurde, ideale, vollkommene Ersatzeltern zu finden, kann nichts, was von außen gegeben wird und nicht vom eigenen Selbst kommt, dem Erwachsenen echte Erfüllung bringen.

Die Befriedigung, nach der ihr euch so schmerzlich sehnt, läßt sich nur erlangen, wenn ihr als Erwachsener in euch selbst nach all dem sucht, wonach ihr noch immer außerhalb eurer selbst schaut. Dies muß mit Selbstverantwortung anfangen. Steckt ihr fest, weil ihr die Eltern und das Leben verantwortlich macht, beraubt ihr euch des vitalen Zentrums alles Guten in euch. Nur wenn ihr danach trachtet, eure eigene Einstellung zu ändern, und entdeckt, daß euer Leiden durch eure *heutige* Haltung bewirkt ist, könnt ihr schließlich Sicherheit finden, die Sicherheit, die ihr einst in der Zuwendung anderer gesucht habt. Die Angst wird genau in dem Maße verschwinden, wie ihr in euch selbst nach der Ursache für euer gegenwärtiges Leid sucht. Und dieses Leid ist die *Leugnung des ursprünglichen Schmerzes* mit den daraus folgenden negativen und destruktiven Gefühls- und Denkmustern.

Sobald Menschen echte Selbstverantwortung übernehmen, werden sie allmählich aufhören, die guten Gefühle von außen zu erwarten. Dann sind sie weniger abhängig davon, gelobt und geliebt zu werden, da sie sich selbst die Achtung geben können, die sie nicht für sich empfinden konnten, solange sie das fordernde, grollende Kind waren. Das ist ein weiterer Schritt zur Gründung im wahren Selbst. Die Fähigkeit, einen starken Strom guter, warmer Gefühle zu haben, steigert sich und nährt den Wunsch, sie zu teilen, statt sie trotzig zurückzuhalten. Die Fähigkeit, im Körper und in der Seele Lust zu verspüren und sie auch anderen zu schenken, wird eine echte Alternative zum gierigen Beharren auf dem Nehmen und Empfangen. All diese wachsenden Fähigkeiten werden die Leere füllen, die durch die unbefriedigten Bedürfnisse des Kindes entstanden.

Wie man den Schmerz unbefriedigter berechtigter Bedürfnisse auflöst

Je länger der Schmerz der berechtigten unbefriedigten Bedürfnisse unempfunden oder nur halb erfahren bleibt, desto mehr werden falsche Bedürfnisse die Persönlichkeit anfüllen, die dann notwendigerweise Forderungen an andere stellt. Werden die Forderungen dann nicht befriedigt, steigert der Unmut – oft auch der Haß, mit dem man Argumente gegen das Leben und gegen andere aufbaut – das Gespür für die eigenen Entbehrungen, so daß ein dauerhafter Teufelskreis die Person in einem Zustand der Hoffnungslosigkeit einzufangen scheint. Es ist nicht schwer, einen Vorfall zu rationalisieren und Vorwürfe gegen andere daraus abzuleiten. Man findet immer wirkliche, eingebildete, übertriebene oder verzerrte Gründe, die die Last der Verantwortung nach außen schieben. Da all das hintergründig und verborgen ist, braucht es besonders aufmerksame Selbstbeobachtung und Ehrlichkeit, um diesen Vorgang zu erkennen. Nur wer imstande ist, seine irrationalen Forderungen zuzugeben und zu sehen, wie er die, denen er die Schuld zuschreibt, bestrafen will, kann wirklich die Verbindungen verstehen, von denen ich spreche.

Welches sind die echten Bedürfnisse eines Erwachsenen? Es sind Selbstausdruck, Wachstum, Entwicklung, das Erreichen des eigenen spirituellen Potentials und alles, was daraus erwächst: Lust, Liebe, Befriedigung, gute Beziehungen und ein sinnvoller Beitrag zum großen Plan, in dem jeder seine Aufgabe hat. Hat ein gewisses Wachstum stattgefunden, werdet ihr die Aufgabe allmählich stärker empfinden und innerlich erfahren, bis sie Realität wird. Es ist ein echtes Bedürfnis, das eigene innere Wachstum wahrzunehmen; wenn es fehlt, seid ihr unglücklich. Dann müßt ihr fortfahren, die Behinderungen in eurer Seele zu suchen und zu entfernen. Sie sind auf die eine oder andere Weise immer mit einer Verfestigung von Bedürfnissen verknüpft, die einst echt waren und nun zu falschen Bedürfnissen wurden.

Die Überwindung des Widerstandes, falsche Bedürfnisse offenzulegen

Die Verfestigung falscher Bedürfnisse erzeugt eine große Zahl destruktiver Umstände in der Seele des Menschen. Da diese Bedürfnisse nie befriedigt werden können, vernichten fortdauernde Enttäuschung und Leere die Hoffnung, verdunkeln die Sicht und bewirken Groll, Haß, Vorwürfe und oft Bosheit. Gehässiger, passiver Widerstand und Selbstbestrafung werden benutzt, um andere zu bestrafen, die den negativen Zustand scheinbar verursacht haben. Je mißlicher diese inneren Züge sind, desto größer sind Schuldgefühl und Selbstflucht, und dies macht es unmöglich, zu den Wurzeln des Problems vorzustoßen und Richtung und Zielsetzung zu ändern. Nur wenn der Widerstand gegen die Wahrnehmung der falschen Bedürfnisse nachdrücklich überwunden ist, kann all das rückläufig gemacht werden.

Echte Bedürfnisse fordern niemals, daß andere sich fügen, euren Wünschen nachkommen und »euch etwas geben«. Nur dem kleinen Selbst scheint dies nötig. Das echte Bedürfnis nach Liebe, Gemeinschaft und Teilen kann sich erst erfüllen, wenn die Seele bereit ist, zu lieben und zu geben, und dies sollte nie mit dem *neurotischen* Bedürfnis, geliebt zu werden, verwechselt werden. Doch gerade diese Verwechslung kommt sehr häufig vor. Solange ihr glaubt, zur Liebe wirklich bereit zu sein, nur behandle euch das Schicksal unfair und versage euch den Menschen, der euch liebt und den ihr lieben könnt, seid ihr noch immer leidenschaftlich in den Versuch verstrickt, euer Kindheitsbedürfnis mit einem Ersatzelternteil zu befriedigen. Sobald ihr wahrhaft bereit seid, die alten Forderungen aufzugeben, anfangt, im Jetzt zu leben, und in euch schaut, wird euch echte Liebe begegnen, und euer jetziges echtes Bedürfnis wird sich erfüllen.

Berechtigte Bedürfnisse können nur in dem Maße befriedigt werden, wie ihr eure ursprünglichen Gefühle und die aus der Vergangenheit stammenden Restgefühle erfahrt. Das bedeutet, daß ihr die falschen Bedürfnisse, die aus der Leugnung des Schmerzes über die ursprüngliche Unerfülltheit erwachsen, entdeckt und aufgebt. Laßt euch in den Kindheitszustand zurückfallen und erlaubt dem irrationalen Kind in euch, sich auszudrücken.

Wenn ihr dieser irrationalen Seite Ausdruck verleiht, werdet ihr unfehlbar finden, daß sie sagt: »Ich muß immer geliebt und von jedem bestätigt werden. Wenn das nicht so ist, ist es eine Katastrophe.« Das Selbst redet sich dies ein, und die Überzeugung wird zum Mittel, andere zur Willlfährigkeit zu zwingen.

Die Nichterfüllung dieser unersättlichen Forderungen nach totaler, bedingungsloser Befriedigung des Eigensinns und Stolzes wird tatsächlich als katastrophale Tatsache erscheinen. Selbst wenn euer Wesen in verschiedener Hinsicht reif ist, haltet nach diesen verborgenen Reaktionen in euch Ausschau, wenn ihr euch in eurer Umgebung durchweg ängstlich und unbehaglich fühlt.

Allein all dies klar zu durchdenken wird euch schon unmöglich machen, so recht an die Katastrophe zu glauben. Also ist es nötig, die Auffassungen, genauer die falschen Auffassungen, zu entdecken, die hinter eurer starken Reaktion auf eine Versagung, einen Schmerz, eine Kritik oder Enttäuschung stecken. Dann ist es möglich, *das unechte Bedürfnis zu erkennen*, wie auch die Besessenheit, mit der es verfestigt, weiter verfolgt und gerechtfertigt wird. *Unechte Bedürfnisse sind Forderungen, die an andere gestellt werden.* Unechte Bedürfnisse können nie befriedigt werden.

Das dualistische Mißverständnis, daß ihr entweder selbständig und deshalb allein sein müßt oder in einer befriedigenden Beziehung vom anderen völlig abhängig seid, hindert euch oft daran, Selbstverantwortung auch nur zu wollen. Es scheint, daß dies die Aufgabe aller Hoffnung auf einen Liebespartner erfordere. Genau das Gegenteil ist wahr. Nur wenn ihr eure Gefühle zu euch zurückbringt, eure inneren Quellen erschließt und den Brunnen eurer gebenden und liebenden Gefühle öffnet, wird Befriedigung zur unvermeidbaren Wirklichkeit. Umgekehrt müßt ihr jetzt in dem Maße allein und voll unerfüllter echter Bedürfnisse sein, wie ihr daran festhaltet und darauf besteht, daß der andere eure Bedürfnisse erfüllt – und so müssen die alten Wunden eurer Kindheit fortbestehen. Euer gegenwärtiger Zustand kann daher als Maßstab genutzt werden, der zuverlässiger ist als jeder andere.

Bekennt sich das spirituelle Selbst zu dem echten Bedürfnis, die Blockaden gegen Bewußtheit, Selbsterfüllung, Intimität und Nähe zu anderen zu beseitigen, und gibt es dem Ausdruck, indem es die falschen Bedürfnisse ablegt, erwacht eine wundervolle Kraft. Dies ist das große, bedeutsame Ziel, und alles andere folgt daraus. Die dringende Bitte darum wird nie umsonst gestellt. Selbst wenn ihr euch jetzt noch zu schwach fühlt, den nötigen totalen inneren Einsatz zu erbringen, könnt ihr um Hilfe bitten. Sie wird kommen.

Das jetzige Leid ist die Folge falscher Bedürfnisse

Wenn ihr seht, wie ihr die langvergessenen Verletzungen der Vergangenheit, die noch immer in euch eitern, vermeidet, entdeckt ihr auch, wie ihr in Vorwürfen steckengeblieben seid. Sosehr eure Eltern auch versagten – sie sind ja auch Menschen mit Fehlern und Schwächen –, können sie doch nicht für euer heutiges Leid verantwortlich gemacht werden. Um wieviel weniger können es dann andere, von denen ihr die Fähigkeit erwartet, all die erlittenen Verletzungen wiedergutzumachen. Euer heutiges Leid ist das Ergebnis ebendieser Fehleinstellung, falschen Bedürfnissen zu folgen und auf ihrer Erfüllung zu bestehen. Der Mechanismus scheint zunächst äußerst subtil, aber sobald ihr euch in seiner Beobachtung geübt habt, wird er nur allzu offensichtlich. Solange ihr Unbewußtheit wählt, könnt ihr eure Einstellung sehr geschickt rational erklären, aber das wird euren Zustand nur schlimmer, nicht besser machen. Es kann durchaus sein, daß ihr andere darüber, wie berechtigt eure Vorwürfe sind, täuscht, sogar euer äußeres bewußtes Selbst täuscht, aber ihr werdet nie euer echtes inneres Selbst oder das Leben täuschen können. Das spielt seine Gesetze und Regeln ehrlich, fair und unvoreingenommen. Es wartet, bis ihr in Wahrheit herausfindet, wo eure unerkannten, berechtigten Bedürfnisse als Kind Furcht und Schmerz erzeugten, die ihr nicht bereit und willens wart, voll zu erfahren. Dieser Krug muß geleert werden. Eure mangelnde Bereitschaft dazu erzeugte wiederum falsche Bedürfnisse, deren Natur und Bedeutung ihr auch verstecktet. Erst wenn das alles offenliegt, könnt ihr damit umgehen.

Die Verfolgung falscher Bedürfnisse verursacht unerträglichen Schmerz. Er ist ein gespannter, verschlossener und bitterer Schmerz mit dem Zusatz von Hoffnungslosigkeit, ganz anders als der Schmerz einer echter Unerfülltheit, einer Verletzung, eines schmerzhaften Verlustes. In dem Augenblick, wo diese Schwierigkeiten nicht mehr in unechte Bedürfnisse umgelenkt werden, kann der Schmerz aufgelöst werden und sich in den ursprünglichen, fließenden, lebensspendenden Energiefluß zurückverwandeln. *Harter Schmerz ist eine Folge des Kämpfens gegen das, was ist. Sanfter Schmerz ist eine Folge des Annehmens.*

Loslassen der Forderung nach Erfüllung unechter Bedürfnisse

Wenn ihr eure unersättlichen Forderungen und unechten Bedürfnisse eines nach dem anderen ausdrücklich loslaßt, werdet ihr herausfinden, daß sie in der Tat illusorisch sind. Ihr seid zum Beispiel von der Voraussetzung ausgegangen, ihr könntet ohne völlige Anerkennung, bedingungslose Zuwendung und Liebe, unkritische Bewunderung oder was auch immer nicht leben. Wenn ihr die Möglichkeit in Betracht zieht, ihr könntet Befriedigung, Zufriedenheit, Lust und Glück gewinnen, ohne daß diese Forderungen erfüllt werden – zunächst eine ungewöhnliche Vorstellung –, wird euch die Erfahrung überraschen, daß das sehr wohl möglich ist. Neue Wege werden sich euch zeigen, Möglichkeiten, die ihr zuvor nicht einmal ahnen konntet, weil ihr auf dem einen Weg, der es sein mußte, festgefahren wart.

Wo es in eurem Leben Hindernisse, Unerfülltheit oder eine harte Mauer gibt, haltet nach einem unechten Bedürfnis Ausschau. Findet euer eigenes Beharren, das sagt: »So muß es gehen und nicht anders. Das Leben muß es mir geben, ich muß es haben.« Wenn ihr diese Stimme findet und ausdrückt und ihren Trugschluß erkennt, wird sich sofort etwas in euch lösen. Die bloße Tatsache, daß ihr den Wert der unechten Bedürfnisse hinterfragt, die ihr bisher selbstverständlich als real angenommen habt, wird eure schöpferischen Energien freisetzen. Aus eurem innersten Wesen, *vom Zentrum eures Solarplexus her, wird euch die Stimme der Weisheit leiten.*

Die Energien, die freigesetzt werden, indem ihr den hier beschriebenen Prozeß durchlauft, sind nicht bloß körperliche Energien, die Wohlbefinden, fließende Kraft und Lust mit sich bringen. Sie setzen auch die Stimme der Wahrheit und Weisheit frei, die euer eigenes, inneres spirituelles Selbst ist.

Wenn ihr tief in eure innersten Gefühle geht, meine Freunde, besteht keine Gefahr, euch in unerträglichem Schmerz zu verlieren. Denn ganz gleich, wie schwer eure Kindheit war, wie viele negative Erfahrungen ihr gemacht habt und wie grausam der eine oder der andere Elternteil gewesen sein mag, es ist nicht die wahre Ursache für euren Schmerz. Die Ursache ist eure Hartnäckigkeit und Beharrlichkeit, an Bedürfnissen festzuhalten, die heute falsch sind, zu fordern, daß die Umstände anders sind, als sie sind, und daß das Leben heute alles wiedergutmacht und euch unentgeltlich nur gibt, euch den Empfangenden sein läßt und aus dem großartigen Spiel des Lebens heraushält. Das ist es, was euch heute wirklich verletzt und schmerzt. Ihr müßt bei euch selbst anfangen, in allen entscheidenden Momenten. Wenn ihr auf diese Weise vorangeht, werdet ihr den positiven Gefühlen erlauben können, eine genauso tiefe und echte Erfahrung zu werden, wie die negativen und schmerzhaften es waren.

Mögt ihr alle, jeder von euch, in der heutigen Lesung etwas finden, das euch ein wenig mehr Licht und Hilfe für eure Arbeit liefert, ein bißchen mehr Anreiz, Hoffnung, Stärke und inneren Stolz, um euch so aus eurer eigenen Sklaverei zu befreien, um euch heil statt gespalten zu machen. Meine allerliebsten Freunde, geht alle in Frieden weiter diese herrliche Straße der Selbstverwirklichung und Freiheit. Seid gesegnet, seid in Gott!

10 Die Behinderung der unendlichen Erfahrungsmöglichkeiten durch emotionale Abhängigkeit

(Lesung Nr. 157)

Es ist ein universelles Gesetz, daß nichts Existenz annehmen kann, was nicht zuvor in der Vorstellung ist. Von diesem metaphysischen Konzept führt uns der GUIDE *geradewegs in unser kindliches Selbst, das uns durch seine fortgesetzte Abhängigkeit von der Bestätigung anderer in engen Begrenzungen festhält. Glück und Erfüllung sind unser Geburtsrecht. Doch wie können wir dies Wirklichkeit werden lassen? Diese Lesung ist im wahrsten Sinne des Wortes eine, die den Geist erweitert.*

Gott zum Gruß, meine liebsten Freunde. Ich will euch erneut helfen, von dort, wo ihr vielleicht steckengeblieben seid, weiterzugehen.

Alle großen spirituellen Lehren sagen, die Möglichkeiten der Schöpfung seien unendlich, und das menschliche Potential, die unendlichen Möglichkeiten des Glücks zu verwirklichen, existiere tief im Wesen des einzelnen. Das ist euch fast allen bekannt. Manche mögen diese Worte glauben, zumindest im Prinzip, manche sich weigern, sie auch nur theoretisch anzunehmen. Versuchen wir nun, einige Schwierigkeiten im Verständnis dieser Prinzipien zu überwinden.

In der Welt existiert alles im Zustand der Möglichkeit

Zuerst muß man verstehen, daß niemand etwas Neues erschaffen kann. Es ist auch nicht möglich, daß etwas Neues entsteht. Doch es ist möglich, daß der Mensch das, was schon besteht, manifest werden läßt. Es ist eine Tatsache, daß alles, absolut alles schon auf anderer Bewußtseinsebene existiert. Das Wort »alles« kann den Umfang dieser Vorstellung nicht vermitteln. Spricht man über die Unendlichkeit Gottes oder die Unendlichkeit der Schöpfung, ist das Teil der Bedeutung. Es gibt keinen Zustand, keine Erfahrung, keine Situation, keine Vorstellung, kein Gefühl, kein Objekt, das nicht schon vorhanden ist. Alles in der Welt besteht in einem Zustand der Möglichkeit, der bereits das Endergebnis mit einschließt. Ich weiß, daß diese Vorstellung für den Menschen nicht leicht zu erfassen ist, denn sie ist dem Denken, dem Sein und der Erfahrung auf der durchschnittlichen Ebene eures Bewußtseins so entgegengesetzt. Aber je tiefer ihr über dieses Thema nachdenkt, desto leichter wird es euch fallen, diese Idee wahrzunehmen, zu spüren und zu begreifen. Das Erkennen und Verstehen dieses Schöpfungsprinzips – alles ist schon existent, und Menschen können die bestehenden Möglichkeiten Wirklichkeit werden lassen – ist eine der notwendigen Voraussetzungen, um die Fülle des unendlichen Potentials des Lebens zu erfahren.

Ehe ihr eurem Leben völlig neue Entfaltungsmöglichkeiten und Erfahrungsbereiche erschließen könnt, müßt ihr lernen, die Schöpfungsgesetze auf die Problemgebiete eures Lebens, in denen ihr euch gestört, eingeschränkt, behindert oder gefangen fühlt, anzuwenden. Gesunde Entfaltung des wahren Selbst folgt der Schöpfung einer gesunden Persönlichkeit. Das geschieht, sobald ihr erfahrt und begreift, daß die Schöpfungsgesetze nur dann wirksam werden, wenn ihr sie zuerst auf die gestörten Persönlichkeitsbereiche anwendet.

Welche Möglichkeit ihr euch auch vorstellt, ihr könnt sie verwirklichen. Nehmt an, ihr steckt in einem Konflikt, aus dem ihr keinen Ausweg seht. Solange ihr euch keinen vorstellen könnt, ist die Lösung nicht zu verwirklichen, auch wenn sie schon vorhanden ist. Sind eure Vorstellungen über den Ausweg verschwommen oder unrealistisch, werden es auch die vorübergehenden Lösungen sein, die euch als die einzigen Möglichkeiten vorkommen. Das gilt auch für euer Leben insgesamt. Wenn ihr wahrhaft begreift, daß es für jede Situation eine unendliche Zahl von Möglichkeiten gibt, könnt ihr Lösungen finden, die euch bisher unmöglich waren.

Es ist euer Vorrecht als Menschen, von diesen Schöpfungsgesetzen Gebrauch zu machen und eure Arme auszustrecken, so daß die unendlichen Möglichkeiten sich entfalten können und euch befähigen, an der Fülle des Lebens teilzuhaben. Wirkt euer Leben begrenzt, dann nur, weil ihr überzeugt seid, es müsse so sein. Ihr könnt euch nicht mehr vorstellen, als ihr bis jetzt erfahren habt und jetzt erfahrt. Genau das ist das erste Hindernis. Um eure Möglichkeiten, glücklich zu sein, auszuweiten, ist es notwendig zu begreifen, daß *nichts Gestalt annehmen kann, was ihr euch nicht zuvor vorgestellt habt*. Meditiert über diesen Satz; sein Verständnis wird euch neue Türen öffnen. Ihr solltet auch verstehen, daß es ein großer Unterschied ist, ob man weitere Möglichkeiten zur Expansion und zum Glück wahrnimmt oder sich Tagträumen hingibt. Wehmütige, resignierte Tagträume, die als Ersatz für eine freudlose Realität zur Fantasie greifen, sind hier nicht gemeint, im Gegenteil, sie behindern das volle Begreifen der Lebensmöglichkeiten. Ihr braucht eine lebhafte, aktive, dynamische Vorstellung von dem, was in der Wirklichkeit möglich ist. Wenn ihr wißt, daß das, was ihr ins Leben rufen wollt, im Prinzip schon besteht, habt ihr den ersten Schritt zu seiner Verwirklichung gemacht.

Die Motivation der Vermeidung schließt neue Einblicke aus

Ich lade jeden von euch ein, zu betrachten, welche Möglichkeiten ihr für euer Leben seht. Wenn ihr euch sorgfältig prüft, werdet ihr merken, daß ihr an negative Möglichkeiten denkt, vor denen ihr natürlich Angst habt. Ihr sucht sie zu meiden und euch gegen sie zu schützen. Legt ihr das Gewicht eurer psychischen Energien auf den Schutz vor möglichen negativen Erfahrungen, ist euer innerer Beweggrund negativ.

Negative Motivation deutet nicht zwangsläufig auf zerstörerische Absicht. Was das betrifft, kann auch in diesem Zusammenhang eine positive Motivation höchst zerstörerische Absichten oder Ziele haben. Die Meidung einer gefürchteten Möglichkeit beinhaltet negative Motivation. Wenn ihr eure Verstandes- und Gefühlsprozesse genau prüft, werdet ihr feststellen, daß ihr zu einem beträchtlichen Maße negativ motiviert seid. Dies ist eine der ersten Behinderungen, die euch in ein eingebildetes, unnötiges Gefängnis einschließen. Natürlich gilt das für alle Persönlichkeitsebenen. Im mentalen Bereich könnt ihr nicht wirklich die unendlichen Perspektiven der Erfahrung, Ausweitung, der Anregungen, der herrlichen und trefflichen Möglichkeiten ins Auge fassen, die in diesem Leben zu verwirklichen ihr ein Vorrecht habt. Im emotionalen Bereich laßt ihr nicht den spontanen, natürlichen Gefühlsfluß zu und haltet euch furchtsam, ängstlich und mißtrauisch zurück. Im physischen Bereich erlaubt ihr eurem Körper nicht die Erfahrung der Lust, die ihm bestimmt ist. All das sind Einschränkungen, die ihr euch künstlich und unnötig aufbürdet.

Weitverbreitete falsche Auffassungen

Die nächsten Behinderungen zur Entfaltung eures Lebens, zur Erschaffung des besten aller möglichen Leben, ist die folgende Gruppe von weitverbreiteten falschen Auffassungen: »Wirklich glücklich zu sein ist unmöglich! Das menschliche Leben ist sehr begrenzt. Glück, Lust und Ekstase sind frivole, selbstsüchtige Ziele, die wirklich spirituelle Menschen um ihrer eigenen spirituellen Entwicklung willen aufgeben müssen. Opfer und Entsagung sind die Schlüssel zur spirituellen Entwicklung.«

Diese tiefverwurzelten Mißverständnisse, die oft mehr unbewußt als bewußt sind, brauchen wir nicht weiter auszuführen. Ihr müßt aber entdecken, wie ihr hintergründig an derartig allgemeinen Gedanken festhaltet, ganz gleich was ihr bewußt glaubt. Ihr könnt diese subtilen Reaktionen entdecken, indem ihr euer Widerstreben beobachtet, Schritte zu tun, eine vollkommen harmlose, normale Befriedigung eines echten Bedürfnisses oder wirklich konstruktiven Zieles zu erreichen. Es ist, als ob euch etwas zurückhielte, und dies lähmt eure Bemühungen. Gibt es für dieses Widerstreben auch häufig etliche andere Gründe – einige davon werden wir in Kürze erörtern –, stimmt es doch oft, daß ihr einfach eine negative Vorstellung akzeptiert habt, die wirklich keinen Sinn hat und keinen guten Zweck erfüllt.

Die Furcht vor Glück, Lust oder weiterer Ausdehnung der Lebenserfahrungen gründet sich auf die Unwissenheit, daß es solche Befriedigung gibt, daß ihr alle Kräfte besitzt, alle Fertigkeiten und Quellen, das, was ihr euch wünscht, zu schaffen und zuwege zu bringen. Furcht vor Glück beruht auch auf Mißverständnissen wie »Lust ist falsch« oder »der Wunsch nach persönlicher Erfüllung ist selbstsüchtig.« Des weiteren ist da die Furcht, vernichtet und aufgelöst zu werden, solltet ihr je dem Fluß der universellen Kräfte vertrauen und mit ihnen strömen. Solches Vertrauen benötigt das Loslassen des Ich-Willens und der Ich-Kräfte und dann die Hingabe an die segensreichen Kräfte eures inneren Wesens.

Manöver, um Schwäche und Abhängigkeit zu verstecken

Jeder Mensch ist irgendwo ängstlich und schwach. Da dieser Teil der Persönlichkeit für gewöhnlich starke Scham auslöst, wird er oft sogar vor dem bewußten Verstand geheimgehalten. Ihr denkt euch die unterschiedlichsten Manöver aus, die Schwäche und Abhängigkeit zu verbergen, die euch zutiefst hilflos macht, unfähig, euch zu behaupten, sogar unfähig, eure Wahrheit und Integrität zu schützen. Handelt es sich um diesen Bereich der Seele, seht ihr euch ständig gezwungen, euch zu verkaufen und zu verraten, um euch gegen Mißbilligung, Kritik und Ablehnung zu schützen. Das Bedürfnis, akzeptiert zu werden, ist normalerweise weniger beschämend als die Mittel, auf die die Persönlichkeit zurückgreift, um andere zu beschwichtigen und zu versöhnen. Die Formen, in denen ihr euch verteidigt, sind psychologisch so grundlegend, daß ihr mit der Läuterungsarbeit nicht viel weiter kommt, es sei denn, ihr sucht zu erkennen, wie sie in eurem Leben funktionieren. Alle Abwehrmechanismen, die ihr bei euch entdeckt und vielleicht sogar im Begriff seid zu beseitigen, sind entweder Maßnahmen, um die euch lebenswichtig erscheinende Anerkennung durch andere zu erreichen, oder Maßnahmen, um eure beschämende Unterwürfigkeit zu verbergen, oft mit einer scheinbar gegensätzlichen Haltung von Gleichgültigkeit und Feindseligkeit oder zwanghafter, blinder Rebellion und übermäßiger Aggressivität.

Das abhängige Kind in euch will noch immer Bestätigung

Wenige Dinge verursachen dem Menschen soviel Schmerz und Scham wie diese innere, ängstliche, schwache Stelle, wo ihr euch machtlos fühlt und veranlaßt seht, euch zu verkaufen. Wie ihr schon wißt, meine Freunde, *ist dieser Bereich eurer Persönlichkeit kindlich geblieben*. Das Kind hat noch nicht erfahren, daß die Gesamtheit der Persönlichkeit erwachsen und nicht mehr hilflos und abhängig ist. Säuglinge und kleine Kinder sind wirklich hilflos und von den

Eltern abhängig. Aber im kindlichen Bereich eures Wesens wißt ihr nicht oder wollt nicht wissen, daß das nicht mehr stimmt.

Das kleine Kind ist in allen Lebensbelangen abhängig von den Eltern: Obdach, Essen, Zuneigung, Schutz und nicht zuletzt die so nötige Versorgung mit Lust. Ohne Lust kann der Mensch nicht leben. Die Leugnung dieser Wahrheit ist einer der schädlichsten Irrtümer. Ohne Lust welken Körper, Seele, Verstand und Geist. Als Erwachsener seid ihr fähig, durch eure eigenen Anstrengungen und Mittel Obdach, Nahrung, Zuneigung und Sicherheit zu finden. Also könnt ihr das auch mit der Lust. In all diesen Bereichen müßt ihr Kontakt, Kooperation und Kommunikation mit anderen haben. Ihr könnt euch ohne Zusammenwirkung mit anderen mit keiner dieser Notwendigkeiten versorgen. Doch diese Interaktion ist völlig anders als die passive Abhängigkeit und Schwäche eines Kleinkindes. Der durch und durch erwachsene Mensch setzt seine besten Kräfte – Intelligenz, Intuition, Talent, Beobachtungsgabe und Flexibilität – ein, um mit anderen im Geben und Nehmen auszukommen. Der Sinn des Erwachsenen für Fairneß macht euch schmiegsam genug, um nachzugeben. Und euer Selbstgefühl gibt euch genug Selbstsicherheit, um nicht getreten und mißbraucht zu werden. Dieses oft feine Gleichgewicht zwischen den kommunikativen Kräften läßt sich nicht erlernen. Es kann nur mit persönlichem Wachstum kommen.

Kinder sind zu diesem Gleichgewicht unfähig. Sie sind starr und einseitig in ihrem Beharren auf das Empfangen, denn das ist ihr Bedürfnis. Das gleiche gilt für die Lust. Kinder brauchen die Erlaubnis der Eltern, um die Quelle aller Lust tief in sich aufzubauen und zu nutzen. Mit dieser Erlaubnis wird das Kind die Stärke und Sicherheit entwickeln, sinnvollen Kontakt herzustellen. Wenn ihr jetzt die Erlaubnis eines anderen Menschen braucht, um Lust zu erfahren, befindet ihr euch noch in der Position des Kindes oder Säuglings. Ich wiederhole, das heißt niemals, man könne ohne andere auskommen, aber für den Erwachsenen verteilen sich die Gewichte anders. Reife Erwachsene finden in sich einen unerschöpflichen Quell wunderbarer Gefühle. Sind diese Gefühle aktiviert, kann es Unsicherheit und Schwäche nicht geben.

Kommt ein Teil eurer Entwicklung zum Stillstand, wartet ihr darauf, daß ein anderer Mensch, ein Elternersatz, es euch ermöglicht, die tiefe Quelle eures Gefühlsreichtums zu erschließen. Ihr wißt um diese lustvollen Gefühle und sehnt euch nach ihnen, aber wißt nicht, daß ihr kein Kind mehr seid, nicht mehr davon abhängt, ob andere euch erlauben, sie zu aktivieren und auszudrücken. So geratet ihr in einen Teufelskreis, und das ist die menschliche Tragödie. Immer wenn ein Mißverständnis für die Wahrheit gehalten wird, entsteht sofort ein Teufelskreis, der die Kräfte der Lust – ein gut Teil eurer verfügbaren Energie – lähmt. So wird euer Leben stumpf und farblos.

Die intensive Lust am Dasein, am Energiefluß eures Körpers, eurer Seele und eures Geistes zu leugnen heißt, das Leben zu verleugnen. Geschieht dies, erlebt die Seele des Kindes durch den wiederkehrenden Mangel an Lust und das ebenfalls immer wiederkehrende Auftreten unerfüllter Sehnsucht einen Schock, der das Wachstum in diesem Bereich behindert, so daß die ganze Persönlichkeit einseitig wächst. Euer erwachsenes Wachbewußtsein nimmt nicht zur Kenntnis, daß in euch noch ein weinendes, forderndes, ärgerliches, hilfloses Kind existiert. Ihr wißt nicht, daß ihr frei seid, euch auf die Lust, die Erfüllung, die Verwirklichung eurer eigenen Kräfte zuzubewegen, um zu erlangen, was ihr wollt und braucht. Das ist eine der grundlegendsten Spaltungen in der menschlichen Persönlichkeit.

Teufelskreis und Zwangsstrom

Schauen wir uns nun den versteckten Winkel der Seele, in dem ihr alle Kinder geblieben seid, etwas näher an. Inwiefern nimmt euer Bewußtsein diese Tatsache nicht zur Kenntnis; und inwiefern nimmt das Kind die Rechte und Kräfte eures Erwachsenenstatus nicht zur Kennntnis? Der Teufelskreis, den ich eben erwähnte, besteht im folgenden: Wenn ihr nicht wißt, daß im Universum alles schon vorhanden ist und ihr manifestieren könnt, was ihr im Leben braucht, fühlt ihr euch mit allen euren Wünschen und Bedürfnissen von einer äußeren Macht oder Autorität abhängig. Da ihr so die Tatsachen entstellt, erwartet ihr die Erfüllung durch die falsche Quelle. Das Warten erhält euer Bedürfnis in einem fortwährenden Zustand der Unerfülltheit. *Je unerfüllter es ist, desto dringender wird es. Und je dringender es ist, desto größer wird eure Abhängigkeit*, eure Hoffnung, um so heftiger werden eure Versuche, jenem zu gefallen, von dem ihr die Befriedigung des Bedürfnisses erwartet. Je mehr ihr es versucht, desto verzeifelter wird euer Bedürfnis, desto weniger Befriedigung erfährt es, eben weil eure Versuche unrealistisch sind. Bewußt wißt ihr nichts davon, ihr wißt nicht, welche Kräfte euch treiben, kennt noch nicht einmal die Richtung, in die sie euch treiben. Ihr werdet immer verzweifelter, weil ihr in der Not, das

Bedürfnis befriedigt zu haben, euch selbst, eure Wahrheit und das Beste in euch verratet. Euer enttäuschtes Bestreben und euer Selbstverrat erzeugen einen *Zwangsstrom*, eine innere Strömung des Erzwingens.

Diese Strömung kann sich auf recht subtile Weise zeigen und muß keineswegs offen zutage liegen, doch sie zwängt auch eure Gefühle ein. Es ist unvermeidlich, daß dies andere beeinflußt und gesetzmäßige, angemessene Folgen hat. *Jeder Zwangsstrom veranlaßt andere zwangsläufig, sich zu widersetzen und zurückzuziehen*, selbst wenn das, wozu sie gezwungen werden, zu ihrem eigenen Wohl und Besten ist. So setzt sich der Teufelskreis fort. Die anhaltende Frustration, die, wie ihr glaubt, der andere mit seiner kleinlichen Weigerung, zu kooperieren und zu geben, verursacht, füllt eure Seele mit Zorn, Wut, vielleicht sogar Rachsucht und grausamen Impulsen der verschiedensten Art. Die aufkommenden Schuldgefühle wiederum schwächen das Individuum noch mehr. Daraus schließt ihr, daß ihr eure zerstörerischen Gefühle verbergen müßt, damit ihr euch den anderen, den ihr als Lebensquell betrachtet, nicht zum Feind macht. Das Netz der Verwirrung wird immer enger. Der Mensch ist völlig gefangen in der Falle der falschen Auffassungen, der Entstellungen und Illusionen, mit all den zerstörerischen Gefühlen, die ihnen folgen. Ihr befindet euch in der absurden Lage, euch nach der Liebe und Anerkennung eines Menschen zu verzehren, dem gegenüber ihr Haß und Groll empfindet, weil er euch so lange unbefriedigt gelassen hat. Das einseitige Beharren darauf, von einem Menschen geliebt zu werden, dem ihr so viel übelnehmt und den ihr strafen möchtet, erhöht die Schuldgefühle, denn die allgegenwärtige Wachsamkeit des wahren Selbst vermittelt seine Reaktionen blitzschnell einem Verstand, der unfähig ist, diese Botschaften zu deuten und von denen des Kindes zu unterscheiden.

Auch schwächt die Tatsache, daß der andere euer Bedürfnis nicht erfüllt, eure Überzeugung, ein Recht auf die Lust, nach der ihr euch so sehr sehnt, zu haben. Ihr habt die vage Befürchtung, es könne falsch sein, diese Lust überhaupt zu wollen. Daher verlagert ihr das ursprüngliche, natürliche Bedürfnis und den Wunsch nach Lust mehr und mehr in andere Kanäle, wo sie sublimiert werden. Andere mehr oder weniger zwanghaften Bedürfnisse entwickeln sich. Währenddessen seid ihr hin und her gerissen zwischen dem Einfluß des tiefverborgenen echten Bedürfnisses und dem Zweifel, ein Recht auf seine Erfüllung zu haben. Je größer der Zweifel, desto abhängiger seid ihr von weiterer Bestätigung durch eine äußere Autorität – dem Elternersatz, der öffentlichen Meinung oder irgendwelcher Gruppen, die für euch die letzte Wahrheit repräsentieren. Je länger dieser Teufelkreis besteht, desto weniger Lust bleibt in der Seele, desto mehr steigt die Unlust. Solch ein Mensch verzweifelt immer mehr am Leben und bezweifelt, daß Erfüllung überhaupt möglich ist. Dann kommt der Punkt, wo er innerlich aufgibt.

Es gibt keinen Menschen, der nicht wenigstens bis zu einem gewissen Maße eine solche schwache Stelle hat. In diesem verschwiegenen Winkel fühlt ihr euch nicht nur hilflos und abhängig, sondern auch tief beschämt. Die Scham rührt aus den Methoden, die ihr anwendet, um denjenigen zu besänftigen, von dem ihr zur Zeit erwartet, daß er die Rolle der Autorität übernehme und euch garantiere, was ihr an Lust, Sicherheit und Selbstachtung braucht.

Der Zwangsstrom sagt »du mußt«, und ihr stellt an andere die Forderung, so zu sein, zu fühlen und zu handeln, wie ihr es braucht und ersehnt. Diese Forderungen müssen sich äußerlich gar nicht zeigen. Tatsächlich kann es euch oberflächlich völlig an Selbstbehauptung fehlen. Eure Unfähigkeit oder Schwierigkeit, euch auf gesunde Weise zu behaupten, ist die direkte Folge davon, die darunterliegende beschämende und bedrohliche Zwangsströmung verbergen zu müssen. Bedrohlich deswegen, weil ihr sehr wohl wißt, daß diese, zeigt sie sich offen, viel Kritik, Mißfallen und wahrscheinlich sogar offene Ablehnung hervorrufen wird.

Ich lade euch alle ein, diesen Bereich energisch ins Auge zu fassen. Jeder muß dies angehen, der wünscht, seine und seines Lebens beste Möglichkeiten zu verwirklichen und in sich die unendlichen Kräfte zu entdecken, die unendlich Gutes in eurem Leben schaffen.

Je stärker ihr insgeheim euer »du mußt« anderen aufdrückt, desto weniger nutzt ihr eure eigenen Kräfte. Die Folge sind Lähmung und Trägheit von Körper, Geist und Seele. Diese Trägheit hält euch davon ab, in euren Kern zu gelangen, der der Ort aller realistischen Versprechen und Möglichkeiten für jede Art Erfüllung und Freude ist. Ihr laßt es unabsichtlich zu, daß ihr euch an anderen festhaltet, und dies muß Haß entfachen. Im Gegensatz dazu macht euch die Entdeckung des Schatzes eures eigenen Kerns frei. Dann wird der Kontakt zu anderen zum genußreichen Luxus, der die Liebe in euch entzündet.

Die ständige Ausübung inneren, verdeckten Druckes auf andere im Glauben, von ihnen abhängig zu sein, mindert euren verfügbaren Energievorrat. Wird Energie auf natürliche, angemessene und sinnvolle Weise genutzt, erschöpft sie sich nie. Ihr wißt das, meine Freunde. Energie erschöpft sich nur, wenn sie falsch genutzt wird. Die Menschen haben unzählige Methoden, den Zwangsstrom einzuschalten. Sie umfassen Willfährigkeit in verschiedener Form, passiven Widerstand, Boshaftigkeit, Rückzug, Verweigerung der Zusammenarbeit, gewaltsame äußere Aggression, Einschüchterung, Überredung durch falsche Stärke und Übernahme einer Autoritätsrolle. Tief drinnen heißt all dies: »Du mußt mich lieben und mir alles geben, was ich brauche.« Je blinder ihr in diese Verhaltensweisen verstrickt seid, desto mehr schwächt ihr den Kern eures echten inneren Lebens und entfremdet euch von dem Ort, wo ihr alles findet, was ihr je brauchen und wünschen könnt.

Laß los – laß heraus

Um die *Seelenkräfte neu auf Gesundheit auszurichten* und ihre wahre Natur wiederherzustellen, muß folgendes geschehen: *Laßt den- oder diejenigen los*, von denen ihr die Lebenserfüllung erwartet und denen ihr aus ebendiesem Grund grollt. Erkennt, daß ihr ihnen Erwartungen auferlegt und Forderungen an sie stellt, die niemand außer euch selbst erfüllen kann. Alles, was ihr braucht und wonach ihr euch sehnt, auch die echte Liebe, kann nur kommen, wenn eure Seele angstfrei ist, und ihr wißt, daß die Gefühlsstärke, mit der ihr Liebe geben und empfangen könnt, in euch liegt. Denn solange ihr auf kindliche Weise und mit der Leugnung, erwachsen zu sein, an anderen Menschen festhaltet, versklavt ihr euch im wahrsten Sinne des Wortes. Je länger dies geschieht, desto weniger könnt ihr empfangen und geben, desto weniger können echte Gefühle und lebensvolle Erfahrung ihr Heim in euch finden.

Da *Angst und Ärger* den meisten Raum in eurer Psyche einnehmen, ist es nötig, diese negativen Gefühle herauszulassen, ohne daß sie jemandem schaden können, so wie ihr es in der Pfadarbeit lernt. Wie viele von euch sind noch verschlossen und gelähmt! Angst und Ärger auszudrücken ist das letzte, was ihr tun wollt. Selbst wenn ihr solche Empfindungen im Prinzip zugebt, bevorzugt ihr es noch immer, sie unbewußt auszuleben, statt sie direkt auszudrücken und die Verantwortung für sie zu übernehmen. Ihr beansprucht noch immer eine falsche Vollkommenheit – obwohl ihr nicht wirklich glaubt, daß es sie noch in euch gibt –, um euch andere geneigt zu machen. Auch hängt ihr an negativen Gefühlen, als wenn es ums Leben ginge, weil ihr positive fürchtet. Das ist noch ein weiterer Aspekt desselben Teufelskreises.

Je weniger ihr euch weder verantwortlich fühlt für die immer noch in euch vorhandenen negativen Gefühle noch für euer Recht und eure Fähigkeit, Glück zu erzeugen, desto mehr müßt ihr in Furcht leben. Folglich müßt ihr um so mehr etwas tun, diese Furcht zu beseitigen. So entsteht negative Motivation. Ihr führt ein behelfsmäßiges Leben der Vermeidung, statt ein sich ausweitendes, entfaltendes Leben zu schaffen, das mit positiver Erfahrung und Lust erfüllt ist. Ihr trachtet danach, die Gefahr, die im Ausdruck eurer negativen Gefühle liegt, zu vermeiden, weil sie vereiteln würden, daß ihr von anderen all das erhaltet, was ihr in der Tat aus euch selbst erhalten müßt. Eure Rettung erhofft ihr von anderen, von denen sie nie kommen kann.

Die Neuausrichtung aufs Leben muß – neben der grundsätzlichen Notwendigkeit, all diese negativen Aspekte zu erkennen – immer mit der Bereitschaft zum Loslassen beginnen. Das kann niemandem, der nicht präzise Kenntnis der Abhängigkeit selbst gewonnen hat, aufgezwungen werden. Aber sobald das der Fall ist, wird es möglich, das, woran man sich so sehr festgehalten hat, aufzugeben. Sollen statt der Teufelskreise gutartige Kreisläufe beginnen und sich durchsetzen, muß diese Lockerung eintreten, damit in der Gleichgewichtsstruktur der Seelenkräfte ein Wandel hervorgerufen werden kann.

Auch müßt ihr bereit sein, auf euer Rationalisieren zu verzichten, das euren Standpunkt berechtigt erscheinen läßt. Denn das Leben läßt sich einem selbst und anderen immer darstellen, als seien die eigenen Wünsche, Bedürfnisse und Forderungen nicht nur berechtigt, da nichts daran unbillig ist, sondern auch von Vorteil für andere. Das mag an und für sich sogar völlig richtig sein. Was ihr wollt, mag im Prinzip gut und rechtens sein. Aber sobald ihr einen versteckten, emotionalen Zwangsstrom gebraucht, sucht ihr die Befriedigung auf falsche Weise und gewährt dem anderen nicht die Freiheit, die ihr selbst wollt. Ihr räumt ihm nicht das Recht ein, frei zu wählen, wen er liebt und annimmt. Ihr enthaltet ihm das Recht vor, nicht abgelehnt und gehaßt zu werden, wenn er die Freiheit der Wahl in Anspruch nimmt. Ihr laßt ihm nicht einmal *das Recht, sich zu irren*, ohne gleich dafür gehaßt und abgewiesen zu werden. *Dies ist eine Freiheit, die ihr sehr für euch selbst wünscht*, und ihr nehmt es anderen sehr übel, wenn sie sie euch nicht einräumen. In solchen Fällen seid ihr nur deshalb nicht fähig, euch angemessen zu verteidigen, weil ihr auf bestimmten Gefühlsebenen diese selbe Freiheit anderen nicht gönnt. Schaut genau hin, und ihr werdet feststellen, daß dies wahr ist. Und dann wird euch euer Sinn für Fairneß und Objektivität dabei helfen aufzugeben, woran ihr so verzweifelt festhaltet, selbst wenn ihr emotional noch glaubt, euer Leben hinge davon ab, daß ihr den anderen dazu bringt, so zu fühlen und zu handeln, wie ihr es wollt.

Nehmt das Joch vom Nacken

Sobald ihr diese anfängliche Bedingung gelernt habt und die zahllosen, unvermeidbaren Rückfälle akzeptiert, die immer wieder neu erkannt werden müssen, werdet ihr einen großen Schritt zur Quelle eures inneren Wesens machen, wo ihr nicht in Schwäche und Angst oder Furcht und Ärger gefangen seid. Ihr alle reibt euch an dem Joch im Nacken, das euch in Abhängigkeit und Angst in einer Lage hält, in der ihr nicht die Kraft zur Selbstbehauptung finden könnt, in der ihr vollkommen gefangen und unfähig seid, einen Ausweg zu finden, weil jede Möglichkeit falsch scheint. Ihr wißt, keine der sichtbaren Möglichkeiten gibt euch dieses gute Selbstgefühl, diese geschmeidige Stärke und das Wohlbehagen, durch das selbst schwierige Schritte möglich werden, weil ihr wißt, daß sie für euch richtig sind. Die meisten von euch haben wenigstens hin und wieder den Zustand eines *tiefen inneren Wissens* erfahren, wo euer wahres Selbst frei wirkt. *Es ist unser Ziel, dieses wahre Selbst ganz ans Licht zu bringen.*

Um es freizusetzen, müßt ihr *den Bereich in eurem Leben finden, wo ihr am meisten gebunden und ängstlich seid.* Fragt euch, was ihr vom anderen wollt, wenn ihr so gebunden, ärgerlich, ängstlich, schwach und unfähig seid, ihr selbst zu sein. Erfahrt dieses Joch, das sich nur abwerfen läßt, wenn ihr aufhört, von anderen zu wollen, womit ihr euch selbst versorgen müßt. *Formuliert in klaren Worten*, was ihr von anderen braucht. Das bringt euch dem Loslassen näher. Ihr werdet dann wissen, daß es genau das zwanghafte Bedürfnis ist, mit dem ihr euch selbst versklavt, schwächt und lähmt. Wenn ihr es loslaßt, werdet ihr eine neue, geschmeidige Stärke in euch verspüren, die plötzlich scheinbar unlösbare Widersprüche aussöhnt. Ihr werdet in dem Maße frei, wie ihr freilaßt. Nur wenn ihr auf der Ichebene verlieren könnt, könnt ihr auf der Ebene des wahren Selbst gewinnen, wo die Kraft liegt, ein gutes Leben zu schaffen.

Umgekehrt macht eure Unfähigkeit, aufzugeben, fair zu sein und andere freizulassen, euer Beharren darauf, zu gewinnen und euren Willen durchzusetzen, und eure Weigerung, auf der Ich-Ebene zu verlieren, euch das Gewinnen da unmöglich, wo es zählt und ihr wahre Stärke finden würdet. Das war es, was Jesus Christus meinte, als er sagte, wer das Leben wolle, müsse bereit sein, es zu verlieren. In einer meiner ersten Lesungen sprach ich davon, als ich sagte: »Ihr müßt aufgeben, was ihr gewinnen wollt.«

Hier geht es um Bewußtseinsebenen. Ich hoffe, es ist klar: *Nicht Opfer oder Verzicht ist gefordert.* Gemeint ist, daß ihr nicht erlangen könnt, was ihr wollt und auch haben solltet, wenn ihr mit aller Anstrengung eine äußere Quelle unter Druck setzt. *Das Gewicht muß sich verlagern.* Beharrt ihr darauf, auf der falschen Ebene zu gewinnen, könnt ihr nicht wirklich gewinnen. *Könnt ihr aber auf der Ich-Ebene verlieren, werdet ihr gewinnen.* Ihr werdet unvermeidlich in euren Kern gelangen, wo jede vorstellbare Kraft existiert. In dem Maße, in dem ihr anderen das Daseinsrecht gewährt, ob es euch angenehm ist oder nicht, werdet ihr wahrlich eure eigenen Rechte finden.

Diese Rechte zu finden ist ein ständiger Wachstumsprozeß. Er zeigt sich zuerst darin, daß ihr aufhört, euch zu verkaufen oder kleiner zu machen. Gegen Mißbrauch werdet ihr echte, gute Abwehrmechanismen finden und euch dabei gut fühlen. Später entdeckt ihr euer ständig steigendes Recht auf Lust und Glücksgefühle. Ihr werdet feststellen, daß sich euch neue Perspektiven auf das, was euer Leben sein könnte, eröffnen, neue Möglichkeiten, die ihr nicht einmal zu erträumen wagtet. Ihr werdet euch plötzlich Lust gestatten und euch nicht mehr dagegen verkrampfen, wie ihr es jetzt noch unbeabsichtigt tut. Ihr werdet aufhören, die spontanen Prozesse zu unterminieren, und lernen, ihnen zu vertrauen. Das eröffnet euch Sicherheit und den Reichtum des Lebens, der in der Tat himmlisch ist. Mit dem Loslassen und Aufgeben des inneren Zwangsstromes werdet ihr die Schönheit freier, ungezwungener Beziehungen erfahren. In den alten Abhängigkeitsmustern zwingt ihr andere zu tun, was ihr wollt. So existieren wechselseitige Zwangsströme. Dies schwächt und erzeugt eine Unzahl negativer Gefühle, die euch den Kontakt zu eurem wahren Wesenskern und den guten Gefühlen verlieren lassen. Könnt ihr bereitwillig verlieren, werdet ihr einen inneren Schatz finden, eine neue Lebensweise, die ein völlig neues Wagnis ist, auf das ihr euch gerade einlaßt. Die Lebensbereiche, in denen ihr euch schwach und gefangen fühlt, werden zu bestehen aufhören.

Geht tief in euch und setzt euch mit eurem inneren Wesen in Verbindung, um die Schwäche zu beseitigen, die euch bindet und sinnlos und unnötig vom Leben abhält. Wie sehr ihr die Zurückhaltung auch glorifiziert, sie dient keinem guten Zweck. Ihr alle übt auf die eine oder andere Weise Zurückhaltung.

Die Menschheit tut dies seit Jahrtausenden, indem sie sagt, Lust sei falsch, leichtsinnig und unspirituell. Ihr mögt eure jeweils eigene Entschuldigung haben, eure Schwäche zu beschönigen und einen scheinbaren Vorzug daraus zu machen. Doch diese Argumente machen es unmöglich, daß ihr euch selbst ins Auge seht. Nur indem ihr eurer Schwäche und Abhängigkeit, eurem Zwangsstrom begegnet, der anderen sagt: »Ihr müßt«, könnt ihr auch eurer Stärke und Schönheit und allen euren Möglichkeiten begegnen, die auf eine euch bisher nicht faßbare Weise in euch existieren.

Seid gesegnet durch die große Kraft, die jetzt hier ist, aber noch mehr durch die, die in euch ruht. Seid in Frieden, lebt mit Gott!

11 Die spirituelle Bedeutung der Krise

(Lesung Nr. 183)

Es gibt Augenblicke im Leben, lange Perioden sogar, wo plötzlich alles zu Ende zu sein scheint. Wir werden bis ins Mark von Ereignissen erschüttert, die uns schwere Entscheidungen aufzwingen, während unsere Gefühle in einem derartigen Aufruhr sind, daß wir nicht wissen, was tun. Warum solche Krisen entstehen und wie wir die überwältigenden Probleme, denen wir in solchen Zeiten gegenüberstehen, konstruktiv handhaben können, ist das Thema dieser die Seele durchdringenden Lesung.

Grüße und Segen einem jeden meiner Freunde.

Was ist die wahre, spirituelle Bedeutung der Krise? Die Krise ist ein Versuch der Natur, durch die kosmische Gesetzmäßigkeit des Universums Wandel zu bewirken. Wird der Wandel durch das Ich behindert, den Teil des Bewußtseins, der den Willen lenkt, tritt die Krise auf, um eine strukturelle Veränderung möglich zu machen.

Ohne eine solche Strukturveränderung im Wesen kann das Gleichgewicht nicht erlangt werden. Jede Krise bedeutet im Grunde eine Neuordnung, ob in Form von Schmerz, Schwierigkeiten, Umbruch, Ungewißheit oder einfach als Unsicherheit, die aufkommt, wenn vertraute Lebensweisen aufgegeben und ungewohnte angenommen werden. Krisen jeder Art versuchen, alte Strukturen, die auf falschen Schlüssen und daher auf Negativität fußen, niederzureißen. Krisen rütteln tiefverwurzelte, verfestigte Gewohnheiten auf, so daß neues

Wachstum möglich wird. Sie reißen nieder und brechen auf. Dies ist ein vorübergehend schmerzhafter Prozeß, aber Transformation ist ohne ihn undenk-
bar.

Je schmerzhafter die Krise, desto mehr sucht der Teil des Bewußtseins, der
den Willen lenkt, den Wandel zu behindern. Wir brauchen die Krise, denn
menschliche Negativität ist eine stillstehende, träge Masse, die aufgeschüttelt
werden muß, will man sie loswerden. *Wandel ist ein integraler Bestandteil des
Lebens;* wo Leben ist, herrscht endloser Wandel. Nur diejenigen, die noch in
Furcht und Negativität leben und sich gegen ihn wehren, begreifen ihn als
etwas, gegen das man sich wehren muß. So widersetzen sie sich dem Leben
selbst, und das Leid umschlingt sie immer fester. Dies geschieht in der Entwicklung der Menschen insgesamt wie auch in bestimmten Bereichen.

Wo sie sich nicht gegen Veränderung wehren, können die Menschen frei
und gesund sein. In diesen Bereichen befinden sie sich in Harmonie mit der
kosmischen Bewegung. Sie wachsen ständig und erfahren das Leben als tief
befriedigend. Doch reagieren dieselben Individuen völlig anders, wo sie blok-
kiert sind. Innerlich und äußerlich klammern sie sich ängstlich an unveränder-
liche Verhältnisse. Wo sie sich nicht widersetzen, sind sie von Krisen relativ
frei; wo sie sich gegen den Wandel wehren, sind Krisen unvermeidlich.

Das Wachstum des Menschen hat die Funktion, das ihm eigene, innewohnende Potential freizusetzen, das wahrhaft unendlich ist. Wo sich jedoch negative Einstellungen verfestigen, ist es unmöglich, das Potential zu verwirklichen.
Nur eine Krise kann eine Struktur niederreißen, die auf Voraussetzungen basiert, welche den Gesetzen kosmischer Wahrheit, Liebe und Glückseligkeit
widersprechen. *Die Krise bringt den verfestigten Zustand, der immer negativ ist, in
Bewegung.*

Auf dem Pfad zu emotionaler und spiritueller Erfüllung müßt ihr intensiv
arbeiten, um euch von euren Negativitäten zu befreien. Welches sind diese?
Falsche Auffassungen, die dann zu zerstörerischen Gefühlen, Einstellungen und
Verhaltensweisen führen, sowie Vortäuschungen und Abwehrmechanismen.
An sich würde nichts davon viel Schwierigkeiten bereiten, wäre da nicht die
Kraft der Selbsterhaltung, die jeden negativen Aspekt in einem sich ständig
steigernden Impuls in der menschlichen Psyche verstärkt.

Alle Gedanken und Gefühle sind Energieströme. Energie ist eine Kraft, die
sich aus eigenem Impuls steigert und sich dabei immer auf die Natur des Bewußtseins gründet, das den Strom nährt und lenkt. Stimmen daher die zugrun-

deliegenden Vorstellungen und Gefühle mit der Wahrheit überein, sind sie also positiv, wird der Selbsterhaltungsimpuls des Energiestroms den Ausdruck und die Einstellungen der zugrundeliegenden Gedanken *ad infinitum* steigern. Sind diese Gedanken und Gefühle auf Irrtum gegründet und deshalb negativ, wird sich der Selbsterhaltungsimpuls des Energiestroms ebenfalls verstärken, wenn auch nicht *ad infinitum*.

Die Selbsterhaltungskraft negativer Gefühle

Wie ihr wißt, erzeugen falsche Auffassungen Verhaltensmuster, die zwangsläufig die Richtigkeit der Annahme zu beweisen scheinen, so daß sich das zerstörerische Verteidigungsverhalten immer fester in der Seelensubstanz verankert. Dasselbe gilt für Gefühle. Zum Beispiel ließe sich Furcht leicht überwinden, würde sie hinterfragt und das ihr zugrundeliegende Mißverständnis und ihre falsche Handhabung offengelegt. Häufig sind die manifesten Gefühle nicht die direkten, primären Emotionen: Furcht kann Wut verbergen, Depression Furcht. Das Problem ist dies: Furcht erzeugt die Furcht, sich der Furcht zu stellen und sie zu überwinden. Dann fürchtet man die Furcht vor der Furcht und so weiter. Die Furcht verstärkt sich.

Nehmen wir *Depression*. Werden die eigentlichen Gründe des ursprünglichen depressiven Gefühls nicht mutig offengelegt, deprimiert euch die Depression. Vielleicht fühlt ihr, daß ihr euch der Depression stellen solltet, statt ihretwegen deprimiert zu sein, aber ihr wollt es nicht wirklich oder seid nicht fähig dazu, und das deprimiert euch noch mehr. So entsteht ein Teufelskreis.

Die erste Depression – oder Furcht oder ein anderes Gefühl – ist die erste Krise, die nicht beachtet und deren wirkliche Bedeutung nicht verstanden wird. Ihr wird ausgewichen, so daß die Depression darüber, deprimiert zu sein, sich in einem sich selbst erhaltenden Teufelskreis fortsetzt. Das Bewußtsein des Menschen entfernt sich immer mehr vom ursprünglichen Gefühl und damit von sich selbst, was es schwieriger macht, das ursprüngliche Gefühl zu finden. Der wachsende negative Impuls führt schließlich zu einem Zusammenbruch der negativen Selbsterhaltung.

Im Gegensatz zu Wahrheit, Liebe und Schönheit, die unbegrenzte göttliche Eigenschaften sind, sind Verzerrung und Negativität niemals unbegrenzt. Sie enden, wenn der Druck zu groß wird. Das ist eine schmerzhafte Krise, und die Menschen wehren sich für gewöhnlich mit aller Macht dagegen. Aber stellt euch vor, das Universum wäre anders beschaffen und negative Selbsterhaltung würde sich ad infinitum fortsetzen. Das könnte ewige Hölle bedeuten.

Das negative Selbsterhaltungsprinzip zeigt sich ganz offensichtlich im Falle von Frustration und Ärger. Vielen Menschen ist relativ leicht erkennbar, daß Frustration an sich weniger schwer zu ertragen ist als die Frustration darüber, daß man frustriert ist. Dasselbe gilt für den Ärger darüber, daß man sich ärgert, oder für die Ungeduld mit der eigenen Ungeduld. Man möchte anders reagieren und kann es nicht, weil die zugrundeliegenden Ursachen nicht offengelegt und angeschaut werden. Daher werden die »Krisen« von Gefühlen wie Ärger, Frustration, Ungeduld und Depression nicht als das erkannt, was sie sind. Das verstärkt die negative Selbsterhaltung, bis das entzündete Geschwür aufbricht. Dann haben wir eine offensichtliche Krise.

Die Krise kann der negativen Selbsterhaltung ein Ende setzen

Wenn das Bewußtsein sich dazu entscheidet, kann die Krise das Ende der ständig anwachsenden negativen Selbsterhaltung bedeuten. Wenn der Ausbruch erfolgt, werden die Alternativen, entweder die Bedeutung zu verstehen oder weiter zu fliehen, immer klarer umrissen. Auch wenn der Ausbruch nicht zur Erkenntnis und zu einem inneren Richtungswechsel führt, muß schließlich eine Krise kommen, in der das Geschöpf der Botschaft nicht länger entfliehen kann. Der Mensch muß schließlich erkennen, daß alle Eruptionen, alle Zusammenbrüche und Krisen beabsichtigen, die alten Strukturen niederzureißen, um so neue und bessere errichten zu können.

Die »dunkle Nacht« der Mystiker ist solch eine Zeit des Zusammenbruchs alter Strukturen. Den meisten Menschen ist es noch nicht möglich, die Bedeutung der Krise zu verstehen. Sie schauen stets in die falsche Richtung. Bräche nichts zusammen, würde sich die Negativität fortsetzen. Doch ist es möglich, sofern ein gewisses Maß an Erwachen im Bewußtsein stattgefunden hat, daß man der Negativität nicht erlaubt, sich zu fest einzupflanzen. Dann wird sie daran gehindert, in den Zyklus der Selbsterhaltung einzusteigen. Man tritt ihr von Anfang an entgegen.

Die Krise läßt sich vermeiden, indem man die innere Wahrheit anschaut, sobald sich die ersten Anzeichen von Störung und Negativität an der Oberfläche zeigen.

Aber es braucht außerordentliche Ehrlichkeit, die eigenen liebgewonnenen Überzeugungen in Frage zu stellen. Dies schaltet die negative Selbsterhaltung aus, die Antriebskraft, die das destruktive, falsche psychische Material anhäuft, bis es zum Ausbruch kommt. Es vermeidet die vielen Teufelskreise in der menschlichen Psyche und in Beziehungen, die so schmerzhaft und problematisch sind.

Wachstum ist möglich ohne »dunkle Nächte«

Betrachtete man Schwierigkeiten, Umbrüche und Leid im einzelnen Leben und in dem der Menschheit als Ganzes von diesem Gesichtspunkt aus, würde die Bedeutung der Krise verstanden, und viel Schmerz könnte vermieden werden. Ich sage euch also: Wartet nicht auf den Ausbruch einer Krise als ein natürliches, ausgleichendes Ereignis, das unerbittlich wie ein Gewitter stattfindet, wenn bestimmte atmosphärische Bedingungen verändert werden müssen und es darum geht, in der Atmosphäre wieder Klarheit herzustellen. Genau das geschieht im menschlichen Bewußtsein. Wachstum ist tatsächlich möglich ohne leidvolle »dunkle Nächte«, wenn in der Persönlichkeit die Ehrlichkeit gegenüber dem Selbst vorherrscht. Wahres inneres Hinschauen und tiefe Sorge um das innere Wesen wie das Aufgeben der Lieblingseinstellungen und -ideen müssen gepflegt werden. Dann kann die schmerzhafte, zersetzende Krise vermieden werden, weil sich kein entzündetes Geschwür mehr bildet.

Der Todesvorgang selbst ist so eine Krise. Ich habe bereits über verschiedene tiefere Bedeutungen des Todes gesprochen. Hier noch eine weitere. Der äußere Tod – der des menschlichen Körpers – findet statt, weil das Bewußtsein sagt: »Ich kann nicht weiter« oder »Ich bin am Ende meiner Weisheit«. Jede Krise enthält diesen Gedanken. Das Bewußtsein sagt sich immer wieder: »Ich kann mit dieser Situation nicht mehr umgehen.« Ist es eine spezifische Situation, ereignet sich auch eine spezifische Lebenskrise. Geht es um die jetzige persönliche Inkarnation als Ganzes, so tritt der physische Tod ein. In diesem Falle nimmt die Eruption eine besondere Gestalt an. Der Geist bricht aus dem Körper aus und sucht Lebensumstände, in denen er sich erneut mit denselben inneren Verzerrungen befassen kann. Da Eruption, Zusammenbruch und Krise immer darauf abzielen, alte Funktionsweisen zu beenden und neue zu schaffen, beinhaltet der Prozeß des Todes und der Wiedergeburt das gleiche Prinzip.

Gleichwohl neigen die Menschen dazu, sich veränderten Funktions- und Reaktionsweisen zu widersetzen. Diese Blockierung ist so unnötig. Tatsächlich ist es dieser Widerstand, der die Spannung und den Druck der Krise erzeugt, nicht die Aufgabe der alten Struktur an sich.

Wenn ihr den notwendigen Wandel nicht bereitwillig annehmt, bringt ihr euch automatisch in einen Krisenzustand. Die Intensität der Krise weist auf die Intensität des Widerstandes sowie auch auf die Dringlichkeit des Bedürfnisses nach Veränderung hin. Je größer das Bedürfnis nach Veränderung und je größer der Widerstand ist, desto schmerzhafter wird die Krise sein. Je mehr Offenheit und Bereitschaft zur Veränderung auf jeder Ebene gegeben sind und je weniger nötig der Wandel zu irgendeinem Zeitpunkt des evolutionären Pfades eines Individuums ist, um so weniger schwer und schmerzhaft wird die Krise sein.

Äußere und innere Krisen

Die Schärfe und der Schmerz einer Krise sind keineswegs vom objektiven Ereignis bestimmt. Ich denke, die meisten von euch, meine Freunde, können das bestätigen. Die meisten von euch haben große äußere Veränderungen durchgemacht. Ihr habt einen eurer Lieben verloren, seid mit durchgreifenden Veränderungen und objektiv traumatischen Ereignissen umgegangen, mit Kriegen, Revolution, Verlust von Vermögen und Heimat, Krankheit. Doch hat euch das innerlich vielleicht weniger aufgewühlt und geschmerzt als Situationen, die äußerlich euren inneren erregten Gefühlen nicht entsprachen. So können wir sagen, daß eine äußere Krise euch innerlich mehr Frieden lassen kann als eine innere. Das objektiv traumatischere Ereignis schmerzt manchmal weniger als das objektiv weniger traumatische. Im ersteren Falle findet die notwendige Veränderung auf der äußeren Ebene statt, und euer inneres Wesen nimmt dies besser an, stellt sich besser darauf ein und findet eine neue Weise, damit umzugehen. Im letzteren Falle trifft das Bedürfnis nach innerer Veränderung auf größeren Widerstand. Eure subjektive Deutung des Ereignisses macht die Krise übertrieben schmerzhaft. Manchmal versucht man, für diese eigenartige emotionale Intensität vernünftige Erklärungen zu finden – man kann dies Rationalisierung nennen. Manchmal treffen innere und äußere Veränderungen und Krisen auf dieselbe innere Einstellung.

Wenn der Prozeß der Krise angenommen und nicht mehr behindert wird, wenn man mit ihr mitgeht, statt sie zu bekämpfen, kommt verhältnismäßig schnell Erleichterung. Sobald der Eiter aus dem Geschwür fließt und die Einstellungen neu ausgerichtet sind, bringt die Selbstenthüllung Frieden; Verstehen bringt neue Energie und Lebendigkeit. Der Heilungsprozeß nimmt schon seinen Anfang, wenn das Geschwür aufbricht.

Die Leugnung dieses Prozesses, die innere Einstellung, die sagt: »Ich sollte dies nicht durchmachen müssen. Muß ich es? Dies und das und jenes stimmt nicht mit den anderen. Wenn sie anders wären, würde ich jetzt da nicht durchmüssen«, verlängert die Agonie. Diese Einstellung sucht den notwendigen Ausbruch des Geschwürs zu vermeiden, das aus einer schmerzhaften Verknüpfung ewig wachsender negativer Energien besteht, deren Schubkraft es immer schwieriger macht, den Kurs zu ändern. Der fortdauernde negative Zyklus und seine nutzlose, automatische Wiederholung, die das Bewußtsein nicht anzuhalten vermag, erzeugt Hoffnungslosigkeit. Die Wiederholung und die Hoffnungslosigkeit können nur aufhören, wenn ihr die nötige Veränderung nicht länger vermeidet. Jede negative Erfahrung, jeder Schmerz ist das Ergebnis einer falschen Vorstellung. Ein kritischer Aspekt dieser Arbeit ist die Artikulation dieser Vorstellungen. Und dennoch, wie oft fehlt euch allen noch die notwendige Erkenntnis, da ihr in widrigen Situationen diese unbestreitbaren Fakten nicht bedenkt.

Die Krisen hinter sich lassen

Sobald ihr euch angewöhnt, eure verborgenen falschen Annahmen und zerstörerischen Reaktionen zu hinterfragen, wenn etwas Unwillkommenes eures Weges kommt, und offen für Wahrheit und Wandel seid, wird sich euer Leben drastisch verändern. Der Schmerz wird verhältnismäßig seltener, und Freude wird zunehmend zum natürlichen Zustand. Der Wachstumsrhythmus kann sich dann ungestört fortsetzen ohne das sprunghafte Aufbrechen negativer Strukturen in der Seelensubstanz.

Wir haben die *negativen* Aspekte des Selbsterhaltungsprinzips angesprochen. Natürlich gibt es vor allem die *positiven* Seiten dieses Prinzips. Je mehr ihr liebt, desto mehr könnt ihr echte Liebesgefühle erzeugen, ohne euch oder andere arm zu machen. Ihr erlebt, daß ihr niemandem etwas wegnehmt, wenn ihr gebt. Ganz im Gegenteil, mehr wird euch und anderen daraus erwachsen. Ihr werdet neue und tiefere Wege und mehr Spielarten finden, die Liebe im Geben und Nehmen zu erfahren und euch auf dieses universelle Gefühl einzustimmen. Die Fähigkeit, Liebe zu erfahren und auszudrücken, wird in einer ständig zunehmenden, sich selbst erhaltenden Bewegung wachsen.

Das gilt so auch für alle anderen konstruktiven Gefühle und Einstellungen. Je sinnvoller, konstruktiver, erfüllter und freudvoller euer Leben ist, um so mehr wird es diese Eigenschaften erzeugen. Es ist ein fortlaufender, nie endender Prozeß der Expansion und des Selbstausdrucks. Das Prinzip ist genau das gleiche wie das der negativen Selbsterhaltung. Der einzige Unterschied ist, daß *der positive Prozeß unendlich ist.*

Sobald ihr den Kontakt zu eurer angeborenen Weisheit, Schönheit und Freude aufbaut und deren Entfaltung zulaßt, werden sie sich von selbst steigern. Die Selbsterhaltung setzt ein, sobald diese Energien freigesetzt und ins Bewußtsein gelassen worden sind. Die anfängliche Verwirklichung dieser Kräfte erfordert Mühe, aber sobald der Prozeß läuft, geht er mühelos voran. Je mehr ihr die universellen Qualitäten zum Vorschein bringt, desto mehr wird zum Vorschein zu bringen sein.

Eure Möglichkeit, meine liebsten Freunde, Schönheit, Freude, Lust, Liebe, Weisheit und kreativen Ausdruck zu erfahren, sind in der Tat unendlich. Wieder sind die Worte gesprochen, gehört und registriert. Aber wie tief ist das Wissen, daß sie Wirklichkeit sind? Wie tief glaubt ihr an eure innerste Fähigkeit, selbst schöpferisch zu sein, glückselig zu sein und ein ewiges Leben zu leben? Wie sehr seid ihr von euren Möglichkeiten, alle Probleme zu lösen, überzeugt? Wie sehr vertraut ihr den bisher noch nicht manifesten Möglichkeiten? Wie sehr glaubt ihr daran, daß es noch vieles in euch zu entdecken gibt? Wie sehr glaubt ihr wirklich daran, daß ihr Qualitäten wie inneren Frieden zugleich mit Erregung und Gelassenheit zugleich mit Abenteuerlust entfalten könnt, wodurch das Leben zu einer Reihe wunderschöner Erfahrungen wird, auch wenn noch Anfangsschwierigkeiten zu überwinden sind? *Wie sehr glaubt ihr wirklich an all das, meine Freunde?*

Stellt euch diese Frage. In dem Maße, wie ihr diesem Glauben nur Lippenbekenntnisse leistet, werdet ihr euch weiterhin hoffnungslos, niedergeschlagen, furchtsam oder ängstlich und in scheinbar unlösbare Konflikte mit euch und anderen verwickelt fühlen. Das ist ein Zeichen, daß ihr noch nicht an euer eigenes unendlich expandierendes Potential glaubt. Wenn ihr noch nicht wirklich daran glaubt, meine Liebsten, dann deswegen, weil ihr euch verzweifelt an irgend etwas festhaltet. Ihr möchtet es nicht offenlegen, weil ihr es nicht aufgeben oder verändern wollt.

Das gilt für jeden hier und natürlich überall in der Welt. Denn wer muß sich nicht mit »dunklen Nächten« herumschlagen? Einige erleben viele kleine »dunkle Nächte«, die kommen und gehen, oder ihre »dunkle Nacht« ist grau. Sie erfahren keine großen Krisen, doch das Leben ist grau und verändert sich vergleichsweise wenig. Aber dann gibt es jene, die sich bereits auf ihren Weg aus dem Grau herausgearbeitet haben. Sie wollen sich nicht länger mit der relativen Sicherheit vor der Krise zufriedengeben. Sie sind tiefinnerlich bereit, zeitweise Umwälzungen zu riskieren, um einen wünschenswerteren, sichereren Zustand zu erreichen. Sie wollen ihre Fähigkeit zu tieferer Freude und größerem Selbstausdruck verwirklichen. Dann werden die »dunklen Nächte« deutlicher umschrieben und entweder als ineinanderfließende Perioden von Umbruch und Freude erlebt oder – in einigen Leben – zu stärkeren Episoden zusammengefaßt. Äußerste Dunkelheit, Verlust, Schmerz und Verwirrung wechseln mit Höhen goldenen Lichtes, die in sich berechtigte Hoffnung auf einen letzten, ununterbrochenen Glückszustand tragen.

Die Botschaft der Krisen

Ganz gleich, wie ihr die Krisen erfahrt, sie haben für euer Leben immer eine Botschaft, die es zu entdecken gilt. Es liegt an euch, eure Erfahrungen nicht nach außen auf andere zu projizieren – dies ist immer die gefährlichste Versuchung. Andererseits geht die selbstzerstörerische Projektion nach innen genauso am Problem vorbei wie die Projektion auf andere. Die Einstellung, »Ich bin schlecht, ich bin nichts« ist immer unehrlich. Die Unehrlichkeit muß aufgedeckt werden, damit die Krise, ob groß oder klein, sinnvoll werden kann.

Wenn ihr lernt, selbst den geringsten Schatten in eurem Alltag zu beachten und seine tiefste Bedeutung zu erforschen, werdet ihr die kleine Krise auf eine Weise handhaben, die das Anschwellen des Geschwürs unmöglich macht. So bedarf es keines schmerzlichen Ausbruchs, um die verfaulten Strukturen zu zerstören. Dies wird euch die nackte Wirklichkeit enthüllen, daß das universelle Leben, wenn unverfälscht, goldenes Entzücken in ewig wachsender Schönheit ist.

Jeder kleinste Schatten ist eine Krise, denn er braucht nicht zu existieren. Er existiert nur, weil ihr euch von dem Problem, das die Krise verursacht, abwendet. Beachtet die kleinsten Schatten in eurem Alltag, und fragt euch, was sie bedeuten. Was wollt ihr nicht sehen und verändern? Wenn ihr dem mutig entgegentretet, wenn ihr die aufrichtige Absicht habt, dem wirklichen Problem gegenüberzutreten und die notwendigen Veränderungen vorzunehmen, wird die Krise ihre Funktion erfüllt haben. Ihr werdet neue Dimensionen des Problems entdecken, und dann wird die Sonne aufgehen, und die dunkle Nacht wird sich als Erzieher erweisen, als Therapeut – das ist das Leben immer, sobald ihr es zu verstehen sucht.

Eure Fähigkeit, *mit der Negativität anderer umzugehen*, wächst nur in dem Maße, wie ihr tun könnt, was ich in dieser Lesung erläutere. Wie oft spürt ihr negative Gefühle anderer, ohne damit umgehen zu können, weil ihr ängstlich, unsicher und ungewiß über die Natur eurer Verwicklung und Interaktion seid? Zu anderen Zeiten spürt ihr vielleicht nicht einmal die in anderen vorhandene Feindseligkeit. Ihre Subtilität und Indirektheit verwirrt euch, und so fühlt ihr euch wegen eurer instinktiven Reaktion schuldig. Dies macht euch noch unfähiger, die Situation zu handhaben. Daß dies so häufig vorkommt, beruht ausschließlich auf eurer Blindheit gegenüber euch selbst und eurem Widerstand gegen Veränderung. Wenn ihr all eure alten negativen Erfahrungen auf andere projiziert, ist es euch unmöglich, ein angemessenes Bewußtsein dafür zu haben, was tatsächlich im anderen vorgeht, und deshalb könnt ihr damit nicht umgehen. Ihr werdet eine herrliche Wende in eurem Leben erfahren, sobald eure Fähigkeit wächst, ehrlich das anzuschauen, was euch im Inneren stört, und ihr bereit werdet, euch zu ändern. Fast unbeabsichtigt, als habe es nichts mit eurem Bemühen zu tun, erscheint ein neues Geschenk in euch: Ihr seht die Negativität anderer auf eine Weise, die euch frei läßt, die euch erlaubt, ihr wirksam entgegenzutreten. Sie hat keine nachteilige Auswirkung auf euch. Auf die Dauer kann dies nicht umhin, auch für andere heilsam zu sein, wenn sie es so wollen.

Widersetzt ihr euch dem Wandel, wird die Angst steigen, weil euer innerstes Wesen weiß, daß Krise, Ausbruch und Zusammenbruch unvermeidlich sind und ständig näher kommen. Dennoch weigert ihr euch, das zu tun, was die Krise vermeiden könnte. Das hier Gesagte ist die Geschichte menschlichen Daseins. Hier ist die menschliche Natur gefangen. Die Lektion muß sich wiederholen, bis sich die trügerische Angst vor Veränderung als Irrtum erweist. Ist das Verständnis für die Krise, so wie ich es hier aufzeige, vorhanden, und meditiert ihr in der ernsthaften Absicht, eure eigene Krise zu verstehen, aufzugeben, woran ihr festhaltet, und die Begrenzungen zu hinterfragen, die ihr dem jeweiligen Problem setzt, wird sich das Leben fast sofort weit vor euch öffnen.

Das Ich kann allein keine Veränderung bewirken, auch das müßt ihr erkennen. Dazu ist das wollende, bewußte Selbst nicht fähig. Die Schwierigkeit des Wandels und der Widerstand dagegen rühren zu einem gut Teil aus dem Vergessen, daß er ohne *göttliche Hilfe* nicht zu vollbringen ist. So geht ihr von einem falschen Extrem zum anderen. Das eine Extrem ist eure Überzeugung, ihr selbst müßtet die innere Transformation bewirken. Tief im Inneren wißt ihr, daß ihr es nicht könnt und dafür nicht ausgestattet seid, und so gebt ihr auf. Ihr fühlt, es ist hoffnungslos, euch selbst zu ändern, so versucht ihr es nicht einmal wirklich, auch bringt ihr den präzise formulierten Wunsch dazu nicht zum Ausdruck.

Seht ihr euch nur als bewußtes, wollendes Egoselbst, habt ihr recht, wenn ihr glaubt, die Fähigkeit zur Veränderung fehle. Widerstand ist zum Teil Ausdruck des Vermeidens von Frustration, wenn man will, was nicht sein kann und sich als Enttäuschung erweisen muß. Diese extreme Reaktion findet in der innersten Schicht der menschlichen Psyche statt. Das gleiche gilt für das entgegengesetze Extrem, wo ihr euch zu dem Glauben an höhere Mächte oder Gott bekennt, von dem ihr erwartet, daß er alles für euch tut. Ihr verbleibt in völlig passivem Erwarten. Wieder bemüht sich das bewußte Selbst nicht, wo es das sollte. Falsche Hoffnung und falsche Resignation sind zwei Seiten derselben Medaille: völlige Passivität. Aber das vorwärtstreibende Ich, das versucht, über seine Fähigkeit hinauszugehen, muß unvermeidlich im selben passiven Zustand enden und entweder fälschlich warten oder fälschlich die Hoffnung fahrenlassen. Das Vorwärtstreiben erschöpft das Selbst und macht es passiv. Diese Einstellungen können gleichzeitig oder abwechselnd bestehen.

Eine positive Veränderung bringt man nur dadurch zuwege, daß man sie will; ihr müßt zur Ehrlichkeit und zur Veränderung bereit sein. Und ihr müßt zu der göttlichen Funktion im Innersten eurer Seele beten, um die Veränderung zu ermöglichen. Dann wartet vertrauensvoll, zuversichtlich, geduldig. Das ist die unabdingbare Voraussetzung für Veränderung. Kommt es euch noch nicht einmal in den Sinn, diese betende Haltung einzunehmen, die sagt: »Ich will mich ändern, aber mein Ich kann es nicht. Gott wird es durch mich tun. Ich werde mich zu einem willigen, empfänglichen Kanal machen«, seid ihr grundsätzlich unwillig, euch zu ändern, und/oder zweifelt die Realität der höheren Kräfte in euch an.

Das vertrauensvolle, geduldige Warten, die Zuversicht und der Glaube, daß Hilfe kommen wird, kann erworben werden, wenn ihr voll und ganz bereit seid, die Wahrheit anzuschauen. Es ist dies kein kindliches Bedürfnis auf der Suche nach einer Autorität, die für euch wirkt. Ganz im Gegenteil. (Dieses Herangehen versöhnt die Haltung der erwachsenen Selbstverantwortung, die aktiv wird und dem Selbst gegenübertritt, mit der empfangenden Haltung, in der das Ich seine eigenen Begrenzungen erkennt.) In der empfangenden Haltung wollt ihr Wahrheit und Veränderung und laßt Gott von tief innen in eure Seele. Ihr öffnet euch, damit es geschehe.

Nimmt man diese Haltung an, *wird der Wandel für jeden lebendige Wirklichkeit.* Mangelt es am Vertrauen und am Glauben, daß das Göttliche sich durch euch verwirklichen kann, dann deshalb, weil ihr euch nicht die Gelegenheit gegeben habt, die Realität dieser Prozesse zu erfahren. Ihr habt euch diese Erfahrung versagt. Und wie könntet ihr ihr vertrauen, da ihr sie nie gemacht habt?

Weil ihr euch außerdem noch einige kleine Schlupflöcher bewahrt, die euch davon abhalten, voll und ganz ins Leben zu treten, könnt ihr das Wunder der Realität des universellen Geistes in euch nicht erfahren. Weil ihr dem Leben gegenüber nicht ehrlich seid, könnt ihr nicht wirklich an die Macht der universellen Intelligenz glauben, die stets in euch wohnt und in dem Augenblick anfängt, sich zu manifestieren, da ihr Raum für sie schafft. Volles Engagement und ein inneres Bekenntnis ohne Vorbehalt zu der universellen Intelligenz sind notwendig. Dieses Engagement ist Voraussetzung für die Entdeckung ihrer Realität in euch. Auch wenn ihr das Ergebnis nicht kennt, und ob Gottes Wege euch nun genehm sind oder nicht, das Engagement muß erfolgen. Ein Teil davon ist, in diesem Augenblick die ganze Antwort nicht zu kennen. Überlegungen, wie ihr dem vollen Engagement aus dem Weg geht, lassen euch weiter an den alten, verzerrten, betrügerischen Lebensweisen festhalten, während ihr zugleich den neuen, befreiten Weg erreichen wollt, wo ihr ganz seid statt innerlich gespalten und vom Schmerz der Spaltung gequält. Aber ihr könnt nicht beides haben. *Euer Bekenntnis zum höchsten Schöpfer muß vollständig sein und auf die scheinbar unbedeutendsten Aspekte des täglichen Lebens und Seins angewendet werden.* Ihr müßt euch vollständig der Wahrheit verpflichten, denn damit verpflichtet ihr euch auch dem universellen Geist.

Wenn ihr euch so engagiert, werdet ihr die alten, gewohnten Ufer aufgeben und vorübergehend in scheinbar unsichere Gewässer treiben. Aber das wird euch nichts ausmachen. Ihr werdet euch sicherer fühlen als je zuvor, als ihr noch an den alten Ufern festhieltet, an der alten Struktur, die niedergerissen werden mußte. Ihr werdet bald wissen, daß ihr nichts zu fürchten habt. Findet den Mut dazu, und ihr werdet erleben, daß dies in Wirklichkeit die sicherste und geschützteste Möglichkeit des Lebens ist. Tatsächlich erfordert es überhaupt keinen Mut. Dann und nur dann werden die »dunklen Nächte« sich in ein Werkzeug des Lichts verwandeln.

FRAGE: *Diese Lesung kommt dem nahe, wo ich stehe. Ich habe gerade begonnen, die Bedeutung der Krise zu entdecken. Ich habe das Gefühl, entweder muß ich irgendwo Schutz suchen oder geradewegs durch den Sturm reiten, was ich, wie ich glaube, auch tue.*

ANTWORT: Diese Erkenntnis ist sehr gut. Sie berührt die uralte Alternative, entweder Deckung zu nehmen oder die Sache durchzustehen. Es ist vielleicht die wichtigste Frage auf dem evolutionären Pfad jedes Wesens. Ihr bleibt dem Zyklus von Tod und Wiedergeburt, Schmerz und Kampf, Konflikt und Zwist verhaftet – physisch wie auch spirituell und psychologisch –, eben weil ihr der Illusion anhängt, das Hindurchgehen könne vermieden werden und Flucht würde Gutes bringen. Tatsächlich bringt die Suche nach Deckung überhaupt nichts Gutes, ganz im Gegenteil, sie steigert die kritische Spannung. Die zeitweilige Erleichterung ist eine höchst gefährliche Illusion. Das ist so, weil die Krise unvermeidlich doch noch kommt, aber dann nicht mehr mit ihrer Wurzel verbunden ist und deshalb um so mehr schmerzt. Wenn du dich jedoch besinnst und sagst: »Ich will keine Deckung suchen, sondern hindurchgehen«, werden die Quellen der menschlichen Seele sehr schnell zugänglich. Sie bleiben jenen unbekannt, die noch zur Flucht neigen. Sie fühlen sich dann schwach und glauben nicht an ihre Fähigkeiten, die unendlichen Kräfte des universellen Geistes zu aktivieren. Sie kennen nicht ihr Potential, die Kraft, die auftauchen wird, die Inspiration, die kommen wird. Nur wenn du dich entscheidest, die Krise durchzustehen, und in der Meditation um Hilfe bittest, werden diese Hilfsquellen zugänglich. Dann wirst du ein erwachendes Vertrauen spüren, daß das bewußte Ich nicht allein ist. Es ist nicht die einzige Fähigkeit, die zur Verfügung steht, um mit dem Problem umzugehen.

Ich segne euch und bitte euch, euer Innerstes, eure ganze Seele, alle psychischen Kräfte zu öffnen, um den Krampf zu lösen, der Wahrheit und Wandel und daher Selbstausdruck und Licht ablehnt. Öffnet euch so, um die gesegnete Kraft, die zu jeder Zeit in euch gegenwärtig ist, euer ganzes Wesen durchdringen zu lassen.

Ein Segen kommt und trifft auf die innere Kraft, von der ich sprach, und wird euch so doppelt stärken. Setzt euer Wachstum fort, so daß eure Ganzheit, eure Verbundenheit mit dem Kosmos wächst und euch mehr von der Freude schenkt, die euer innewohnendes Geburtsrecht ist. Seid gesegnet und lebt in Frieden.

12 Der Sinn des Bösen
und seine Transzendierung

(Lesung Nr. 184)

Es ist unmöglich, die Existenz des Bösen auf Erden zu leugnen. Wie können wir damit umgehen, so daß die Menschheit ihren gegenwärtigen schmerzhaften Zustand transzendieren kann? Strebten wir nach einem Zustand der Einheit, müßten wir das Böse integrieren, aber wie können wir das, wenn es allem, worauf wir bewußt hinzielen, entgegensteht? Wenn wir das Böse leugnen – da wir wissen, daß es in der größeren Wirklichkeit nicht existiert –, wird es dann auch aufhören, auf unserer Erscheinungsebene zu existieren? Kann es sein, daß es in uns allen das Böse gibt, und wenn, wie können wir damit umgehen?

Grüße und Segen allen meinen alten und neuen Freunden.

Die Menschen stehen ständig vor der Frage, wie sie mit den zerstörerischen Kräften, die in ihnen und anderen existieren, umgehen sollen. Das Problem scheint unendlich, denn seit Anbeginn menschlicher Existenz wurden Theorien und Philosophien des Bösen errichtet. Eure Suche hat sich immer, direkt oder indirekt, mit dieser großen Frage beschäftigt.

Existiert das Böse?

Auf die Frage nach der Existenz des Bösen gibt es gewöhnlich zwei Antworten, die religiöse und die philosophische. Die eine legt Nachdruck auf das Böse als eine Kraft, die vom Guten getrennt und im Gegensatz dazu steht, die andere leugnet seine Existenz ganz und gar.

Auf menschlicher Bewußtseinsebene das Böse zu leugnen ist genauso unrealistisch, wie zu glauben, es gäbe auf der höchsten Ebene der Wirklichkeit zwei getrennte Kräfte: eine gute und eine böse. Solche Annahme schließt mit ein, daß die böse Kraft zerstört und beseitigt werden muß, als ob irgend etwas im Universum zum Verschwinden gebracht werden könnte! Nur wer die Wahrheit *zwischen* den beiden Alternativen sucht, kann die Antwort finden.

Die meisten Religionen wählen einen dualistischen Ansatz, wenn es um die strittige Frage des Bösen geht, und sehen es als eine Kraft, die dem Guten entgegengesetzt ist. Das dualistische Herangehen verstärkt die Furcht vor euch selbst und die Schuldgefühle: Daher steigert es nur die Spaltung in eurer Seele. Ihr benutzt die Energien der Angst und Schuld dazu, euch selbst zum Gutsein zu zwingen. Die Blindheit, die Getriebenheit, die künstliche Auffassung vom Leben, die dieses innere Sichzwingen begleiten, erzeugen selbsterhaltende Muster mit vielen negativen Verzweigungen.

Andererseits gibt es Philosophien, die annehmen, daß das Böse nicht existiert, daß es eine Illusion ist. Solche Philosophien sehen einen Teil der Wahrheit ebenso wie die ihr entgegengesetzten Religionen, welche die Gefahr des Bösen, seine lebensvereitelnde Kraft und das Unglück und Leid, das es mit sich bringt, erkennen. Die Annahme, daß das Böse eine Illusion ist, ist in dem Sinne wahr, daß nur eine große schöpferische Kraft an sich existiert. In ihr ist Einheit; für das Bewußtsein derer, die den Dualismus überwunden haben, ist alles eins.

Wie so häufig, drücken diese beiden gegensätzlichen Lehren große Wahrheiten aus. Aber die Ausschließlichkeit, mit der sie begriffen und bewahrt werden, macht ihre Wahrheit letztlich unwahr. Die Leugnung der Realität des Bösen führt zum Wunschdenken, zu mehr Blindheit und zur Leugnung des Selbst; sie verringert eher Bewußtheit, als sie zu steigern. Auf diese Weise wird ein falsches Bild geschaffen – die Manifestation des gegenwärtigen Zustandes der Menschheit.

Beide Sichtweisen führen zu Verdrängung; die Anerkennung des Bösen führt jedoch auch zur Möglichkeit weiterer Destruktivität. Sie kann zur Rechtfertigung und Entschuldigung von wahrhaft unerwünschten Dingen führen, etwa zum selbstgerechten Ausleben des Bösen. In einem solchem Falle werden die Schuldgefühle verdrängt, was weitere Spaltung und Dualität erzeugt. Versuchen wir nun, einen Weg zu finden, die eine wie auch die andere Falle zu vermeiden und die beiden Ansätze miteinander zu versöhnen.

Das richtige Annehmen des Bösen

Alles Leid entstammt ausschließlich der eigenen Destruktivität, Negativität oder dem Bösen – welchen Namen ihr ihm auch gebt. Ihr alle wißt, wie bedroht, verängstigt und unbehaglich ihr euch fühlt, wenn ihr mit einigen eurer unerwünschten Verhaltensweisen und Merkmale konfrontiert werdet. Diese Reaktion muß auf viel tiefere Weise verstanden werden. Die Bedeutung solcher unangenehmen, ängstlichen Reaktionen ist unverkennbar die Aussage: »Dies oder das sollte nicht in mir sein.« All die Abwehrmechanismen, die ihr so sorgfältig errichtet habt, dienen nicht nur dazu, euch gegen das Böse anderer zu verteidigen, sondern vor allem gegen das eigene. Prüft ihr jedesmal, wenn ihr euch ängstlich fühlt, die Ursache, werdet ihr immer feststellen, daß ihr euch letztlich vor eurem eigenen Bösen fürchtet, ungeachtet dessen, wie bedrohlich ein anderer oder ein äußeres Ereignis scheinen. Faßt ihr dann diese Ängstlichkeit in klare Worte und formuliert so den inneren Gedanken, daß gewisse Verhaltensweisen oder Gefühle »nicht in euch sein sollten«, so könnt ihr euch mit eurem Verhalten gegenüber dem Bösen auf eine viel bessere Weise auseinandersetzen. Denn das Böse selbst ist nicht halb so schädlich wie euer Verhalten ihm gegenüber. Wir werden später auf diesen Gedanken zurückkommen.

Bitte ertappt euch von jetzt an selbst bei der Angst und bei dem Gedanken hinter ihr: »Ich sollte nicht so sein«, statt wie gewohnt auszuweichen, was nur emotionale Krankheit, Probleme und Leid hervorruft. Bleibt die Angst unbeachtet, verschlimmert sich das Problem.

Das Böse als entstellte schöpferische Kraft

Unser Ziel auf diesem Pfad ist das Erkennen und Annehmen des Bösen. Das Wort »Annehmen« ist in Ermangelung eines besseren oft benutzt worden, aber häufig versteckt sich die Bedeutung hinter dem Wort. Also müssen wir aufmerksamer dafür werden, wie diese Annahme zustande kommt. Denn nur wenn die Annahme auf richtige Weise geschieht, kann man das Böse in sich aufnehmen und im wahrsten Sinne des Wortes umwandeln. Dann könnt ihr eine Kraft, die in die Irre gegangen ist, transformieren. Die meisten Menschen vergessen oder ignorieren völlig die Tatsache, daß das Schlechteste in ihnen im wesentlichen äußerst wünschenswerte schöpferische Kraft ist, universeller Fluß und Energie. Nur wenn ihr das wirklich erkennt, meine Freunde, werdet ihr mit jedem Aspekt in euch umgehen lernen.

Fast alle Menschen, mit sehr, sehr wenigen Ausnahmen, akzeptieren und kennen nur einen relativ kleinen Teil ihrer Gesamtpersönlichkeit. Sie wollen auch nicht mehr kennenlernen. Diese Begrenzung ist natürlich ein fürchterlicher Verlust. Von dem nicht zu wissen, was in seiner jetzigen Erscheinungsform unerwünscht ist, schließt euch von dem ab, was bereits klar, frei, geläutert und gut ist. Auch hindert dies die meisten Menschen, sich selbst zu lieben und zu achten, weil sie keine wahre Vorstellung von ihrem göttlichen Erbe haben. Das tatsächliche, bereits in ihnen offenbare Gute scheint unecht, sogar geheuchelt, weil sie sich weigern, gegen die destruktiven Elemente in sich anzugehen. Aber noch weit wichtiger und grundlegender ist, daß das Ausschließen des unerwünschten Teils die Stagnation und Lähmung fortbestehen läßt, so daß Wandlung nicht stattfinden kann.

Der Preis des Erkennens und Annehmens der zerstörerischen, bösen Seite des Selbst scheint hoch, aber ist es nicht wirklich. Im Gegensatz dazu ist der Preis der Leugnung ungeheuer. Bis ihr einen Weg findet, eure zerstörerischen Impulse und Wünsche anzunehmen, ohne sie zu entschuldigen, wird die Suche verwirrend erscheinen. Weil ihr etwas in euch als schlecht betrachtet, glaubt ihr, ihr wärt es durch und durch. Identifiziert euch mit dem Teil, der beobachtet, und nicht mit dem Rest, den ihr beobachtet. Versteht ihn, ohne euch mit ihm gleichzusetzen. Ihr müßt lernen, negative Impulse und Wünsche realistisch einzuschätzen, ohne in die Falle der Projektion und Selbstrechtfertigung zu gehen. Ein solches Verständnis benötigt ständige Inspiration durch die höheren inneren Kräfte, die mit klarer Absicht um Hilfe gebeten werden, das Bewußtsein für die zerstörerischen Seiten zu erwecken und aufrechtzuerhalten und die richtigen Methode, mit ihnen umzugehen, zu finden.

Wenn ihr euch in einer unangenehmen Stimmung, einer bedrohlichen Situation, in Verwirrung oder Dunkelheit befindet, könnt ihr sicher sein, daß, ungeachtet der äußeren Umstände, das Problem nur der Leugnung und Furcht eures eigenen destruktiven Verhaltens und der Unfähigkeit, damit umzugehen, entspringt. Das zuzugeben bringt unmittelbare Erleichterung und entschärft die negativen Kräfte fast sofort. Lernt, durch welche Schritte ihr diese Kraft in euch aufnehmen könnt, statt sie auszuschließen.

Der *erste Schritt* muß die Anwendung der Theorie sein, daß das Destruktive, das Böse, letztlich keine eigene Kraft ist. Ihr müßt darüber nicht nur in allgemeinen, philosophischen Kategorien nachdenken. Vielmehr müßt ihr die Züge, die euch Schuldgefühle und angst machen, auffinden und dieses Wissen auf das anwenden, was euch an euch selbst und anderen am meisten zuwider ist. Ganz gleich wie häßlich einige dieser Erscheinungen auch sind – ob nun Grausamkeit, Bosheit, Überheblichkeit, Verachtung, Selbstsucht, Gleichgültigkeit, Gier, Betrug oder anderes –, ihr könnt zu der Erkenntnis gelangen, daß *jeder dieser Züge ein Energiestrom ist, ursprünglich gut, schön und lebensbejahend.*

Mit der Suche in dieser Richtung werdet ihr verstehen und erfahren lernen, daß dieser oder jener konkrete feindselige Impuls ursprünglich eine gute Kraft war. Wenn ihr das begreift, werdet ihr einen wesentlichen Schritt gemacht haben in Richtung auf die Umwandlung der Feindseligkeit und die Befreiung der Energie, die entweder auf nicht wünschenswerte, zerstörerische Weise kanalisiert oder eingefroren und träge war. Bringt deutlich die Einsicht zum Ausdruck, daß diese häßlichen Züge eine Kraft sind, die so, wie ihr es wollt, genutzt werden kann. Diese Kraft – dieselbe Energie, die sich jetzt als Feindseligkeit, Neid, Haß, Wut, Bitterkeit, Selbstmitleid oder Beschuldigung zeigen kann – kann eine schöpferische Kraft werden, die zu Glück, Lust, Liebe, Ausweitung für euch und andere führt.

Mit anderen Worten, ihr müßt eingestehen lernen, daß die Art, wie sich diese Kraft zeigt, unerwünscht ist, doch der Energiestrom hinter der Erscheinung ist wünschenswert, denn er ist aus dem Lebensstoff selbst gemacht. Er enthält *Bewußtsein* und *schöpferische Energie.* Er enthält jede Möglichkeit, Leben zu offenbaren und auszudrücken und neues Leben zu erschaffen. Er enthält das Beste des Lebens, wie ihr es erfahrt, und noch viel mehr. So enthält auch das Beste des Lebens, das sich euch gezeigt hat, die Möglichkeit des Allerschlimmsten. Wenn ihr alle Möglichkeiten der Lebenserscheinungen im Blick habt – weil *das Leben ein beständiger, fließender, fortdauernder Prozeß ist* –, könnt ihr niemals in den Unwiderruflichkeiten steckenbleiben, die zu Irrtum, Verwirrung und Dualismus führen.

Ihr werdet sehen, daß ihr mit dem Leugnen des Bösen in euch eurer Gesamtpersönlichkeit, eurer manifesten Spiritualität größeren Schaden zufügt, als euch klar ist. Mit der Leugnung macht ihr einen wesentlichen Teil eurer Energien und schöpferischen Kräfte unwirksam, so daß sie stagnieren. Stillstand bewirkt Fäulnis. Materie verwest, wenn sie stagniert und sich nicht mehr bewegen kann. Dasselbe trifft auf das Bewußtsein zu.

Materie ist immer eine Verdichtung und Manifestation von Bewußtsein und Energie. Die Art, wie Energie fließt – oder nicht fließt –, und die Form, die sie annimmt, wenn sie sich verdichtet, hängt von der Bewußtseinshaltung »hinter« einem bestimmten Aspekt der Schöpfung ab, oder besser, von der Bewußtseinshaltung, die diesem Aspekt innewohnt.

Destruktivität ist eine falsche Form des Bewußtseins. Sie muß entweder direkt durch Ausagieren und unmittelbaren Ausdruck oder indirekt durch Leugnung, das heißt Stagnation, zu einer Verneinung des Lebens führen. Das ist der Grund, warum einige vermeintlich negativen Empfindungen tatsächlich wünschenswert sind. Denn Ärger zum Beispiel kann das Leben fördern und gegen die Lebensverneinung gerichtet sein. Leugnung des Ärgers kehrt sich in Feindseligkeit, Grausamkeit, Bosheit, Selbsthaß, Schuldgefühl, Verwechslung von Schuldvorwürfen gegen andere und gegen sich selbst, und sie ist deshalb ein destruktiver Energiestrom.

Wenn das Böse verstanden wird als ein eigentlich göttlicher Energiefluß, der aufgrund besonderer falscher Ideen, Begriffe und Wahrnehmungen vorübergehend verzerrt ist, wird es in seiner Essenz nicht länger abgelehnt, sondern integriert. Das genau ist es, was ihr am schwersten findet. Tatsächlich findet ihr es so schwer, daß ihr dazu neigt, sogar jene Aspekte in euch zu vergessen, die bereits frei von Verzerrung, von Bösem und Destruktivem sind, die wirklich befreit und klar sind, die gut und schön und göttlich sind.

All euer Streben und euer guter Wille sind schön. Sogar eure Gewissensbisse entspringen trotz der deplazierten Schuldgefühle den besten und allerschönsten Manifestationen des Bewußtseins. Ihr werdet das Beste in euch leugnen, außer acht lassen und nicht erfahren, solange ihr das Böse in euch leugnet, außer acht laßt und nicht erfahrt. Ihr entstellt die Auffassung von euch selbst, wenn ihr irgendeinen Teil von euch leugnet, so häßlich er in seiner gegenwärtigen Form auch sein mag.

Der wesentliche Schlüssel zur völligen Integration des Bösen ist das Verstehen seiner ursprünglichen Natur und der ihm innewohnenden Möglichkeit, sich wieder in seiner ursprünglichen Form zu zeigen. Das muß das Ziel sein, meine Freunde. Solange ihr versucht, gut zu sein, indem ihr das Böse leugnet, indem ihr euch zwingt, das zu sein, was ihr nicht sein könnt – nicht jetzt und niemals später –, bleibt ihr in einer schmerzhaften inneren Spaltung, in teilweiser Selbstverleugnung und Lähmung vitaler Kräfte in euch. Ich sage, »was ihr nie sein könnt«, weil ihr nicht ganz werden könnt, wenn eure Erwartung dahin geht, einen vitalen Teil von euch zu zerstören oder auf magische Weise wegzuwischen und nicht anzunehmen, daß die schöpferischen Energie, die selbst in euren destruktivsten Aspekten steckt, ihrem Wesen nach zutiefst wünschenswert ist. Pflegt diese veränderte Haltung.

Diese neue Haltung des Annehmens heißt nicht, eure unerwünschten Seiten zu beschönigen, zu rechtfertigen oder zu rationalisieren. Ganz im Gegenteil: Sie bedeutet, diese Seiten ganz anzuerkennen, ihnen ehrlichen Ausdruck zu verleihen ohne Entschuldigungen oder Beschuldigungen anderer, aber auch ohne Hoffungslosigkeit und Selbstablehnung. Das scheint eine große Aufgabe, aber es ist sicher möglich, diese Haltung zu erlangen, wenn ihr euch ernsthaft darum bemüht und von ganzem Herzen um Anleitung betet.

Die Befreiung der inneren Schönheit

Verneint ihr eure Häßlichkeit nicht mehr, werdet ihr auch nicht länger eure Schönheit leugnen müssen. Es ist so viel Schönheit in euch, die schon freigesetzt ist. Ihr offenbart in der Tat Schönheit, die ihr völlig leugnet, unbeachtet laßt und nicht wahrnehmt und erfahrt! Und ich meine nicht nur potientielle, noch zu verwirklichende Schönheit; ich meine die schon gegenwärtige.

Denkt darüber nach und betet, sie in euch zu sehen, so wie ihr auch betet, die Häßlichkeit zu sehen. Könnt ihr beides wahrnehmen, nicht nur ausschließlich das eine oder das andere, werdet ihr einen wesentlichen Schritt zur realistischen Wahrnehmung des Lebens und eurer selbst gemacht haben, der euch befähigt, das zu integrieren, was euch jetzt zerreißt.

Wenn ihr eurer Schönheit und eurer Häßlichkeit gewahr seid, *werdet ihr beides auch in anderen sehen*. Ihr neigt dazu, Menschen völlig abzulehnen oder zu negieren, deren Destruktivität ihr wahrnehmt, und genauso auf sie zu reagieren wie auf euch selbst. Oder ihr reagiert emotional auf ihr Gutsein und ihre innere Schönheit, während ihr unrealistischerweise ihre häßlichen Seiten überseht. Ihr könnt noch nicht die in euch vorhandene Dualität und daher auch nicht die in anderen fassen. Das schafft fortgesetzte Konflikte und Kampf.

Solche Verzerrung, solcher Bewußtseinsmangel bewirkt, daß ihr den schöpferischen Prozeß selbst leugnet und lähmt. Nur durch die Annahme der Dualität könnt ihr sie wahrhaft überschreiten.

Transformation

Das offen destruktive Verhalten ist nie das wirklich Böse. Erkennt ihr es ehrlich an, bleibt ihr im Fluß. Der größte Haß, die boshafteste Rachsucht, die stärksten grausamen Impulse, offen und ehrlich zugegeben und weder unverantwortlich ausgelebt noch verdrängt und geleugnet, sondern voll angenommen, werden niemals schädlich sein. In dem Maße, wie sie wahrgenommen, angesehen und zugegeben werden, wird sich die Intensität dieser Gefühle verringern und früher oder später in fließende, lebensspendende Energie umwandeln. Haß wird sich in Liebe, Grausamkeit in gesunde Selbstbehauptung, Stagnation in Freude und Lust verwandeln.

Das, meine Freunde, müßt ihr lernen. Der Schlüssel ist die Begegnung mit der Destruktivität, so daß ihr sie in ihre ursprüngliche Form zurückverwandeln und in euer gesamtes Wesen aufnehmen könnt und mit eurer verfügbaren Lebensenergie schöpferisch tätig werdet. Gibt es noch Fragen?

FRAGE: *Wie es in dieser Lesung heißt, gibt es in mir Dinge, die ich als falsch, als böse empfinde. Aber ich genieße sie, sie sind angenehm. Allerdings fühle ich mich schuldig. Zum Beispiel gebe ich zu viel Geld aus. Ich negiere diesen Teil von mir völlig. Kannst du mir helfen?*

ANTWORT: Das Beispiel ist gut. Was du beschreibst, ist ganz typisch. Du bist mit einem unlösbaren Problem konfrontiert: Entweder gibst du allen Genuß, der mit der Verschwendung und Unverantwortlichkeit einhergeht, auf, um anständig, reif, realistisch, verantwortungsbewußt und sicher zu werden, oder du ziehst Lust aus dieser negativen Eigenschaft, aber zahlst einen außerordentlichen Preis von Schuldgefühlen, Selbstbehinderung, Unsicherheit und Angst, dein eigenes Leben nicht in der Hand zu haben.

Sobald du siehst, daß hinter dem Zwang zu Verschwendung und Unverantwortlichkeit eine berechtigte Sehnsucht nach Lust, Ausweitung und neuer Erfahrung steckt, wird diese mißliche Lage aufhören. Anders ausgedrückt, du mußt die Essenz dieses Wunsches in dich aufnehmen, ohne seine Destruktivität auszuleben. Dann wird es dir weniger schwer fallen, den Wunsch auf eine realistische Weise umzusetzen, die sich nicht am Ende gegen dich wendet. Im Moment steckst du mitten im Streit mit einem dieser typischen Entweder-oder-Probleme. Wie kannst du Unverantwortlichkeit wirklich aufgeben wollen, wenn Verantwortlichkeit Leben auf einem schmalen Grat von Lust sowie Einschränkung deines Selbstausdrucks heißt? Da du deine Unverantwortlichkeit nicht wirklich aufgeben willst, fühlst du dich schuldig. So lehnst du den vitalen Teil in dir ab, der berechtigterweise alle Freuden der Schöpfung ausschöpfen möchte, aber noch nicht weiß, wie das ohne Parasitentum und Ausbeutung anderer zu bewerkstelligen ist. Nimmst du jedoch die wunderbare Kraft, die hinter der Verantwortungslosigkeit nach völliger Lust strebt, voll und ganz an und schätzt du sie als solche, wirst du auch entdecken, wie du sie ausdrücken kannst, ohne die Grenzen anderer oder die eigenen Harmoniegesetze zu verletzen. Du wirst den unnötigen Preis von Besorgnis, Angst, Schuld und Unfähigkeit zurechtzukommen nicht bezahlen müssen. Den bezahlst du nur, wenn du deinen Seelenfrieden kurzzeitiger Lust opferst.

Die Lust wird tiefer, dauerhafter und völlig frei von Schuld sein, wenn du das Bewußtsein ihrer Berechtigung mit Selbstdisziplin paarst. Wenn du den Wunsch nach Lust mit Selbstdisziplin und Verantwortung aussöhnst, wirst du das innere Wissen zum Ausdruck bringen, das besagt: »Ich möchte das Leben genießen. Es gibt viele wunderbare Dinge zu erfahren. Es gibt viele schöne Weisen des Selbstaudrucks. Es herrscht grenzloser Überfluß im Universum für alle Formen des Unvorhergesehenen. Das Mögliche kennt keine Schranken. Ich kann diese Erfahrung verwirklichen und in mein Leben einbringen, wenn ich einen anderen als den selbstzerstörerischen Weg finde, es auszudrükken und zu erhalten.« Die nötige Disziplin wird viel einfacher zu erwerben sein, die Bereitschaft dazu wird wachsen, wenn du weißt, daß es dir völlig freisteht, sie zu nutzen, um die Lust und den Selbstausdruck zu steigern.

Meine liebsten Freunde, ich habe euch neues Material gegeben, das große Aufmerksamkeit erfordert. Bezieht es auf eure eigene Situation. Öffnet euer Innerstes und wendet es an. Tut das nicht nur theoretisch, auf allgemeine Weise, sondern seht genau dorthin, wo ihr das, was in euch ist, aus Furcht und Schuld leugnet und dadurch das Beste in euch lähmt.

Jenen, die entmutigt und hoffnungslos sind, kann ich nur sagen: Ihr befindet euch in Illusion und Irrtum, wenn ihr euch so fühlt. Versteht dies und bittet darum, die Wahrheit zu erkennen: Es gibt keinen Grund zur Hoffnungslosigkeit. Schwierige Zeiten brauchen nur verstanden und durchgearbeitet zu werden, dann werden sie zum *Sprungbrett* für eine weitere Öffnung, die mehr Licht und Selbstausdruck in euer Leben hineinläßt.

Empfangt die Liebe und den Segen, meine liebsten Freunde, seid in Frieden.

13 Selbstachtung

(Lesung Nr. 174)

Der GUIDE *sagte einmal, wenn Menschen sich hassen und selbst ablehnen, »weinen die Engel«. Wir haben es gehört, vergessen aber allzuleicht, daß wir als inkarnierte Seelen Manifestationen des Göttlichen sind; wir neigen dazu, den Teil unseres Wesens, den wir am wenigsten mögen, als unser echtes, bleibendes Selbst anzusehen. Diese Annahme hat schreckliche Konsequenzen, wie der* GUIDE *erklären wird. In dieser erbauenden, aufbauenden Lesung lehrt er uns, wie wir unsere wahre Identität in unserem sich ständig wandelnden, lebendigen Kern finden. Indem wir unbeschränkte Möglichkeiten zu positiven Entscheidungen entdecken, kommen wir dahin, uns selbst zu lieben und zu achten.*

Seid gegrüßt, meine liebsten Freunde. Gesegnet sei jeder von euch hier. Möge sich euer Herz öffnen, möge eure Aufmerksamkeit klar gerichtet sein, so daß ihr während dieser Stunde soviel wie möglich aufnehmen könnt.

Jedem Menschen, der Gefühle der Ungewißheit, Angst, Unsicherheit, Schuld, Schwäche, Zweifel, Negativität, Unzulänglichkeit und Unterlegenheit erfährt, fehlt es in schmerzlicher Weise an Selbstachtung, Selbstliebe oder Selbstwert, wie immer ihr es nennt. In dem Maße, wie diese Gefühle gegenwärtig sind, mangelt es ihm unweigerlich an Selbstachtung, doch ist dies nicht klar erkannt. Die Unwissenheit ist um so schädlicher, als ihr dann um so unfähiger seid, das Problem direkt anzugehen. Nur viel Einsicht in das Selbst bringt die unmittelbare Bewußtheit: »Ich mag mich nicht, ich achte mich nicht.«

Der innere Konflikt zwischen Nachgiebigkeit
gegen sich selbst und Selbstablehnung

Mit dieser Selbsteinsicht werden die Menschen beständig vor einen selten bewußten inneren Konflikt gestellt. Er entsteht aus der dualistischen Wahrnehmung, die für die Menschheit kennzeichnend ist. Ich habe oft gezeigt, wie eine falsche Auffassung die Wahrheit in zwei gegensätzliche Hälften spaltet, die euch verwirren und es unmöglich machen, eine befriedigende Wahl zu treffen. Ihr seid dann von innerer Zwietracht und schmerzhafter Verwirrung zerrissen. In diesem Fall heißt das Dilemma: Wie könnt ihr euch annehmen und mögen, ohne Gefahr zu laufen, den destruktiven Zügen in euch – die alle Menschen haben, auch wenn sie verborgen sind – nachzugeben und sie zu rechtfertigen? Oder, wie könnt ihr andererseits die negativen zerstörerischen Züge, die Schwächen, die kleinen Selbstsüchte, die Grausamkeiten und Eitelkeiten, die euch oft nachtragend und nicht liebenswert machen, ansehen, annehmen und zugeben und trotzdem eure Selbstachtung aufrechterhalten? Wie könnt ihr vermeiden, der zerstörerischen Schuld, Selbstablehnung und Selbstverachtung anheimzufallen?

Der Konflikt ist tief verwurzelt, und die meisten Menschen ringen wissentlich oder unwissentlich damit. Er ist eine typisch dualistische Verwirrung, die scheinbar das Zugeben einer unliebsamen Wahrheit und die Selbstannahme zu Gegensätzen macht, die sich ausschließen.

Aber bevor ich ins einzelne gehe und euch einen Schlüssel anbiete, der das Vereinigen dieser Gegensätze ermöglicht, laßt mich den Konflikt selbst noch etwas betrachten. Diejenigen unter euch, die in letzter Zeit diesen tobenden Kampf in sich erfahren haben, werden genau wissen, wovon ich spreche. Andere, die ihre Selbstablehnung bisher noch nicht wahrgenommen haben, werden sich ihrer allmählich bewußt werden müssen. Vielleicht wird der einzige derzeitige Weg zur Erkenntnis der Selbstabneigung und -unterschätzung indirekt sein.

Sicher könnt ihr Scheu, Ungewißheit, Unsicherheit, die Befürchtung, abgelehnt oder kritisiert zu werden, wie auch Gefühle der Unterlegenheit und Unzulänglichkeit spüren. Vielleicht nehmt ihr hier und dort ein gewisses Schuldgefühl wahr, das keinen Sinn ergibt. Obwohl diese Schuld sich gewöhnlich hinter anderem Verhalten versteckt hält, ist sie selten so weit entfernt, daß sie nicht bisweilen klar und deutlich wahrgenommen werden kann, sobald ihr

euch auf die Suche danach begebt. Vielleicht wißt ihr, daß ihr für die unge-
zählten Möglichkeiten seliger Lebenserfüllung nicht offen seid und euch mit
weniger zufriedengebt, als ihr erfahren könntet. Vielleicht könnt ihr feststellen, daß ihr im Leben zurücksteht, euch irgendwie unwürdig fühlt und zumindest in gewissen Lebensbereichen eure eigenen Möglichkeiten als negativ
wahrnehmt.

All diese Manifestationen weisen darauf hin, daß ihr euch selbst ablehnt
und nicht mögt. Es sollte nicht zu schwierig sein, die Bewußtseinslücke zwischen diesen Manifestationen und ihrer tieferen Ursache zu überbrücken,
nämlich daß ihr nicht viel von euch haltet. Es kann sein, daß ihr euch wegen
einiger Merkmale und Verhaltensweisen nicht mögt, doch ist eine solche Spe-
zifizierung eurem Bewußtsein vielleicht erst recht verborgen. Es ist gut möglich, daß ihr erst nur ein vages allgemeines Gefühl der Selbstmißachtung feststellt und die spezifischen Merkmale, die ihr in euch nicht mögt, nicht genau
bestimmen könnt.

Sobald ihr, vielleicht nur vage, fühlt, daß es euch an Achtung und Wertschätzung für euch selbst als Menschen fehlt, muß der nächste Schritt sein,
diese Haltung konkreter auszudrücken. Wenn ihr den richtigen Grund wirklich finden wollt, werdet ihr es auch, obwohl die genaue Erkenntnis von dem,
was diese Haltung ausmacht, recht indirekt kommen mag. So geschieht es
häufig auf diesem Pfad.

Andererseits kann es sein, daß ihr ganz klar in euch etwas seht, was bedau-
erlich und unerwünscht ist. Dann könnt ihr in eine falsche Trotzhaltung und
Selbstrechtfertigung fallen, weil ihr glaubt, unerwünschte Züge zuzugeben
hieße, euch insgesamt abzulehnen. Ihr versäumt, zwischen der Ablehnung
eines Zuges und der Ablehnung der Person zu unterscheiden, sei es die eure
oder die eines anderen. Deshalb verfallt ihr in den Fehler, eine sehr unerwünschte und zerstörerische Eigenschaft zu rechtfertigen, zu leugnen, zu
verfälschen oder zu rationalisieren, ja oft sogar zu beschönigen. Hier ist die
Verwirrung vollkommen!

Was führt zur Selbstachtung?

Hier sind einige Hinweise, wie ihr den Schlüssel finden könnt, der euch befähigt, euch mit dem unerwünschten Verhalten ehrlich auseinanderzusetzen,

ohne im mindesten den Respekt für euch oder den Sinn dafür zu verlieren, ein wertvoller Mensch zu sein. Zuerst müßt ihr das Leben auf neue Weise wahrnehmen und erfahren. Euer Leben – und ihr seid Leben, weil ihr lebendig seid – repräsentiert alles Leben, alle Natur. Eines der Merkmale des Lebens ist sein unermeßliches Potential für Wandlung und Ausweitung. Um noch genauer zu sein: Sobald ihr das Leben an sich wahrnehmt, werdet ihr spüren, daß selbst die niedrigste aller zerstörerischen Kreaturen jede Möglichkeit zu Veränderung und Gutsein, zu Größe und Wachstum besitzt. Jeden Moment kann das Denken sich verändern und neue Einstellungen und Verhaltensformen erzeugen, neue Gefühle und Daseinsweisen. Und wenn dies nicht jetzt erfolgt, ändert das nichts, denn eines Tages müssen sich die Dinge ändern, und dann wird sich endlich eure wahre Natur zeigen. Das Wissen, daß sie früher oder später hervortreten muß, ändert alles: Es verändert eure Verzweiflung über euch selbst. Es öffnet die Tür zum Wissen um euer Potential – das Potential zum Guten, ganz gleich wie böswillig ihr jetzt auch sein mögt; zur Großzügigkeit, ganz gleich wie armselig ihr jetzt seid; zur Liebe, gleich wie selbstsüchtig ihr jetzt seid; zur Stärke und Integrität, gleich wie schwach ihr jetzt seid und wie sehr ihr dazu neigt, euer bestes Selbst zu verraten; zur Größe, gleich wie unbedeutend ihr jetzt seid.

Schaut auf die Natur, auf jede Erscheinung des Lebens; sie ändert sich ewig, sie stirbt und wird wiedergeboren, sie weitet sich, zieht sich zusammen und pulsiert. Sie ist immer in Bewegung und breitet sich aus. Das gilt besonders für das bewußte Leben, und mehr noch für das seiner selbst bewußte. Die Kraft des Gedankens, des Willens, der Gefühle ist unendlich größer als jede unbelebte Kraft. Und dennoch ist die unbelebte Kraft der Elektrizität etwa und mehr noch der Atomenergie so groß, daß ihr kaum begonnen habt, ihre Möglichkeiten im Guten und Konstruktiven wie im Bösen und Destruktiven auch nur zu ahnen. Wo Leben und Bewußtsein sind, existieren beide Möglichkeiten.

Die Anwendung der bewußten Geisteskraft

Wenn also im kleinsten Atom, so klein, das es nicht einmal mit bloßem Auge wahrgenommen werden kann, eine Kraft existiert, die unvorstellbare Energie zum Aufbauen oder Zerstören freisetzen kann, wie unendlich viel mehr muß das bei der Geisteskraft der Fall sein, der Kraft des Denkens, Fühlens und Wollens. Denkt über diese bedeutsame Tatsache nach, meine Freunde, sie wird euch neue Sichtweisen eröffnen. Warum nehmt ihr blindlings an, die Kraft unbelebter Dinge sei größer als die des Geistes?

Die Fähigkeiten des Denkens, Wollens, Fühlens, Ausdrückens, Handelns und Entscheidens sind die Charakteristika des Bewußtseins. Sie werden von der Menschheit äußerst unterschätzt. Lebendiges Bewußtsein verdient eine Achtung, die kaum in Worte gefaßt werden kann. Es ist gleich, wie es sich zeigt. Wie unerwünscht und zerstörerisch die jetzigen Erscheinungen auch sein mögen, das Leben, das der augenblicklichen Destruktivität entspringt, enthält das Potential, sich in konstruktive Kanäle zu wenden, denn die Quellen des Lebens sind wahrhaftig unerschöpflich.

Da die Substanz des Lebens Bewegung und daher Veränderung ist, ist sie es, die berechtigte und realistische Hoffnung gibt, wie hoffnungslos eine Situation oder Geistesverfassung auch erscheinen mag. Menschen in tiefer Depression und Hoffnungslosigkeit müssen sich im Irrtum befinden, denn sie leugnen ebendiese Lebensessenz. Und diejenigen, die über sich verzweifeln, weil sie sich für so schlecht, so unannehmbar, so destruktiv, so negativ halten, erliegen dem Irrtum, das Leben auf eine festgelegte Weise wahrzunehmen und zu erfahren, als müsse, was jetzt ist, immer so sein. Das ist der Irrtum der Erstarrung: »Das ist so, und das ist alles.« Solches Denken ignoriert und negiert den Fluß des wahren Lebens. Da ihr lebt, ist dieser Fluß der eure, in Wirklichkeit seid ihr fließend.

Das einzige, was euch abhält, zu fließen und in einen Zustand der realistischen Hoffnung und des Lichts überzuwechseln – in das Wesen des Lebens selbst –, ist die Eingeschlossenheit, die Unkenntnis dieser Wahrheit – euer jetziger Bewußtseinszustand. Dieser ist der Überzeugung verhaftet, daß das Leben und eure Persönlichkeitsmerkmale statisch sind und so bleiben müssen. Euer Bewußtseinszustand wird in diesem dunklen Gefängnis eingeschlossen sein, solange ihr nichts anderes wißt.

Ihr habt die Möglichkeit, das Gesagte auf eure persönliche Situation anzuwenden. Wo fehlt euch die Hoffnung? Und warum? Fühlt ihr euch hoffnungslos wegen des Lebens an sich? Oder glaubt ihr, die Möglichkeiten zu Expansion und Glück seien zu beschränkt, um euch genug Spielraum zu geben? Oder fühlt ihr, daß ihr eine sinnvollere, erfülltere Lebenserfahrung nicht verdient und deshalb nicht machen könnt? Dieser letzte Gedanke glimmt vielleicht insgeheim unter eurer Wahrnehmung der Begrenztheit des Lebens.

Wenn ihr die flüchtigen Eindrücke deutlicher ins Bewußtsein heben könnt, fragt euch: »Bin ich ohne Hoffnung, je das Glück zu verdienen, weil ich, wahrscheinlich ganz berechtigt, gewisse Züge an mir nicht mag?« Doch seid ihr nicht auch davon überzeugt, daß diese Eigenschaften euch kennzeichnen und bestimmen? Das ist der große Kampf, meine Freunde: Ihr glaubt irrigerweise, daß das, was euch am meisten verhaßt ist, euch ausmacht. Dies ist zugleich die Ursache für den allen Menschen eigenen großen Widerstand gegen Veränderung. Denn da ihr nicht glaubt, im wesentlichen irgend etwas anderes sein zu können als das, was ihr nicht mögt, müßt ihr daran festhalten, weil ihr nicht zu existieren aufhören wollt. Das ist das Problem bei dieser dualistischen Verwirrung. Deshalb haltet ihr so unfaßlicherweise an den destruktiven Zügen fest.

Ihr haltet daran fest, weil ihr überzeugt seid, daß ihr dies seid. Euer Zustand ist festgelegt, und jede Veränderung ist unmöglich, weil ihr nicht erkennt, daß alle Möglichkeiten in euch existieren. Ihr seid bereits, was ihr künstlich, mühevoll und durch gewaltsames Verzerren eurer wahren Natur meint erzeugen zu müssen. Aber da ihr das nicht glauben wollt, könnt ihr nicht aufhören, an den Seiten, die ihr nicht mögt, festzuhalten, denn sie scheinen euer inneres Wesen darzustellen.

Das ist in der Tat ein Teufelskreis, denn wahre Selbstachtung kann natürlich nur kommen, wenn ihr eure Fähigkeit, zu lieben und aus eurem Inneren zu geben, spürt. Jedoch könnt ihr diese Fähigkeit nicht kennen, wenn ihr für selbstverständlich haltet, daß sie nicht existiert, und glaubt, jeder andere Zustand als der, den ihr gerade ausdrückt, sei euch innerlich fremd und euer echtes, endgültiges, bleibendes Selbst sei das, was ihr nicht mögt. Solange das so ist, bleibt ihr in dem Teufelskreis gefangen.

Um aus ihm herauszukommen, muß das Wesen des Lebens verstanden werden. Wenn euer Leben festgelegt scheint, ist das nur ein winziger Teil der ganzen Geschichte, meine Freunde. Unter all diesen Persönlichkeitszügen, die ihr für unveränderlich und endgültig haltet, fließt das Leben wie ein Bach unter dem Winterschnee. Es ist beständig; Gefühle greifen in alle Richtungen aus, spontan und auf wundervolle Weise ewig selbsterneuernd. Das Leben pulsiert kraftvoll, ist Bewegung an sich. Vor allem ist es ein Leben, in dem ihr jeden Augenblick frei für neue und andere Gedanken seid, die einen neuen und anderen Lebensausdruck und eine neue Persönlichkeit schaffen.

Ihr seht, solange ihr den wahren Zustand des Lebens, also euren eigenen wahren Zustand, ignoriert, könnt ihr euch selbst nicht die grundlegende Achtung erweisen, die ihr als menschliches Geschöpf verdient. Solange ihr Leben mit Tod, mit unbelebter Materie verwechselt, werdet ihr verzweifeln. Und selbst unbelebte Materie besitzt, wie ihr aus der heutigen Wissenschaft wißt, innerlich Leben und unglaubliche Bewegung, sobald dieses Leben freigesetzt wird. Denkt darüber nach, meine Freunde. Selbst ein scheinbar totes Objekt ist nicht tot, es enthält Leben und Bewegung und ständiges Sichwandeln. Stellt euch die Bewegung, das Leben, die Veränderungen jedes einzelnen Atoms in der Materie vor, die am leblosesten erscheint.

Es gibt also nichts im Kosmos, das leblos ist. Wieviel weniger kann es dann das Bewußtsein sein! Euer Denken ist ständige Bewegung. Das einzige Problem ist, daß ihr euch programmiert habt, es in langgewohnter Negativität, Selbstablehnung und nutzloser Beschränkung vor sich hin grübeln zu lassen. Aber sobald ihr euch entscheidet, euer Denken auf neue Weise zu benutzen, werdet ihr die Wahrheit der hoffnungsfrohen Veränderlichkeit des Lebens, seine endlosen Möglichkeiten, sich in neue Richtungen zu bewegen, erfahren. Ihr könnt euer Denken ständig ausweiten, neue Ideen aufnehmen, neue Erkenntnisse annehmen und euch dadurch neue Willensrichtungen, neue Erweiterungen, neue Ziele, neue Energien, neue Gefühle erschließen. Alles das ist Persönlichkeitsveränderung. Ohne daß ihr euch dessen recht bewußt seid, verändern diese neuen Denk- und Gefühlsweisen jenes Verhalten, das ihr jetzt so wenig mögt.

Ich möchte ganz klar sagen: Wenn ich über neue Daseinsweisen spreche, heißt dies nicht, sie hätten nicht als schlummernde Essenz in euch existiert. Sie sind nur neu für euer Bewußtsein, denn sie sind alle da, können jederzeit benutzt werden, wenn ihr es wünscht. Aber solange ihr euch in dem engen Rahmen eurer begrenzten Wahrnehmungen von euch und eurem Leben abschließt, könnt ihr von dem, was schon da ist, keinen Gebrauch machen. Betrachtet euch als fruchtbare Erde, ehe die Samen gesetzt sind. Fruchtbare Erde enthält erstaunliche Kraft, neue Formen des Lebens hervorzubringen. Die Möglichkeiten gären in ihr, ob die Samen nun gesetzt sind oder nicht. Euer gesamtes Bewußtsein und eure Lebendigkeit sind die fruchtbarste Erde, die vorstellbar ist. Sie ist immer da mit außerordentlicher Kraft, neue Formen eures Denkens, Fühlens, Wollens, eurer Energien und eurer Möglichkeiten des Agierens und Reagierens hervorzubringen.

Jede Situation, in der ihr euch befindet, umfaßt neue Reaktionsmöglichkeiten. Ihr habt jederzeit die Wahl. Ihr könnt in einer neuen Situation sein und automatisch den alten konditionierten Reflexen verfallen, dem negativen Herangehen, ohne darauf zu achten, was ihr tut. Vielleicht jammert ihr über das elende Leben, weil euch dies oder das zugestoßen ist, was ihr nicht mögt, und seht nicht die Verbindung zwischen eurer Unzufriedenheit und eurem Versagen einerseits und euren einseitigen, automatisch negativen Reaktionen andererseits. Solange ihr annehmt, daß dieser gewohnte Ansatz der einzig mögliche ist, werdet ihr nicht die Möglichkeiten und Kräfte eures Lebens begreifen.

Daher fragt euch, wenn ihr euch unglücklich oder hoffnungslos fühlt: »Gibt es andere Möglichkeiten, auf diese Situation zu reagieren, die mich wie aus dem Nichts zu überfallen scheint? Ich entscheide mich jedesmal wieder, darauf negativ und zerstörerisch zu reagieren, und bewirke nur Hoffnungslosigkeit, Jammern und Ärger in mir.« Ihr habt die Wahl. Euer Ärger, eure Klage über die Welt ist verschwendet; denn, würde sie richtig genutzt, könnte all diese Energie ein neues Leben für euch aufbauen. Ihr könnt andere nicht verändern, gewiß aber euer eigenes Verhalten und Denken. Dann zeigt das Leben seine unbegrenzten Möglichkeiten.

Zuerst verändert sich euer Denken und Verhalten, eure Gefühle folgen, und dann antworten eure Handlungen und Reaktionen auf neue spontane Impulse. Das wiederum bewirkt neue Lebenserfahrungen. Je mehr ihr die Kettenreaktion dieses Prozesses erfahrt, desto mehr begreift ihr auch, daß ihr eine lebendige, sich bewegende, endlos verändernde Einheit des Lebensausdrucks seid. Und keines eurer Merkmale verdient, daß ihr seinetwegen euer ganzes Selbst abwertet und ablehnt. Sobald ihr das einseht, könnt ihr euch den wundervollen, erleichternden Luxus leisten, ganz ruhig jeden unerwünschten, häßlichen Zug zuzugeben, ohne euch deswegen zu hassen, ohne den Sinn dafür zu verlieren, daß ihr ein Ausdruck des Göttlichen seid. Nur dann könnt ihr die unerwünschten Eigenschaften wirklich umwandeln.

So paradox, wie dies scheinen mag, durch die völlige Selbstablehnung, die hier angesprochene zerstörerische Schuld, kann nichts überwunden werden. Ihr werdet dies nur verstehen, meine Freunde, wenn ihr versteht, daß nichts überwunden werden kann, solange ihr glaubt, ein festgelegtes, unveränderliches Etwas zu sein. [Ihr habt gehört, daß ihr entsprechend euren Glaubenssätzen Erfahrungen sammeln müßt. Aber habt ihr ein falsches Glaubenssystem aufgebaut, könnt ihr nicht darüber hinaussehen.] Euer Handeln ist dann von diesen Glaubenssätzen bestimmt und muß daher den Beweis ihrer Richtigkeit liefern, ganz gleich wie fehlgeleitet sie sind und wie viele andere Alternativen es in Wirklichkeit gibt.

Wenn ihr davon überzeugt seid, euch nicht ändern zu können, könnt ihr keinen sinnvollen Schritt in diese Richtung machen. Deshalb könnt ihr Veränderung nicht erfahren und müßt überzeugt bleiben, daß sie unmöglich sei. Die negative Überzeugung macht es auch unmöglich, die nötige Mühe zur Veränderung aufzubringen. Die Energie, die Disziplin, die Ausdauer, die Initiative, die alle wesentlich für Veränderung sind, werden vergleichsweise einfach aufzubringen sein, wenn ihr wißt, daß Veränderung möglich ist, wenn ihr wißt, daß Veränderung lediglich bedeutet, eure schlummernden Qualitäten zum Vorschein zu bringen. Wenn ihr das wißt, werdet ihr nicht darüber verzweifeln, der Liebe unwürdig zu sein, und es wird keine Rolle spielen, wie häßlich eure Eigenschaften sind. Ihr werdet die Kräfte in euch verfügbar machen, um vorwärtszudrängen, ihr werdet fähig sein, in die Quellen eures innersten Wesens einzutauchen, und aus ihnen schöpfend jede häßliche, zerstörerische Eigenschaft überwinden.

Die Kraft, die den Kosmos schuf, mit allen Dingen, auch mit allem, das ihr seid, besitzt die Macht, alles zu verändern. Denn selbst die Dinge, die verändert werden sollten, sind von derselben Kraft erschaffen und müssen in ihrem Wesen anders sein, als sie jetzt erscheinen. Ihr seid auch diese Kraft, und sie zeigt sich, sobald ihr den bewußten Kontakt zu ihr aufnehmt. Dies ist nur möglich, wenn ihr um die Quelle in euch wißt, die sich ewig verändert, bewegt und ausweitet mit unendlichen Möglichkeiten.

Wiederverbindung mit dem Triebleben

Ihr seht, meine Freunde, das Leben, das der Natur innewohnt, ist auch in euch. Bloßer Wille und Intellekt sind steril, wie ihr sehr wohl wißt. In der Tat, nur das Lebensgefühl, das natürliche Leben, kann die Erfüllung bringen, ohne die das Leben wirklich eine traurige Angelegenheit ist. Darüber sprechen wir, und dahin zielt dieser Pfad. Warum hat die Menschheit den Kontakt zur Quelle ihres eigenen Lebens verloren, zur Quelle ihrer Gefühle, ihrer Instinkte, ihres eigenen Wesens tief drinnen im Selbst? Nur weil ihr euch vor eurer Destruktivität fürchtet und nicht mit ihr umzugehen wißt. Die Zivilisation hat jahrtausendelang das Triebleben geleugnet, um sich vor seinen Gefahren zu schützen. Aber damit hat die Menschheit ihre Verbindung zur Essenz des Lebens selbst abgeschnitten. Sie hat nicht erkannt, daß es andere Wege gibt, die Verzerrungen und Verdrehungen der natürlichen Kräfte aufzuheben, Wege, die das Leben selbst nicht leugnen müssen. Das Triebleben ist immer fälschlich mit Zerstörungslust gleichgesetzt worden. Nur mit ihrem Reifen ist die Menschheit fähig zu lernen, daß, um das Böse zu meiden, das Triebleben nicht verleugnet werden muß. In der Tat, es sollte nicht verleugnet werden, denn das würde das Leben genauso vernichten wie das gefürchtete Böse selbst. Nur tief im Kern der Instinkte kann Gott gefunden werden, denn nur dort kann echte Lebendigkeit gefunden werden. Daher muß die Menschheit andere Mittel finden, um mit ihren destruktiven Trieben umzugehen, wenn sie sich nicht selbst auf eine Weise vernichten will, die anders, aber genauso tödlich ist, wie den negativen Instinkten freien Lauf zu lassen.

Diese Lesung will euch ein zusätzliches Mittel geben, eurer negativen Seite zu begegnen. Ihr werdet lernen, die tiefen Instinkte, denen ihr immer mißtraut habt, zu schätzen und zu nähren und die Wahrheit des lebendigen, schöpferischen Geistes in und durch sie zu finden. Ihr werdet dann euer Triebleben freudig fördern, entfalten und integrieren. Ihr werdet ihm glauben und vertrauen. Leugnet und fürchtet es nicht, weil ihr noch immer Schwierigkeiten habt, eure unerwünschten zerstörerischen Züge anzunehmen und ihnen zu begegnen. Wenn ihr auf leidenschaftslose, objektive Weise hinschaut, werdet ihr beobachten, daß Furcht und Verleugnung im Gegensatz zum Triebleben stehen. Die Instinkte sind an sich einfach und unschuldig; eure Destruktivität ist immer das Ergebnis von Stolz, Eigenwillen, Furcht, Eitelkeit, Gier, Abgetrenntheit, Lieblosigkeit und Besserwisserei.

Es wird euch allmählich leichter werden, allem in euch, gleich wie häßlich, zu begegnen, es anzuerkennen, zuzulassen und anzunehmen. Ihr werdet nicht eine Sekunde lang den Sinn für eure innere schöne Lebendigkeit oder das Wissen, daß ihr die eigene Achtung verdient, verlieren. Dieser innere Zustand wird zum Sprungbrett, von dem aus Veränderung möglich wird. Sie ist nicht nur eine abstrakte Möglichkeit, sondern wird zur wirkungsvollen Lebensweise, tagein, tagaus, eine ständig wachsende Bewegung.

Jeder, der dieses wichtige Thema auf den augenblicklichen Zustand wahrhaft anwenden kann, wird eine wichtige Hürde überwinden. Viele von euch mögen gerade in dieser schmerzhaften inneren Verwirrung stecken. Einigen ist es vielleicht nicht einmal bewußt, andere spüren es nur verschwommen, wieder andere sind sich dieses Kampfes sehr bewußt. Die meisten Menschen sind blind für das Toben des Kampfes in ihrem Inneren. Sie sind blind dafür, daß dieser Kampf die Triebeinschränkungen und die Angst, die Selbstentfremdung, die Dürre und Verarmung der Seelen erzeugt hat, die in einem Klima der Selbstablehnung nicht gedeihen können. Die Menschen ignorieren auch, daß all die religiösen Forderungen nach Liebe nicht erfüllt werden können, bis diese dualistische Spaltung geheilt und die Einheit gefunden ist, so daß Selbstliebe nicht mehr mit Nachgiebigkeit mit sich selbst verwechselt wird und ehrliche Selbstkonfrontation keinen Ekel vor dem Selbst hervorruft. Ihr könnt Frieden nur finden, wenn ihr das Häßlichste in euch wahrhaft akzeptiert und nie den Blick für die innere Schönheit verliert.

Gibt es noch Fragen?

FRAGE: *Ich fühle einen fürchterlichen Kampf gerade jetzt in bezug auf meine Selbstachtung. Es fühlt sich wie eine Atomexplosion an. Ich erkenne, daß ich in meinen eigenen Grenzen festhänge und auch, daß ich Lust nicht aushalte. Von meinem gewohnten Zustand der Unlust her scheint Lust nahezu unnatürlich.*

ANTWORT: Wenn du dich als Essenz des Lebens begreifen kannst, mit all ihren unglaublichen Kräften, Möglichkeiten und inneren Potentialen, wirst du wissen, daß du deine eigene Achtung und Annahme verdienst. Du wirst fähig sein, deine verhaßten Züge zu sehen und dennoch nicht den Blick dafür zu verlieren, wer du im Grunde bist.

Ich schlage auch eine besondere Übung vor, die du vielleicht hilfreich finden wirst. Schreibe alles auf, was du an dir nicht leiden kannst. Mach es schwarz auf weiß. Schau diese Züge an, wenn sie niedergeschrieben sind. Dann fühl in dich hinein und frage: »Glaube ich wirklich, daß das alles ist, was mich ausmacht? Glaube ich wirklich, daß ich das ganze Leben lang so sein muß? Glaube ich an die Möglichkeit zu lieben? Halte ich Kräfte in mir eingesperrt, die alles vorstellbar Gute in sich bergen?« Stellst du ernsthaft diese Fragen, wirst du auf einer tiefen Gefühlsebene Antwort bekommen, auf einer Ebene, wo die Antwort mehr als ein theoretisches Konzept ist. Du wirst eine neue Kraft in dir erfahren, die du nicht zu fürchten brauchst, und eine neue Milde und Sanftheit, die keine Feindseligkeit oder andere Abwehrmechanismen braucht. Dann wirst du wissen, wieviel es in dir zu lieben und achten gibt.

Vereinigung von Liebe und Lust

Du bist jüngst in deiner Pfadarbeit auf eine ganz bestimmte falsche Auffassung gestoßen, die das Lieben unmöglich macht, solange du sie beibehältst. Setzt du Liebe fälschlich mit der furchtbaren Gefahr gleich, völlig zu verarmen, ja sogar deines Lebens beraubt zu werden, wie kannst du dann lieben wollen? Wie kannst du dich der Liebe hingeben? Dieser Auffassung entsprechend bedeutet, etwas von dir zu geben, den Verlust dessen, was du gibst, ohne je wieder gefüllt zu werden. Wäre das wahr, wäre Liebe tatsächlich unmöglich und Geben töricht. Kannst du jetzt einsehen, daß das nicht stimmt, daß die Wirklichkeit anders ist? Und wenn du sehen kannst, daß Liebe aus derselben unerschöpflichen Quelle stammt wie Weisheit, wie alles Leben, kannst du weiter wahrnehmen, daß du deinen natürlichen Instinkt nicht zu leugnen brauchst, der ausgreifen will, der die Lust des Liebes- und Wärmegefühls und des Gebens will? Und kannst du noch den nächsten natürlichen, organischen Schritt in der Kette voraussehen? Wenn du lieben kannst, wirst du dich unweigerlich selbst lieben. Das ist der Grund, warum du Angst vor der Lust hast. Denn Lust scheint nicht nur gänzlich unverdient, sondern Liebe und Lust sind austauschbar. Echte Lust ist Lieben, und ohne Lieben kann Lust einfach nicht sein. Wenn du Liebesgefühle verspürst, befindet sich dein ganzer Körper in einer wonnevollen Schwingung, mit Gewißheit, Sicherheit, Frieden, Stimulation, mit entspanntester und lustvollster Erregung. Das kann nicht dadurch kommen, daß dir etwas gegeben wird und du lediglich der Empfänger bist. Es kommt, wenn dieses Gefühl dich ganz erfüllt. Auch heißt das nicht, daß du nicht auch Liebe empfängst. Das Geben und Empfangen wird so austauschbar, daß häufig das eine nicht mehr vom anderen unterschieden werden kann. Beide werden in der einen Bewegung ununterscheidbar.

Aber ist dein Wesen bis jetzt unfähig, Liebesgefühle zuzulassen, mußt du die Wonne fürchten, denn beides, Wonne und Liebe, ist dasselbe. Die falsche Auffassung, daß Geben Verlust bedeutet, veranlaßt dich, dich in allen Situationen, die die natürlichen Instinkte zum Vorschein bringen könnten, zusammenzuziehen und zu verschließen. Wenn du Liebe und Lust leugnest, dann mußt du unweigerlich auch die Selbstachtung leugnen. Für dich besteht der Schlüssel darin, zu sehen, daß deine Unfähigkeit zur Liebe kein angeborener Zug ist, den du allein für immer in dir trägst. Er ist eine vorübergehende Blockade gegen die Liebe, die auf falschen Voraussetzungen fußt, welche auf einer tieferen Ebene deiner Gefühlserfahrung existieren. Du kannst die falsche Auffassung jeden Augenblick ändern, wenn du sie ehrlich und vollständig anschaust.

Seid gesegnet, jeder von euch. Lebt in Frieden. Seid, was ihr seid, aufrichtig und wahrhaftig, so daß Gott sich mehr und mehr in euch offenbart.

14 Meditation für drei Stimmen: Ich, niederes Selbst, höheres Selbst

(Lesung Nr. 182)

In dieser Meditation, die sich besonders auf die Selbstumwandlung bezieht, benutzen wir das bewußte Ich, um den Dialog zwischen dem höheren und dem niederen Selbst zu erleichtern, so daß, was im Unterbewußten ruht, sich dem bewußten Geist offenbart. Dieser Dialog und die Niederschrift von dem, was ans Licht tritt, weil es anerkannt und umgewandelt werden muß, kann eine unschätzbare tägliche Übung sein. Mit der so erworbenen Kraft können wir die Kunst der positiven Lebensschöpfung erlernen.

Seid alle hier gegrüßt, meine Freunde. Liebe und Segen und innere Stärke kommen zu eurer Unterstützung, um euch zu helfen, euer Innerstes zu öffnen. Ich hoffe, ihr setzt diesen Prozeß fort und pflegt ihn, so daß ihr euer gesamtes Sein ins Leben einbringt und Ganzheit in euch schafft.

Es gibt viele verschiedene Arten zu meditieren. Religiöse Meditation besteht aus dem Aufsagen festgelegter Gebete. Eine andere Meditation legt das Gewicht darauf, die Kräfte der Konzentration zu steigern. In einer weiteren betrachtet und reflektiert man die spirituellen Gesetze. Es gibt auch die Meditation, in der das Ich völlig passiv und willenlos gemacht und der Fluß des Göttlichen zugelassen wird. Diese und weitere Formen mögen mehr oder minder wertvoll sein. Mein Vorschlag an euch, die ihr mit mir arbeitet, ist dieser: Nutzt die verfügbare Energie und Zeit, um euch mit jenem Teil des Selbst auseinanderzusetzen, der Glück, Erfüllung und Ganzheit zerstört. Ihr könnt die ersehnte Ganzheit, als Ziel ausgesprochen oder nicht, nie schaffen, wenn ihr die Konfrontation umgeht. Bei diesem Ansatz verleiht ihr dem widerspenstigen Aspekt des egoistischen, destruktiven Selbst, der aus verschiedenen Gründen Glück, Erfüllung und Schönheit leugnet, eine Stimme.

Um die Dynamik, den Sinn und den Prozeß der Meditation zu verstehen und daraus den größtmöglichen Nutzen zu ziehen, sollten gewisse psychische Gesetze klar sein. Eines davon lautet: Soll Meditation wirklich Erfolg haben, müssen drei wesentliche Persönlichkeitsschichten aktiv beteiligt werden. Diese drei können wir folgendermaßen benennen:

(1) die *bewußte Ich-Ebene* mit allem bewußten Wissen und Wollen; (2) die *unbewußte, ichbezogene Kindebene* mit all ihrer Unwissenheit, Zerstörungswut und mit ihren Omnipotenzansprüchen; (3) das *überbewußte universelle Selbst* mit seiner überlegenen Weisheit, Macht und Liebe und seinem umfassenden Verständnis der Geschehnisse des menschlichen Leben.

In der erfolgreichen Meditation aktiviert das bewußte Ich sowohl das unbewußte, egoistische, zerstörerische Selbst als auch das überbewußte, überlegene, universelle Selbst. Zwischen diesen drei Ebenen muß eine ständige Wechselwirkung stattfinden, die große Wachsamkeit von eurem bewußten Ich oder Egoselbst erfordert.

Das Ich als Vermittler

Das bewußte Ich muß dazu veranlaßt werden, dem unbewußten, egoistischen Selbst die Erlaubnis zu geben, sich zu öffnen, zu entfalten, ins Bewußtsein zu treten und sich auszudrücken. Das ist weder so schwer noch so leicht, wie es scheint. Und schwer, meine Freunde, ist es nur wegen der Angst, nicht so vollkommen, entwickelt und gut, so vernünftig und ideal zu sein, wie man möchte oder gar vorgibt, so daß an der Bewußtseinsoberfläche das Ich fast überzeugt ist, das idealisierte Selbstbild zu sein. Gegen diese oberflächliche Überzeugung arbeitet ständig das unterbewußte Wissen, daß dieses Bild nicht stimmt; was bedeutet, daß sich die gesamte Persönlichkeit insgeheim wie ein Betrüger fühlt und schreckliche Angst vor Bloßstellung empfindet. Es ist ein bedeutsames Zeichen von Selbstannahme und Wachstum, wenn ein Mensch fähig ist, dem egoistischen, unvernünftigen, unverblümt destruktiven Teil zu erlauben, sich dem inneren Bewußtsein zu offenbaren, und ihn in all seinen Eigenheiten anerkennen kann. Das allein wird eine gefährliche *indirekte* Manifestation verhindern, der er sich, weil er keinen Kontakt dazu hat, nicht bewußt ist, so daß ihre unerwünschten Folgen von außen zu kommen scheinen.

Also muß das bewußte Ich nach innen greifen und sagen: »Alles, was in mir ist, alles Verborgene, was ich wissen sollte, auch das Negative und Zerstörerische, es muß ans Licht. Ich will es sehen und verpflichte mich, es anzuschauen, ungeachtet meiner verletzten Eitelkeit. Ich möchte gewahr werden, wie ich mich vorsätzlich weigere, meinen Anteil zu sehen, wo immer ich festhänge, und wie ich mich deswegen auf Fehler anderer konzentriere.« Das ist die eine Richtung der Meditation.

Die andere muß zum universellen höheren Selbst führen. Es besitzt Kräfte, die die Begrenzungen des bewußten Selbst überschreiten. Auch sie sollten zur Enthüllung des destruktiven niederen Selbst in Anspruch genommen werden, so daß der Widerstand überwunden werden kann. Der Wille des Ich allein ist dazu nicht fähig, doch das bewußte, selbstbestimmende Ich kann und muß die höheren Kräfte um Hilfe bitten. Das universelle Bewußtsein muß auch um Hilfe gebeten werden, damit ihr den Ausdruck des destruktiven Kleinkindes richtig und ohne Übertreibung versteht, so daß ihr von der Nichtbeachtung dieses Anteils nicht dazu übergeht, aus ihm ein Monstrum zu machen. Der Mensch kann leicht von äußerlicher Selbsterhöhung zu versteckter, innerer Selbstentwertung umschwenken. Wenn sich das destruktive Kind zeigt, könnte man leicht zu der Meinung gelangen, dieses Selbst sei die letzte, traurige Realität. Für ein umfassendes Verständnis der Enthüllungen des egoistischen Kindes ist es nötig, ständig um die Führung des universellen Selbst zu bitten.

Wenn das kleine Kind anfängt, sich freier auszudrücken, weil das Ich das erlaubt und es ohne Urteil als interessierter, offener Zuhörer annimmt, dann könnt ihr dieses Material zur weiteren Untersuchung sammeln. Alles, was sich zeigt, sollte auf seine Ursprünge, Folgen und Auswirkungen hin durchforscht werden. Fragt euch, welche zugrundeliegenden falschen Auffassungen für den Haß, die Verachtung, die Bosheit oder die anderen auftauchenden negativen Gefühle verantwortlich sind. Sind sie erkannt, verringern sich Schuld und Selbsthaß im Verhältnis dazu.

Eine andere Frage, die ihr stellen müßt, ist die nach den Folgen, wenn ihr einer flüchtigen Befriedigung wegen negativen Impulsen nachgibt. Sind solche Fragen deutlich gestellt und beantwortet, schwächt das die destruktiven Seiten – wieder im direkten Verhältnis zum Verständnis der jeweiligen Ursachen und Wirkungen. Ohne diesen Teil der Pfadarbeit ist die Aufgabe nur halb getan. Meditation muß das ganze Problem unbewußter Negativität Schritt für Schritt behandeln.

Die Wechselbeziehung ist dreifach. Anfangs muß das beobachtende Ich den Vorsatz haben und dazu stehen, nach innen zu greifen und die negative Seite aufzudecken. Es muß auch das universelle Selbst um Hilfe bitten. Wenn das Kind sich offenbart, sollte das Ich wieder die Hilfe des universellen Selbst erbitten, um das Bewußtsein für die weitere Arbeit zu stärken, die die zugrundeliegenden falschen Vorstellungen und deren hohen Preis erforscht. Wenn ihr es zulaßt, kann das universelle Selbst helfen, die Versuchung, den destruktiven Impulsen immer wieder nachzugeben, zu überwinden. Ein solches Nachgeben erfolgt nicht unbedingt im Tun, sondern zeigt sich in gefühlsmäßigen Einstellungen.

Die meditative Haltung

Die Meditation fordert viel Zeit, Geduld, Ausdauer und Entschlossenheit. Denkt daran – im Mangel an Erfüllung, in den Problemen oder Konflikten eures Lebens –, euch nicht vergrämt auf andere oder auf Umstände außerhalb eurer Kontrolle zu konzentrieren, sondern in euch selbst zu schauen und die Ursachen zu erforschen, die in der egoistischen Kindebene verankert sind. Die Meditation ist hier eine absolute Vorbedingung: Sie bedeutet, *euch zu sammeln* und dann ruhig und still die Wahrheit des jeweiligen Umstands und seiner Ursachen kennenlernen zu wollen. Danach *wartet schweigend auf eine Antwort.* In diesem Geisteszustand werdet ihr Frieden finden, noch ehe ihr ganz versteht, warum ihr eine bestimmte Negativität habt. Dieses aufrichtige Herangehen an das Leben wird euch ein gewisses Maß an Frieden und Selbstachtung geben, das euch fehlte, solange ihr andere für euer Leid verantwortlich machtet.

Wird diese Meditation gepflegt, werdet ihr eine Seite in euch entdecken, die ihr nie kanntet. Tatsächlich haben zwei Aspekte daran teil: Die höchsten universellen Kräfte werden mit euch in Verbindung treten, um euch bei der Entdeckung eurer destruktivsten, unwissendsten Seite, die Einsicht, Läuterung und Veränderung braucht, zu helfen. Durch die Bereitschaft, euer niederes

Selbst anzunehmen, wird das höhere Selbst zu einer echteren Gegenwart in euch werden. Mehr noch, ihr werdet es immer stärker als euer wahres Selbst erfahren.

Viele Menschen meditieren, aber lassen die Zweiseitigkeit dieses Bemühens außer acht und versäumen daher die Integration. Sie mögen sicher einige der universellen Kräfte aktivieren, die ins Spiel kommen, wenn der Mensch frei, positiv und offen genug ist; die unfreien, negativen, verschlossenen Bereiche aber bleiben vernachlässigt. Die verwirklichten universellen Kräfte werden von sich aus die Integration mit dem unentwickelten Teil des Selbst nicht durchsetzen. Das bewußte Ich muß sich für die Integration entscheiden und dafür kämpfen, sonst kann das universelle Selbst nicht zu den blockierten Bereichen vordringen. Teilweise Integration mit ihm allein kann sogar zu noch größerer Selbsttäuschung führen, wenn das Bewußtsein dadurch irregeführt wird und noch mehr geneigt ist, die vernachlässigte Seite zu übersehen. Das fördert eine einseitige Entwicklung.

Veränderungen durch die Meditation der Pfadarbeit

Durchlauft ihr den Prozeß von Anfang bis Ende, wird das gesamte Selbst außerordentlich gestärkt. Verschiedenes wird sich in euch ereignen, meine Freunde. Zunächst wird eure bewußte Ich-Persönlichkeit stärker und gesünder in einem guten, entspannten Sinne mit mehr Entschlossenheit, Bewußtheit, sinnvoller Ausrichtung, größerer Konzentrationskraft mit gesammelter Aufmerksamkeit. Zweitens werdet ihr viel mehr Selbstannahme und Realitätsverständnis entwickeln. Unechter Selbsthaß und Selbstekel hören auf. Zugleich enden die unechten Ansprüche auf Besonderheit und Vollkommenheit. Falscher spiritueller Stolz und Eitelkeit verschwinden ebenso wie falsche Selbsterniedrigung und Scham. Infolge der ständigen Belebung durch höhere Kräfte fühlt sich das Selbst immer weniger verlassen, hilflos, verloren, hoffnungslos oder leer. Die Sinnhaftigkeit des Kosmos mit all seinen wunderbaren Möglichkeiten öffnet sich euch von innen, und die Realität dieser erweiterten Welt zeigt euch den Weg, das destruktive innere Kind anzunehmen und zu verändern.

Diese allmähliche Wandlung befähigt euch, alle Gefühle anzunehmen und den Energiefluß in eurem ganzen Wesen zuzulassen. Nehmt ihr eure kleine, armselige, boshafte Seite an, ohne sie für die ganze, endgültige Realität zu halten, werden Schönheit, Liebe und Weisheit und die unendliche Kraft des überlegenen Selbst wirklicher. Die Auseinandersetzung mit eurem niederen Selbst leitet über zu einer ausgewogenen Entwicklung, Integration und einem tiefen, beruhigenden Gespür für die eigene Realität. Daher muß eine wirklichkeitsnahe, wohlfundierte Selbstliebe folgen.

Wenn ihr die Wahrheit in euch seht und es euch zur zweiten Natur geworden ist, sie zu wollen und zu ihr zu stehen, werdet ihr eine häßliche Seite entdecken, die ihr bisher nicht sehen wolltet. Ihr entdeckt aber zugleich auch die große, universelle, spirituelle Kraft, die in euch steckt und die ihr in der Tat seid. Es scheint paradox, aber je mehr ihr die kleine, gemeine Kreatur akzeptieren könnt, dieses unwissende kleine Kind in euch, ohne euren Selbstwert zu verlieren, desto besser werdet ihr die Größe eures inneren Wesens wahrnehmen, vorausgesetzt ihr benutzt die Entdeckungen über das kleine Selbst nicht dazu, euch selbst niederzumachen. Ebendazu will euch das niedere Selbst verleiten; das bewußte Ich soll in den engen Grenzen neurotischer Selbstbestrafung, Hoffnungslosigkeit und krankhafter Kapitulation bleiben, was immer unausgedrückten Haß verdeckt. Das bewußte Ich muß diese Strategie mit allem Wissen, allem Geschick vereiteln. Achtet auf die Angewohnheit zur Selbstkasteiung, Hoffnungslosigkeit und Kapitulation und bekämpft sie – nicht indem ihr sie wieder verdrängt, sondern indem ihr euer Wissen anwendet. Wenn ihr mit diesem Teil sprecht, könnt ihr alle Kenntnisse eures bewußten Ich zum Tragen bringen. Sollte das nicht reichen, fordert Hilfe von den Kräften jenseits eures Bewußtsein an.

In dem Maße, in dem ihr das Niedrigste und das Höchste in euch kennenlernt, entdeckt ihr die Funktion, die Fertigkeiten, aber auch die Beschränktheiten des bewußten Ich. Seine Funktion auf bewußter Ebene ist der Wille, die volle Wahrheit des Niedrigsten und des Höchsten in euch zu sehen und mit ganzer Kraft die Wandlung zu wollen und die Destruktivität aufzugeben. Das Ichbewußtsein ist dadurch eingeschränkt, daß es das allein nicht kann und sich um Hilfe und Führung an das universelle Selbst wenden muß. Es muß warten, ohne zu zweifeln oder ungeduldig zu drängen. Dieses Warten braucht eine offene Einstellung dafür, wie sich die Hilfe zeigen kann. Je weniger vorgefaßte Vorstellungen man hat, desto schneller wird die Hilfe kommen und zu erkennen sein. Vielleicht erfolgt die Hilfe des universellen Bewußtseins in einer Weise, für die eure Begriffe keinen Raum haben, und das kann sich als hinderlich erweisen. Eine offene, erwartende, annehmende und positive Haltung ist notwendig; ihr Fehlen bewußtzumachen kann jedoch zu einer konstruktiven Feststellung darüber werden, wo das Selbst im Augenblick steht.

Die Umerziehung des destruktiven Selbst

Bisher haben wir zwei Phasen der Meditation besprochen: erstens das Erkennen des unbewußten, zerstörerischen, egoistischen Selbst, zweitens das Verstehen der zugrundeliegenden falschen Auffassungen, der Ursachen und Wirkungen, der Bedeutung und des Preises, den ihr für die destruktiven Haltungen bezahlt. *Die dritte Phase ist die Neuausrichtung und Umerziehung des zerstörerischen Teils.* Das zerstörerische Kind ist nun nicht länger unbewußt. Mit seinen falschen Anschauungen, seinem hartnäckigen Widerstand, seiner Bosheit und mörderischen Wut braucht es eine neue Ausrichtung. Eine Umerziehung kann jedoch so lange nicht stattfinden, wie ihr euch nicht jedes Aspektes seiner Anschauungen und Einstellungen voll bewußt seid. Deshalb ist der erste Teil der Meditation, die Aufdeckungs- und Forschungsphase, so wesentlich. Selbstverständlich kann man sie nicht einfach hinter sich bringen und dann mit der zweiten und später mit der dritten Phase beginnen. Der Prozeß verläuft nicht in regelmäßig aufeinanderfolgenden Phasen, sondern die einzelnen Phasen überlagern sich.

Was ich jetzt sage, müßt ihr sehr sorgsam aufnehmen, so daß die Feinheiten nicht verlorengehen. Umerziehung läßt sich leicht mißverstehen und kann zu erneuter Unterdrückung oder Verdrängung des sich entfaltenden, destruktiven Teils führen. Laßt größte Sorgfalt walten und sucht ganz bewußt, dies zu vermeiden, ohne dem zerstörerischen Anteil zu erlauben, daß er euch überwältigt. Die beste Einstellung zu ihm ist unvoreingenommene Beobachtung und Annahme ohne Urteil und Hast. Je mehr er sich entfaltet, desto mehr müßt ihr euch daran erinnern, daß weder die Wahrheit seiner Existenz noch seine destruktiven Einstellungen endgültig sind. Weder sind diese Einstellungen die einzigen, die ihr habt, noch sind sie absolut. Darüber hinaus besitzt ihr die in euch wohnende Kraft, alles zu ändern. Der Ansporn zur Veränderung kann fehlen, wenn ihr den zerstörerischen Teil nicht erkennt und so nicht des Schadens gewahr werden könnt, den er eurem Leben zufügt. Ein weiterer wichtiger Aspekt in dieser Phase der Pfad-Meditation ist deshalb, in allen Richtungen nach indirekten Erscheinungen zu schauen. Wie zeigt sich in eurem Leben unausgedrückter Haß? Vielleicht, indem er Gefühle der Unwürdigkeit oder Angst aufkommen läßt oder eure Energien hemmt. Das ist nur ein Beispiel; alle seine indirekten Manifestationen müssen erforscht werden.

Hier ist es wichtig, euch in Erinnerung zu rufen, daß dort, wo Leben herrscht, ständig Bewegung ist, selbst wenn diese zeitweise gelähmt ist. Materie ist gefrorener Lebensstoff. Die zu Blöcken gefrorene Energie in eurem Körper ist vorübergehend verhärtete, unbewegliche Lebenssubstanz. Sie kann jederzeit in Bewegung gebracht werden, doch nur das Bewußtsein kann dies tun. Die Lebenssubstanz ist mit Bewußtsein und mit Energie gefüllt; ob die Energie augenblicklich blockiert und gefroren oder das Bewußtsein gerade getrübt ist, spielt keine Rolle. Meditation heißt vor allem, daß der Teil von euch, der bereits bewußt und in Bewegung ist, beabsichtigt, die blockierte Energie und das getrübte Bewußtsein wieder beweglich und bewußtzumachen. Der beste Weg dahin ist, dem gefrorenen, getrübten Bewußtsein erst einmal den Ausdruck zu gestatten. Hierbei braucht ihr eine empfängliche Haltung, nicht die Reaktion, alles, was zutage tritt, sei verheerend und katastrophal. Eine panische Haltung gegenüber dem eigenen, sich entfaltenden Kind schadet mehr als das destruktive Kind selbst. Ihr müßt lernen, ihm zuzuhören, es aufzunehmen, seinen Ausdruck ruhig zu empfangen, ohne euch dafür zu hassen und es wegzustoßen. Nur mit solcher Einstellung könnt ihr dahin gelangen, die Ursachen seiner Destruktivität zu verstehen. Nur dann kann der Prozeß der Umerziehung beginnen.

Die verneinende, panische, ängstliche, selbstablehnende und Vollkommenheit fordernde Haltung, die ihr gewöhnlich habt, macht jeden Teil dieser Meditation unmöglich. Sie erlaubt keine Entfaltung, kein Erforschen der Ursachen des sich Entfaltenden und gewiß keine Umerziehung. Es ist die annehmende und verständnisvolle Einstellung, die das bewußte Ich befähigt, seine gütige Herrschaft über die gewaltsam zerstörende, stagnierende psychische Materie zu behaupten. Wie ich schon oft gesagt habe, sind Freundlichkeit, Festigkeit und tiefe Entschlossenheit gegenüber eurer Zerstörungswut notwendig. Es ist ein Paradox: Identifiziert euch mit ihr, und bleibt dennoch unvoreingenommen. Akzeptiert, daß ihr es seid, bedenkt aber, daß es auch einen anderen Teil in euch gibt, der das letzte Wort hat, wenn ihr nur wollt. Dafür ist nötig, daß ihr die Begrenzungen eures bewußten Ich-Ausdrucks erweitert, um in jedem Augenblick sagen zu können: »Ich bin stärker als meine Destruktivität und durch sie nicht behindert. Ich bestimme, daß mein Leben in bester und vollster Verfassung ist und daß ich die Blockaden in mir, die mich dazu bringen, unglücklich bleiben zu wollen, überwinden will und kann. Meine Entschlossenheit wird die höheren Kräfte herbeirufen, und sie werden mich befähigen, mehr und mehr Glücksgefühle zu erfahren, denn ich kann die zweifelhafte Lust am Negativsein, die ich voll erkenne, loslassen.« Das ist die Aufgabe des bewußten Ich. Nur dann kann es auch die Kräfte der Führung, Weisheit und Stärke und ein neues inneres Gefühl der Liebe ins Spiel bringen, das daraus erwächst, daß ihr vom universellen Selbst durchdrungen seid.

Die Umerziehung muß durch die Beziehung der drei aufeinander einwirkenden Ebenen erfolgen, genauso wie es für das Bewußtmachen der destruktiven Seite und das Erforschen ihres tieferen Sinnes notwendig war. Die Umerziehung hängt vom Bemühen sowohl des bewußten Ich in seinen Anweisungen und im Dialog mit dem unwissenden, selbstbezogenen Kind ab als auch von der Intervention und Führung durch das universelle, spirituelle Selbst. Beide bewirken auf ihre Weise das allmähliche Reifen des Kindes. Das Ich bestimmt sein Ziel, das Bewußtsein des negativen inneren Kindes zu ändern, indem es den Willen dazu ausspricht und sich dazu verpflichtet. Das ist seine Aufgabe. Die Durchführung dieser Aufgabe ist durch das spirituelle Einströmen der tieferen Persönlichkeit möglich, die bewußt und willentlich aktiviert werden muß. Hier muß das Bewußtsein wieder einem zweifachen Ansatz folgen: Der eine ist Aktivität, die ihren Wunsch behauptet, die selbstzerstörerischen Züge umzuwandeln, die den Dialog führt und ruhig und sicher das unwissende Kind anweist. Der andere ist ein mehr passives, geduldiges Warten auf die allmähliche, aber gewisse Offenbarung der universellen Kräfte. Sie sind es, die den inneren Wandel zuwege bringen und zu neuen, zuverlässigeren Reaktionen führen. So werden gute Gefühle die negativen oder erstarrten Gefühle ersetzen.

Auf den widerstrebenden Teil Druck auszuüben, ihn anzutreiben ist so unnütz und unwirksam wie seiner direkten Weigerung, sich zu rühren, nachzugeben. Wenn das bewußte Ich nicht sieht, daß ein Teil des Selbst jeden Schritt hin zur Gesundheit, zur Entfaltung und zum guten Leben verwehrt, können als Gegenbewegung Hast, Ungeduld und Druck entstehen. Beides ist in Selbsthaß begründet. Fühlt ihr euch gelähmt, ohne Hoffnung, nehmt das als Aufforderung, den Teil in euch zu suchen, der sagt: »Ich will mich nicht ändern, ich will nicht konstruktiv sein.« Findet diese Stimme. Nutzt auch hier den meditativen Dialog, um das Schlechteste in euch zu erforschen und zum Ausdruck kommen zu lassen.

Ihr versteht nun, meine Freunde, daß der Ausdruck des negativen Teiles, die Erforschung seiner Bedeutung, seiner Ursache und Wirkung sowie seine Umerziehung ein ständig fließender Prozeß sein muß, abwechselnd und oft auch gleichzeitig. Seht, wie sich die drei Ebenen in dem Bemühen um Läuterung und Integration verbinden. Meditation wirkt hier als ständige Artikulation des bisher Unausgesprochenen. Es ist eine dreifache Kommunikation und Konfrontation: vom Ich zum destruktiven Selbst und vom Ich zum universellen Selbst, so daß das universelle Selbst das Ich wie das destruktive Selbst beeinflussen kann. Euer Feingefühl wird von Tag zu Tag wachsen, und ihr werdet genau spüren, was in jedem Augenblick eures Entwicklungsweges notwendig ist.

Ein Weg, die Meditation zu beginnen

Jeder Tag bringt neue, aufregende, wunderschöne Aufgaben. Ihr sollt sie nicht mit der Einstellung angehen, sie hinter euch bringen zu müssen, weil nur dann das Leben anfinge. Im Gegenteil, der Meditationsprozeß ist Leben im besten Sinne. Ihr könnt jede Meditation damit beginnen, daß ihr euch fragt: »Was fühle ich wirklich in diesem Augenblick in bezug auf dieses oder jenes Problem? Wo bin ich unbefriedigt? Was lasse ich unbeachtet?« Dann könnt ihr den universellen Geist in euch anrufen, daß er euch hilft, die Antworten zu finden. Wartet vertrauensvoll auf das, was sich entfaltet. Nur wenn sich etwas in euch entfaltet, könnt ihr in direkte Konfrontation, Kommunikation oder Diskussion mit diesem Teil treten, ihm weitere Fragen stellen und ihn unterweisen. Mit Geduld und Entschlossenheit könnt ihr den entstellten Teil umformen, jedoch erst nachdem er sich völlig ausgedrückt hat. Ihr könnt stagnierende psychische Energie mit eurer Bereitschaft, völlig ehrlich, konstruktiv, liebevoll und offen zu sein, umgestalten und neu ausrichten. Wenn ihr Widerwillen dagegen empfindet, muß dieser angeschaut, erforscht und umerzogen werden.

Das ist der einzig sinnvolle Weg, auf dem Meditation euer Leben der Lösung von Problemen, dem Wachstum, der Erfüllung und der Entfaltung eurer besten Möglichkeiten zuführen kann. Wenn ihr ihn geht, meine Freunde, wird die

Zeit kommen, wo Vertrauen ins Leben nicht mehr wie eine verschwommene, weit entfernte Theorie klingt, die nicht in persönliches Handeln umgesetzt werden kann. Statt dessen wird euer Vertrauen ins Leben, wie auch eure Selbstliebe im gesundesten Sinne, gegründet auf realistische Einschätzungen statt auf Wunschdenken, euch mehr und mehr erfüllen.

Die Versöhnung der Widersprüche des Lebens

In dem Maße, in dem sich euer Bewußtsein erweitert, werden sich Widersprüche und Gegensätze, die euch fortwährend verwirren, miteinander aussöhnen. Untersuchen wir zuerst das Paradoxon des Begehrens. Begehren und Begierdelosigkeit sind wichtige spirituelle Haltungen. Nur dem dualistischen, abgetrennten Verstand erscheinen sie als Gegensätze, die zur Verwirrung darüber führen, was richtig oder falsch ist.

Menschen begehren immer etwas. Allein das Begehren und Verlangen kann euch zum vierten Aspekt der Meditation führen, der Erweiterung eurer bewußten Vorstellungen, um neue, bessere Lebenssubstanz und somit Lebenserfahrung zu erzeugen. Verlangt ihr nicht nach einer besseren, erfüllteren Existenz, habt ihr kein Material, Lebenssubstanz zu schaffen und zu formen. Geistige Vergegenwärtigung eines erfüllteren Zustandes setzt das Verlangen voraus. Das bewußte Ich muß diese Vorstellungen nähren, und das universelle Bewußtsein muß einschreiten und helfen, einen erweiterten Zustand zu schaffen.

Wenn ihr Begehren und Begierdelosigkeit als sich gegenseitig ausschließend betrachtet, könnt ihr die notwendige Haltung nicht verstehen oder fühlen. Es muß ein Begehren und Verlangen dasein, um an neue Möglichkeiten zu glauben und sich größere Zustände von Erfülltheit und Selbstausdruck zu öffnen. Ist das Verlangen jedoch angespannt, drängend und zusammengezogen, bildet es eine Blockade. Ein solches Verlangen beinhaltet, »Ich glaube nicht, daß das, was ich will, geschehen kann«, vielleicht als Folge eines zugrundeliegenden »Ich will es überhaupt nicht«, das auf falschen Auffassungen, ungerechtfertigten Ängsten oder der Weigerung, den Preis zu zahlen, beruht. Diese zugrundeliegende Leugnung erzeugt ein zu angespanntes Begehren. Deshalb muß auch Begierdelosigkeit dasein, die sich vielleicht so ausdrücken könnte: »Ich weiß, ich kann und werde dies oder das haben, auch wenn es im Augenblick in dieser oder jener besonderen Form nicht zu verwirklichen ist. Ich vertraue dem

Universum und meinem eigenen guten Willen genug, daß ich warten kann und mich derweil selbst stärken werde, um mit der zeitweisen Frustration dieses Verlangens gut umzugehen.«

Was haben das gesunde Begehren und die gesunde Begierde- oder Wunschlosigkeit gemeinsam, das Meditation, und in der Tat allen Lebensausdruck, wahr und schön macht? Zuerst sind da ein Fehlen von Angst und das Vorhandensein von Vertrauen. Habt ihr Angst vor Enttäuschung, Unerfülltheit und deren Folgen, wird die Anspannung eurer Seelenbewegung die Erfüllung, die ihr wollt, unterbinden. Schließlich gebt ihr sogar alles Begehren auf. Dann ist die Begierdelosigkeit entstellt, mißverstanden, von falscher Art, da ein allzu angespanntes Begehren vorliegt. Ein solches erwächst letztlich aus dem kindlichen, angsterfüllten Glauben, nicht zu haben, was ihr wollt, würde euch vernichten. So vertraut ihr nicht eurer Fähigkeit, mit dem Mangel an Erfüllung umzugehen, und dies macht euch übermäßig ängstlich. Damit geht der Teufelskreis weiter. Die Angst bewirkt einen Krampf, der zur Leugnung des Begehrens wird. Diese sehr subtilen, verdeckten Haltungen müssen in eurer Meditation erforscht werden, damit ihr zur vierten Stufe sinnvoller Meditation gelangen könnt. Auf dieser Stufe drückt ihr euer Begehren mit Zuversicht in eure Fähigkeit aus, sowohl mit der Nichterfüllung als auch mit der Erfüllung umzugehen, und daher auch in ein wohlwollendes Universum, das euch geben kann, wonach ihr euch sehnt. Mit den Hindernissen auf dem Wege könnt ihr umgehen, wenn ihr wißt, daß letztlich die höchste Glückseligkeit die eure sein wird. Dann werden Begehren und Begierdelosigkeit keine unversöhnlichen Widersprüche mehr sein, sondern einander ergänzende Haltungen.

Ähnlich paradox erscheint die Behauptung, daß Anteilnahme und Unbeteiligtheit in der gesunden Psyche zugleich existieren. Auch hier muß es ein zweifaches Herangehen geben, so daß der scheinbare Widerspruch verstanden werden kann. Wenn Unbeteiligtheit Gleichgültigkeit ist, weil ihr Angst vor Anteilnahme und Liebe habt und nicht bereit seid, Schmerz zu riskieren, dann ist Unbeteiligtheit eine Entstellung der echten Haltung. Ist Anteilnahme lediglich ein Ausdruck eines hochgespannten Willens, erzeugt durch euer kindliches Beharren, das Gewollte sofort zu bekommen, dann kehrt sich die gesunde, produktive Form von Anteilnahme um.

Hier noch ein drittes Beispiel scheinbarer Gegensätze, die ein umfassendes Ganzes darstellen, wenn sie nicht verzerrt sind. Nehmen wir die inneren Haltungen von *Aktivität und Passivität*. Auf dualistischer Ebene scheinen sie einander auszuschließen. Wie könnt ihr auf harmonische Weise aktiv und zugleich passiv sein? Die richtige innere Interaktion umfaßt beide Bewegungen. Zum Beispiel muß Meditation, wie hier erklärt, beides umfassen. Aktiv seid ihr, wenn ihr eure inneren Bewußtseinsebenen erforscht. Ihr seid aktiv, wenn ihr dazu steht und darum kämpft, den Widerstand zu erkennen und zu überwinden, aktiv auch, wenn ihr euch immer weiter hinterfragt, damit eure zuvor noch nicht zugegebene destruktive Seite sich ausdrücken kann. Ihr seid aktiv, wenn ihr einen Dialog mit den kindlichen, unwissenden Aspekten in euch führt und sie umerzieht. Ihr seid aktiv, wenn ihr euer Ichbewußtsein dazu benutzt, die Hilfe des spirituellen Bewußtseins in Anspruch zu nehmen. Ihr seid aktiv, wenn ihr im Gegensatz zu einer alten, begrenzenden Vorstellung von Lebenserfahrung eine neue erschafft. Wenn das Ich mit den beiden anderen »Universen« umgeht und eine Verbindung herstellt, seid ihr aktiv. Aber ihr müßt auch lernen, passiv auf die Entfaltung und den Ausdruck der beiden anderen Schichten zu warten. Dann herrscht in der Psyche die richtige Mischung von Aktivität und Passivität. Die universellen Kräfte können im Menschen nicht fruchtbar werden, es sei denn, sowohl die aktive wie die passive Bewegung ist vorhanden.

Dies sind wichtige Begriffe, die ihr verstehen, nutzen und beobachten müßt. Stellt fest, wo sie verzerrt sind und wo sie auf angemessene Weise wirken. Wenn die dreifache Interaktion in euch stattfindet, besteht immer eine harmonische Mischung zwischen Begehren und Begierdelosigkeit, Anteilnahme und Unbeteiligtheit, Aktivität und Passivität. Wird dieses Gleichgewicht zum andauernden Zustand, *wird das destruktive Kind erwachsen*. Es wird nicht getötet, vernichtet oder ausgetrieben. Seine eingefrorenen Kräfte lösen sich in lebendige Energie, die ihr, meine Freunde, als neue, *lebendige Kraft* empfinden werdet. Dieses Kind muß nicht erschlagen, sondern unterwiesen werden, damit es erlöst und befreit aufwachsen kann. Arbeitet ihr auf diese Erlösung hin, nähert ihr euch der Vereinigung der Ich-Ebene mit dem universellen Selbst.

Dies sind machtvolle Gedanken. Seid gesegnet, lebt in Frieden, lebt in Gott.

15 Die Verbindung zwischen dem Ich und der universellen Kraft

(Lesung Nr. 152)

Energie und Bewußtsein offenbaren sich als ungeteilte Kraft des Kosmos. Diese Kraft ist das schöpferische Lebensprinzip, das uns allen innewohnt. Dennoch verlieren die Menschen oft den bewußten Kontakt zu dieser schöpferischen, göttlichen Kraft und vertrauen dem begrenzten Ich mehr als dem höheren Selbst in ihrem Inneren. Was ist die Angst hinter dieser Abtrennung? Wie können wir die Scham vor dem Besten in uns entdecken, und wie können wir uns der universellen Kraft in unserem Inneren hingeben?

Seid gegrüßt, meine liebsten Freunde. Möge euch diese Lesung erneute Einsicht und Stärke geben, damit eure Versuche, zu finden, wer ihr seid, wohin ihr gehört und wie ihr euch erfüllen könnt, ein wenig erleichtert werden. Möge euch durch diese Worte ein Lichtstrahl erreichen und euch neue Aspekte und Vorstellungen eröffnen, von denen ihr vielleicht schon gehört habt, die aber bisher noch nicht persönlich erfahrene Wahrheit sind.

Das universelle Lebensprinzip und das »vergeßliche« Ich

Die Bedeutsamkeit und Erfülltheit eures Lebens hängt letztlich völlig von der Beziehung eures Ich zum universellen Lebensprinzip ab – dem wahren Selbst, wie wir es auch nennen. Ist diese Beziehung ausgewogen, haben alle Dinge ihren rechten Platz. Das universelle Lebensprinzip ist das Leben selbst. Es ist ewiges Bewußtsein im tiefsten und höchsten Sinne, ewige Bewegung und höchste Lust. Da es Leben ist, kann es nicht sterben. Es ist die Essenz von allem, was atmet, sich bewegt und pulsiert. Es weiß alles. Es erzeugt und verewigt sich selbst, denn es kann seinem eigenen Wesen nicht untreu sein.

Jedes individuelle Bewußtsein ist universelles Bewußtsein – nicht nur ein Teil davon, denn das hieße, es sei nur gering –, nein, wo immer Bewußtsein existiert, ist es das ursprüngliche. Das ursprüngliche Bewußtsein oder schöpferische Lebensprinzip nimmt verschiedene Formen an. Wenn ein Geschöpf während des Individualisierungsprozesses an einen Punkt kommt, wo es sich nicht mehr an die Verbindung mit dem Ursprung erinnert, erfolgt eine Trennung. Das einzelne Bewußtsein besteht weiter und trägt das universelle Bewußtsein in sich, hat aber sein eigenes Wesen und dessen Gesetze und Potentiale vergessen. Das, kurz gesagt, ist der Zustand des menschlichen Bewußtseins im Ganzen. Den Teil, der seine Verbindung zum Lebensprinzip vergessen hat, nennen wir das abgetrennte Ich.

Wenn ihr euch des Lebensprinzips bewußt werdet, entdeckt ihr, daß es immer vorhanden war, ihr es aber nicht bemerkt habt, weil ihr die Illusion hattet, getrennt zu existieren. Es ist deshalb nicht ganz zutreffend zu sagen, das universelle Bewußtsein »manifestiere« sich. Richtiger wäre, zu sagen, daß ihr anfangt, es zur Kenntnis zu nehmen. Ihr könnt die ewig gegenwärtige Kraft des Lebensprinzips als autonomes Bewußtsein oder als Energie wahrnehmen. Die abgetrennte Ich-Persönlichkeit besitzt beides, ihre Intelligenz aber ist der universellen Intelligenz bei weitem unterlegen, ob ihr das erkennen und daraus Nutzen ziehen könnt oder nicht. Dasselbe gilt für die Energie. *Bewußtsein und Energie sind keine getrennten Aspekte des universellen Lebens. Sie sind eins.*

Eines der grundlegenden Merkmale des universellen Lebensprinzips ist die Spontaneität, die sich als autonomes Bewußtsein oder als Energie ausdrücken kann. Das Lebensprinzip kann sich unmöglich in einem schwerfälligen Prozeß oder verkrampften, überkonzentrierten Zustand zeigen. Sein Auftreten ist jedoch immer eine indirekte Folge von Mühe. Mühe muß angewendet werden, um die Wahrheit über sich selbst zu erkennen und eine bestimmte Illusion aufzugeben, um eine Hürde zu überwinden, weil man konstruktiv statt destruktiv sein möchte, und nicht weil ein bisher noch theoretischer Prozeß, genannt Selbstverwirklichung, gute Gefühle verspricht.

Jeder Schritt, die Wahrheit in euch selbst zu erkennen, verbunden mit dem echten Wunsch nach konstruktiver Teilhabe am schöpferischen Lebensprozeß, befreit das Selbst. Auf diese Weise beginnen die spontanen Prozesse. Sie sind nie dem bewußten Willen unterworfen. Je mehr ihr das Unbekannte fürchtet, das Loslassen, die unwillkürlichen Vorgänge im eigenen Körper, um so weniger könnt ihr in euch selbst das spontane Lebensprinzip erfahren.

Das Lebensprinzip kann sich als ungeahnte Weisheit bei der Lösung der eigenen persönlichen Probleme oder in der Pflege schöpferischer Talente zeigen. Es kann zu einer neuen kraftdurchströmten Weise der Lebenserfahrung werden, die allem, was man tut und sieht, einen neuen Geschmack verleiht. Das Lebensprinzip ist immer zuverlässig, bietet immer berechtigte Hoffnung, die nie enttäuscht sein wird. Diese neue Lebenserfahrung kennt keine Furcht, sie kann nicht gedrängt oder erzwungen werden. Sie tritt genau in dem Maße ein, wie ihr die unwillkürlichen Prozesse nicht mehr fürchtet, jene inneren Mechanismen, die nicht unter der direkten Kontrolle des Ich stehen.

Der Konflikt zwischen der Sehnsucht nach dem wahren Selbst und der Furcht davor

Die Menschheit befindet sich in der paradoxen Lage, sich einerseits zutiefst nach den Früchten dieser unwillkürlichen Prozesse zu sehnen, sie jedoch andererseits zu fürchten und zu bekämpfen. Dieser Konflikt ist schrecklich und tragisch und kann nur gelöst werden, wenn ihr die Furcht aufgebt.

Alle psychologischen Probleme erwachsen letztlich aus diesem viel tieferen existentiellen Konflikt, der sehr viel weiter reicht als jene individuellen persönlichen Schwierigkeiten, die das Kind erfährt und die später innere Probleme und falsche Auffassungen hervorrufen. Alles Leben bewegt sich auf die Auflösung dieses Grundkonflikts zu. Aber eine solche Auflösung kann es nur geben, wenn zuerst die individuellen neurotischen Konflikte gefunden und verstanden sind. Ihr müßt erkennen und verstehen lernen, was in euch, in anderen, im Leben echt und wahr ist. Ehrlichkeit muß herrschen, um die eigenen Versuche, das Leben zu betrügen, zu stoppen, ganz gleich, wie subtil sie sind. Alle charakterlichen Defekte müssen beseitigt werden, indem sie voll anerkannt und objektiv beobachtet werden, ohne daß ihr in Verzweiflung versinkt oder sie leugnet. Diese Haltung selbst beseitigt die Defekte unendlich viel wirksamer als jedes andere Herangehen. Nur dann ist man fähig, den existentiellen Konflikt zwischen dem Ich und dem universellen Bewußtsein wahrzunehmen.

Fehldeutungen des universellen Lebensprinzips in der Religion

Das sich spontan offenbarende universelle Bewußtsein hat nichts mit den religiösen Lehren einer entrückten Gottheit oder des Lebens nach dem physischen Tode zu tun. Das sind Fehldeutungen, die auftreten, wenn jemand das universelle Lebensprinzip spürt und tastend versucht, diese Erfahrung jenen zu vermitteln, deren Ich noch damit im Konflikt steht. Solche Fehldeutungen entfremden euch von euch selbst und eurem praktischen Alltagsleben.

Die Menschen suchen einen Kompromiß zwischen ihrer Sehnsucht, die ihrem tiefen Gefühl für gegebene, ihnen verfügbare Möglichkeiten entspringt, und ihrer Angst. Sie haben ihn in jeder formalisierten Religion geschaffen, die Gott dem Selbst und dem Alltag entrückt und die menschliche Natur in ein spirituelles und ein physisches Wesen spaltet. Dadurch ist völlige Erfüllung notwendigerweise aus dem *Jetzt* in ein Leben nach dem Tode entrückt. All diese Sicht- und Herangehensweisen ans Leben sind nichts als ein Kompromiß zwischen dem, von dem man spürt, es könne existieren, und dem, was man fürchtet. Diese Furcht geht weit über die neurotischen Ängste hinaus, die in falschen Auffassungen und persönlich erfahrenen Traumata begründet sind.

Worin besteht diese grundlegende Furcht, das äußere Ich loszulassen und die Entfaltung der universellen Prozesse zuzulassen, so daß ihr von ihnen getragen werdet? Es ist das Mißverständnis, daß das Aufgeben des Ich die Aufgabe der Existenz bedeute. Um dieses Problem etwas besser zu verstehen, laßt uns betrachten, wie das Ich sich aus dem universellen Leben herausbildete.

Individuation ist ein integraler Bestandteil der universellen Lebenskraft. Schöpferisches Leben ist ständig in Bewegung; ausgreifend, sich ausdehnend und zusammenziehend, findet es immer neue Erfahrungsbereiche und verzweigt sich in neue Regionen. Es findet ewig neue Wege, sich selbst zu erfahren. Wenn ein individuelles Bewußtsein sich weiter und weiter von seiner ursprünglichen Quelle trennt, »vergißt« es seine Essenz, seine eigenen Prinzipien und Gesetze, bis es eine völlig getrennte Wesenheit zu sein scheint. Im gegenwärtigen Zustand wird individuelle Existenz nur mit abgetrennter Existenz in

Verbindung gebracht. Das Aufgeben des Ich muß dann dem Individuum wie die *Vernichtung* seiner einzigartigen persönlichen Existenz vorkommen. Das ist der augenblickliche Stand der Menschen. Ihr lebt in der Illusion, daß das Leben, das Gefühl »Ich bin«, nur in eurer abgetrennten Existenz gefunden werden könne. Diese Illusion hat den Tod in die menschliche Sphäre gebracht, denn Tod ist nichts anderes als diese Illusion, bis zu ihrer letzten Absurdität zugespitzt.

Die Erkenntnis, daß die abgetrennte Ich-Existenz eine Illusion ist, stellt einen äußerst wichtigen Schritt in der Menschheitsentwicklung dar. Jede Arbeit der Selbstverwirklichung stellt dieses Thema in den Brennpunkt. Wenn ihr eure unmittelbar zugängliche Wahrheit als Individuen zutiefst anschaut, werdet ihr sehen, daß ihr und das schöpferische Lebensprinzip eins seid. Je mehr ihr euch wahrhaftig anschaut und die Illusionen über euch loslaßt, desto mehr werdet ihr erkennen, daß die individuelle Existenz nicht aufgegeben wird, wenn den unwillkürlichen Prozessen des schöpferischen Lebensprinzips erlaubt wird, in den Vordergrund zu treten und sich mit den Ich-Funktionen zu integrieren.

Wer begonnen hat, die Unmittelbarkeit dieses größeren Lebens in einer Erneuerung der Energie zu erfahren, stellt paradoxerweise fest, daß er, je mehr er von seiner Energie gibt, um so mehr erneuerte Energie in sich hervorbringt. Denn das ist das Gesetz des universellen Lebensprinzips. Der abgetrennte Zustand wirkt in dualistischer Weise; es scheint »logisch«, daß man, je mehr man gibt, um so weniger hat und um so erschöpfter wird. Dies ist die Folge der Illusion, daß nur das äußere Ich die Individualität ausmacht. Die Wurzel der Angst, all die angespannten Ich-Verteidigungen loszulassen, ist genau dieses Mißverständnis.

Wer diese Kräfte und Energien erfährt, bemerkt auch das Einfließen einer inspirierenden Intelligenz, die viel ausgreifender zu sein scheint als alles, was ihr mit eurem äußeren Intellekt im Gegensatz zur inneren Weisheit kennt. Dennoch ist es wesentlich euer »bestes Selbst«. Auch wenn es zuerst eine fremde Kraft zu sein scheint, ist sie dies doch nicht. Das kommt euch nur so vor, weil die Kanäle aufgrund eurer Unwissenheit verstopft sind. Diese erweiterte Intelligenz offenbart sich in Inspiration, in Führung und in einer neuen Form der Intuition, nicht in einem verschwommenen Gefühl, sondern in präzisen Worten, in bestimmten Erkenntnissen greifbar und ins tägliche Leben übersetzbar.

Die Entdeckung dieses neuen Lebens versöhnt die scheinbaren Gegensätze, ein Individuum und zugleich vereint mit allen anderen, ein integraler Bestandteil des Ganzen zu sein. Dies sind keine unversöhnlichen Gegensätze mehr, sondern ineinandergreifende Wahrheiten. Alle solchen Gegensätze, alle scheinbar sich gegenseitig ausschließenden Alternativen, die der Menschheit so viel Leid zufügen, lösen sich auf, wenn sich das Ich mit dem universellen Leben verbindet.

Wie man das Ich losläßt

Wenn ich vom Loslassen des Ich spreche, meine ich damit nicht seine Vernichtung oder auch nur die Außerachtlassung seiner Wichtigkeit. Das Ich hat sich zu einem abgetrennten Teil des universellen Lebens gemacht, das tief im Selbst gefunden werden kann. Dieses ist unmittelbar zugänglich, wenn man das will, wenn das Ich bereit ist, sich mit seiner ursprünglichen Quelle wieder zu verbinden. Wenn das Ich stark genug wird, um das Risiko auf sich zu nehmen, anderen inneren Kräften zu vertrauen als seinen beschränkten bewußten Fähigkeiten, wird es eine ungeahnte neue Sicherheit finden.

Bevor es diesen neuen Schritt machen kann, fürchtet das Ich, unterdrückt zu werden, ins Nichts zu fallen und nicht mehr zu sein. Das Festhalten an unbeweglichen, versteinerten psychischen Substanzen scheint diese Angst zu vermindern. Das Unbewegliche scheint sicher; das Bewegliche gefährlich. Festhalten zu wollen macht das Leben angsterregend, denn Leben ist ewige Bewegung. Wenn ihr merkt, daß Bewegung sicher ist, weil sie euch trägt, dann habt ihr die einzig wahre Sicherheit gefunden, die es gibt. Jede andere Sicherheit – das Vertrauen oder Anlehnen an das Statische – ist trügerisch und gebiert immer neue Ängste.

Analogie zum Gesetz der Schwerkraft

Das Prinzip ist dasselbe wie das, das die Planeten bewegt, welche nicht in den Weltraum fallen. Im Kern des menschlichen Dilemmas steht immer das Gefühl: »Wenn ich mich nicht festhalte, gefährde ich mich selbst.« Sobald ihr euch dieses Gefühls bewußt seid, besitzt ihr einen wichtigen Schlüssel, denn ihr könnt nun die Möglichkeit in Betracht ziehen, daß es ein Irrtum ist. Da ist nichts zu fürchten, ihr könnt nicht zermalmt oder vernichtet werden. Ihr könnt nur getragen werden wie die Planeten im Weltraum.

Wie ich oft gesagt habe, erschafft der gegenwärtige Bewußtseinszustand der Menschheit die Welt, in der ihr lebt, einschließlich der Naturgesetze. Ihr seid so sehr gewohnt, die Wirkung vor die Ursache zu setzen, weil ihr in eurer dualistischen Geistesverfassung unfähig seid, das Ganze zu sehen, und dazu neigt, in Entweder-oder-Begriffen zu denken. Die Wahrheit ist, daß ihr nicht in diese Sphäre verbannt seid, sie ist vielmehr mit allem, was sie enthält, Ausdruck des Bewußtseinszustandes der Menschheit insgesamt. Eines der Naturgesetze, das diesen Bewußtseinszustand ausdrückt, ist das der Schwerkraft. Es ist ein besonderes Gesetz, das nur auf euer dualistisches Bewußtsein zutrifft. Auf der Körperebene ist das Gesetz der Schwerkraft Entsprechung und Ausdruck der emotionalen Reaktion auf das Fallen, der Befürchtung, zermalmt zu werden, wenn das Ich als die alleinige Form individueller Existenz aufgegeben wird. In den Bewußtseinssphären, die den Dualismus dieser Ebene überschreiten, herrschen andere Naturgesetze, die deren Gesamtbewußtsein entsprechen. Die Astronomie beweist das: Im Weltraum gibt es keine Schwerkraft. Eure Erde ist nicht die letzte und einzige Realität.

Die Analogie ist mehr als bloß symbolisch. Sie ist ein Zeichen, daß ihr euren Horizont durch die Vorstellung von neuen Grenzen der Wirklichkeit und deren innerer Erfahrung erweitern könnt. Dies wird die Ängste und die Illusion eurer abgetrennten Ich-Existenz vermindern.

Wie, meine Freunde, wendet man dies an der Stelle an, wo die meisten von euch auf der Suche nach ihrem wahren Selbst sind? Seht euch die verschiedenen Schichten eures Bewußtseins an. Je erfolgreicher ihr dabei seid, zuvor unbewußtes Material bewußtzumachen und folglich die fehlerhaften Reflexe des zuvor unbewußten Materials neu auszurichten, desto näher kommt ihr der Realität des universellen Lebensprinzips in eurem Inneren. Das universelle Lebensprinzip wird dann freier, sich zu offenbaren, und ihr werdet freier von Ängsten, von Scham und Vorurteilen, bis ihr euch seiner Verfügbarkeit öffnen könnt. Jeder kann bestätigen, daß, wenn er genug Mut aufbringt, die nackte Wahrheit über sich selbst anzuschauen, es einfacher wird, sich mit einem größeren, sichereren, glücksvolleren Leben in sich zu verbinden. Je mehr ihr euch mit etwas verbindet, das alle Unsicherheit und alle Konflikte beseitigt, desto mehr werdet ihr Sicherheit und Funktionsfähigkeit spüren, von denen ihr nie wußtet, daß es sie in euch geben könnte. Hier gibt es Funktionen der Kraft, der Energie, Funktionen der Intelligenz, die alle Konflikte lösen und für scheinbar unlösbare Probleme Lösungen bieten. Alles Wenn und Aber im praktischen Alltagsleben löst sich auf – nicht durch äußere Magie, sondern durch eure wachsende Fähigkeit, mit allem, was geschieht, als einem integralen Bestandteil eurer selbst umzugehen. Darüber hinaus entwickelt ihr eine gesteigerte Fähigkeit, Lust zu erfahren, wie es euch auch bestimmt ist. In dem Maße, in dem ihr euch vom universellen Leben abgetrennt habt, müßt ihr euch nach dieser Lebensweise sehnen.

Ich habe schon öfter ein häufiges Phänomen erwähnt. Ich meine die Scham über das höhere Selbst, über das Beste im Menschen. Diese Scham ist ein wichtiges Gefühl, das mit der Angst, das wahre Selbst zu zeigen, verbunden ist. Ein bestimmter Persönlichkeitstyp empfindet die Scham vor allem in bezug auf positive Eigenschaften wie Geben und Lieben. Diesen Menschen widerstrebt es, den Bedürfnissen der Gesellschaft etwas zu geben, weil sie glauben, daß sie dadurch ihre Integrität als Individuum verlieren würden. Sie befürchten Unterwerfung und Abhängigkeit von der Meinung anderer, und jeder echte Impuls, anderen zu Gefallen zu sein, beschämt sie. Sie haben das Gefühl, in stärkerem Maße »sie selbst« zu sein, wenn sie sich feindlich, aggressiv und grausam verhalten.

Die menschliche Reaktion auf das wahre Selbst – Scham und Verfälschung

Alle Menschen haben eine ähnliche Reaktion auf ihr wahres Selbst. Das gilt nicht nur für ihre Rechtschaffenheit und liebevolle Großzügigkeit, sondern auch für alle anderen echten Gefühle und Seinsweisen. Es ist eine eigenartige Scham, die sich als Verlegenheit offenbart, als ein Gefühl, daß das, was einen wirklich ausmacht, enthüllt wird. Man fühlt sich nackt und bloß. Das ist nicht die Scham über die eigene Falschheit und Zerstörungskraft oder über die eigene Unterwürfigkeit. Diese Scham spielt sich auf einer völlig anderen Ebene ab und hat eine andere Qualität. Die eigene Wirklichkeit wird als beschämend nackt empfunden, ganz gleich ob es sich um gute oder schlechte Gedanken, Gefühle oder Verhaltensweisen handelt. Die Scham wird am schärfsten dann verspürt, wenn man sich so zeigt, wie man im Augenblick ist.

Wegen dieser Scham heucheln die Menschen. Es ist eine andere Heuchelei als diejenige, die den Mangel an Integrität sowie Destruktivität und Grausamkeit verbirgt. Sie geht tiefer und ist subtiler. Ihr könnt Dinge vortäuschen, die ihr tatsächlich empfindet. Es mag sein, daß ihr wirklich Liebe empfindet, aber sie zu zeigen gäbe euch das Gefühl der Nacktheit, also erzeugt ihr falsche Liebe. Es mag sein, daß ihr wirklich Ärger verspürt, aber der echte Ärger fühlt sich nackt an, also erzeugt ihr falschen Ärger. Es mag sein, daß ihr wirklich traurig seid, aber es ist demütigend, dies sogar euch selbst zuzugeben, also erzeugt ihr falsche Trauer, die ihr anderen leicht zeigen könnt. Es mag sein, daß ihr wirklich Lust erfahrt, aber auch das ist zu erniedrigend, um es zu zeigen, also erzeugt ihr falsche Lust. Dies gilt sogar für Gefühle wie Verwirrung und Verlegenheit. Das echte Gefühl scheint nackt und bloß, also erzeugt ihr ein falsches. Die Verfälschung erscheint wie ein Schutzkleid, von dem niemand außer eurem tiefsten, für gewöhnlich unbewußten Selbst etwas weiß. Dieses »Schutzkleid« macht euch unempfindlich für die pulsierende Kraft des Lebens. Alle solche Fälschungen bauen eine Wand zwischen euch und eurem Lebenszentrum auf. Auch das trennt euch von eurer Realität, denn es ist die Realität eures eigenen Wesens, die ihr nicht aushaltet und euch zu fälschen gezwungen seht, wodurch ihr eure Existenz selbst verfälscht. Der sich bewegende Lebensstrom scheint gefährlich, nicht nur für eure Sicherheit, sondern auch für euren Stolz und eure Würde. Doch all das ist eine völlige und tragische Illusion. Wie ihr nur echte Sicherheit finden könnt, wenn ihr euch mit der Quelle allen Lebens in euch vereint, könnt ihr echte Würde nur dann finden, wenn ihr die Scham, unverfälscht zu sein, überwindet – was immer das im Augenblick für euch bedeuten mag.

Manchmal scheint Vernichtung ein geringeres Übel als das seltsame Gefühl der Scham und die Bloßstellung des eigenen echten Wesens. Wenn ihr diese Scham erkennt und sie nicht als belanglos wegstoßt, ist dies ein ungeheurer Schritt, meine Freunde. Die Scham zu fühlen ist der Schlüssel, der euch hilft, eine Betäubung zu entdecken, die Verzweiflung und Frustration verursacht, weil sie zu einer besonderen Selbstentfremdung und Abgetrenntheit führt. Dieses Gefühl ist nicht in rationale Sprache übersetzbar, weil nur im Kosten der Erfahrung und ihrer Qualität das richtige vom falschen Gefühl unterschieden werden kann. Die nachgahmten Gefühle sind oft sehr subtil und tief verwurzelt, so daß sie zur zweiten Natur geworden sind. Deshalb bedarf es eines tiefempfundenen Wunsches, loszulassen, euch sein und fühlen zu lassen, ebenso wie der Absicht, eure Entdeckungen scharfsichtig wahrzunehmen. All das ist nötig, ehe ihr euch des Eindrucks der Entblößung und Nacktheit, das die echten Gefühle in euch erzeugen, klar bewußt werdet. Die geschickte Fälschung reproduziert nicht nur andere oder gegensätzliche Gefühle als die, die ihr feststellt, sondern auch ebenso häufig identische. Der nächste Schritt ist dann die Intensivierung als Mittel, das Falsche als das Echte erscheinen zu lassen.

Wenn ihr auf das derzeitige echte Selbst trefft, ist es weit entfernt davon, »vollkommen zu sein«. Das ist keine dramatische Erfahrung – dennoch ist sie entscheidend. Denn was ihr jetzt seid, enthält alle Samen, die ihr je brauchen werdet, um tief und voller Kraft zu leben.

Ihr seid bereits diese universelle Lebenskraft. Wenn ihr den Mut habt, euer wahres Selbst zu sein, könnt ihr neu an euer inneres Leben herangehen, und dann werden alle Fälschungen wegfallen.

Die biblische Symbolik der Nacktheit

Die Scham vor der eigenen Nacktheit, wenn man sich zeigt, wie man jetzt ist, wird durch die tiefe Symbolik der Geschichte von Adam und Eva erklärt. *Die Nacktheit der Realität ist das Paradies.* Wenn diese Nacktheit nicht mehr geleugnet wird, kann eine neue beglückende Erfahrung beginnen – hier und jetzt, nicht in einem Leben im Jenseits. Aber es bedarf einiger Eingewöhnung, nachdem man sich der Scham und der eingewurzelten, subtilen Angewohnheiten, mit denen man die innere Nacktheit verdeckt, bewußt geworden ist. Sobald ihr lernt, euch offen zu zeigen, werdet ihr aus dieser Schutzschale heraustreten und echter werden. Ihr werdet einfach nackt dastehen, wie ihr jetzt seid – nicht besser, nicht schlechter und auch nicht anders, als ihr seid. Ihr werdet mit der Fälschung, mit den gefälschten Gefühlen und Seinsweisen aufhören und euch in die Welt hinauswagen, wie ihr gerade seid.

Gibt es irgendwelche Fragen in Verbindung mit dieser Lesung?

FRAGE: Wie kann man bestimmen, ob die eigenen Gefühle echt sind oder gefälscht?

ANTWORT: Der einzige, der das kann, bist du, indem du die Möglichkeit ernsthaft erwägst und prüfst, daß deine Gefühle aufgesetzt sein können, ohne dich davor zu fürchten. Denn die Menschen erschrecken vor dem Gedanken, ihre Gefühle könnten gefälscht sein – und sei es nur auf subtile Weise. Sie befürchten, daß, wenn diese Gefühle nicht echt seien, sie gar keine hätten. Sie fürchten ihre eigene Leere. Und diese Furcht ist verheerend. Sie übt einen feinen Druck aus, die Täuschung weiterzuführen. Aber es gibt immer einen inneren Ort, wo du sagst: »Nein, ich will nichts fühlen.« Ob er aus der Kindheit und aus persönlichen traumatischen Erfahrungen stammt oder mit dem tieferen Menschheitsproblem verbunden ist, das auf jeden einzelnen zutrifft und das ich in dieser Lesung angesprochen habe – der Wunsch, nicht zu fühlen, ist immer vorhanden. Dieser Wunsch ist oft völlig unbewußt, so daß man von ihm abgeschnitten und dem Resultat gegenüber hilflos ist – und das ist natürlich die Abwesenheit von Gefühlen. Der Schrecken ist unendlich größer, wenn das bewußte Selbst, das fühlen will, nichts von dem Teil des Selbst, der Gefühle fürchtet, weiß. Das Entsetzen, zu Gefühlen unfähig zu sein, kann mit nichts anderem verglichen werden. Deshalb ist es eine große Hilfe, wenn man erkennt, daß niemand wirklich ohne Gefühle ist und daß diese Gefühle niemals auf Dauer absterben können. Leben und Fühlen ist eines; wo es das eine gibt, muß es auch das andere geben, selbst wenn eines im Augenblick nicht aktiviert ist. Das zu wissen macht es möglich, innerlich zu suchen und zu fragen: »Wo habe ich mich entschieden, nichts zu fühlen?« In dem Augenblick, wo du deine Angst zu fühlen klar ins Bewußtsein treten läßt, wirst du aufhören, dich davor zu fürchten, keine Gefühle zu haben. Dann ist es möglich, deine Gefühle mit Hilfe der Vernunft, durch realistische und vernünftige Einschätzung der Umstände wiederzubeleben.

Ich habe euch viel zu bedenken gegeben. Hier sind viele Gedanken, die in der Fortsetzung eurer Pfadarbeit fruchtbar werden können.

Seid gesegnet, jeder von euch. Mögen eure Bemühungen, echt zu werden und den Mut zu finden, ohne falsche Hüllen nackt und wahr zu sein, von Erfolg gekrönt sein. Der Erfolg wird unweigerlich kommen, wenn ihr das wirklich wollt. Jene, die sich nicht bewegen und wachsen und sich befreien, wollen es nicht, und es ist wichtig, das zu wissen. Mögt ihr in euch die Stimme finden, die die Bewegung verweigert. Mögen all eure falschen Hüllen abfallen, weil es das ist, was ihr wirklich wollt und wählt. Dann werdet ihr die Herrlichkeit des Lebens entdecken. Lebt in Frieden, lebt in Gott!

16 Bewußtsein: der Zauber des Erschaffens

(Lesung Nr. 175)

Der GUIDE *erklärt uns die kosmischen Gesetze, die die positive bewußte Schöpfung bestimmen, und stellt auch dar, wie negative Schöpfung entstand. Die Allegorie des »Falls der Engel« ist hier so ausgedrückt, daß sie dem modernen Verständnis zugänglich wird. Es ist unser Ziel, unsere inneren Kräfte in den Dienst der positiven Schöpfung zu stellen und unser ursprüngliches Gottbewußtsein wieder in Besitz zu nehmen. Der GUIDE zeigt in dieser Lesung die Schritte auf, die dazu nötig sind.*

Seid gegrüßt, meine Freunde. Ihr empfangt fühlbaren Segen in der Form von Energieströmen, die Bewußtsein und Stärke enthalten. Sie fließen euch zu und durchdringen euch. Sie sind eine Realität, die wahrgenommen werden kann, wenn euer eigenes Bewußtsein wächst und sich weiter vorwagt.

Ich möchte über Aspekte des Bewußtseins und seine Bedeutung im Schöpfungsplan sprechen. Schöpfung ist die Folge von Bewußtsein und nicht, wie allgemein angenommen, dessen Ursache. *Nichts kann existieren, was nicht zuerst im Bewußtsein auftritt.* Es spielt keine Rolle, ob die Quelle das universelle oder das individuelle Selbst ist. Ob euer Bewußtsein etwas Wichtiges, Weltbewegendes erkennt, erschafft und formuliert oder nur eine kurzfristige, unbedeutende Einstellung, das Prinzip ist dasselbe.

Es ist notwendig, daß ihr die ungeheure Bedeutung eurer bewußten Schöpfungen versteht; eure Abgetrenntheit von ihnen verursacht echtes Leid. Keines ist so heftig wie das Leid, das man fühlt, wenn man nicht weiß, daß man die eigenen Erfahrungen erschaffen hat. Das gilt in geringerem Maße sogar für

213

positive Erfahrungen. Denn wenn ihr nicht wißt, daß ihr eure Erfahrungen erzeugt habt, werdet ihr euch immer hilflos in der Hand einer euch unverständlichen Macht fühlen. Diese Macht ist wirklich euer eigenes Bewußtsein, meine Freunde.

Erkennen, Fühlen und Wollen als Mittel des schöpferischen Bewußtseins

Laßt uns jetzt einige der bemerkenswertensten Eigenschaften des Bewußtseins etwas besser verstehen. Bewußtsein ist nicht nur die Kraft, zu denken, zu unterscheiden und zu wählen, das ist offensichtlich. Es ist nicht nur die Kraft, zu erkennen, wahrzunehmen und zu fühlen. Es ist auch die Fähigkeit zu *wollen*. Der Wille ist ein sehr wichtiger Bewußtseinsaspekt. Ob ihr bewußt wollt oder ob ihr euch von eurem Willen abtrennt, macht keinen Unterschied. Euer Wille ist ein Aspekt eures Bewußtseins und daher ein Aspekt von dem, was ihr fortgesetzt erschafft. Das Wollen ist ein fortlaufender Prozeß, ebenso wie das Erkennen und Fühlen. Wo es Bewußtsein gibt, existieren auch immer Erkennen, Fühlen und Wollen.

An der Oberfläche eures Wesens schließen sich oft eine Anzahl widersprüchlicher Willensströme kurz, was sich als Mangel an Bewußtheit oder Erstarrung manifestiert. Bewußtsein ist an der Oberfläche vermindert, setzt sich aber darunter fort. Seine Auswirkungen zeigen sich als fühlbare Lebenserfahrungen, und ihr seid ratlos, da ihr glaubt, daß das, was das Leben bringt, von eurem eigenen Wollen und Wissen völlig unabhängig ist. Jeder Pfad echter Entwicklung muß all die verwirrten und widersprüchlichen Wünsche, Glaubenssätze und das innere Wissen an die Oberfläche bringen, damit die Lebensumstände in ihrem wahren Licht als Schöpfung des Selbst erscheinen. Diese Bewußtheit gibt die Kraft, das Bestehende umzugestalten.

Wollen, Bestimmen, Formulieren, Erkennen und Wahrnehmen sind alles Mittel eures schöpferischen Bewußtseins. Die Menschheit kann aufgeteilt werden in jene, die das wissen und diese Mittel überlegt, schöpferisch und konstruktiv nutzen, und jene, die sich dessen nicht bewußt sind und ständig Zerstörung erzeugen, ohne es je zu erkennen.

Die Menschen sind die ersten Wesen auf der Stufenleiter der Evolution, die vorsätzlich mit ihrem Bewußtsein wirken können. Ihr, meine Freunde, die ihr nach eurer wahren Identität sucht, müßt eure Schöpfungskraft erfahren, und besonders müßt ihr erfahren, wie ihr geschaffen habt, was jetzt in eurem Leben ist und was nicht in eurem Leben ist. Dann könnt ihr sehen, wie der Kampf gegen eure eigenen Schöpfungen Schmerz und Spannung in eurem Wesen steigert. Das ist unvermeidlich, wenn ihr euch im allgemeinen und im besonderen noch nicht bewußt seid, wie euer Leben das Ergebnis eurer eigenen geistigen Aktivität ist. Gegen das, was ihr nicht mögt, werdet ihr unweigerlich rebellieren, ohne je zu wissen, daß ihr euch selbst damit immer mehr zerreißt. Die Rebellion ist vielleicht nicht ganz bewußt; sie kann sich als vage Unzufriedenheit mit dem Leben, als Sehnsucht ohne Hoffnung, als Gefühl der Sinnlosigkeit und Frustration zeigen, aus der ihr keinen Ausweg seht. Die Unzufriedenheit selbst ist eine Art der Rebellion.

Um das Wesen des Bewußtseins noch tiefer zu verstehen, müßt ihr erkennen, welche positiven und negativen Richtungen es annehmen kann. Ihr habt in euch die höchste Weisheit, die nach ständig sich ausweitender Glückseligkeit strebt, nach unendlicher Vielfalt neuer Lebensformen. Das ist der universelle Geist. Ich sage nicht, er ist in euch, ich sage, *ihr seid der universelle Geist*, aber meist wißt ihr es nicht. Ihr beherbergt in euch auch den entstellten Ausdruck eures schöpferischen Bewußtseins, mit dem ihr negative und zerstörerische Resultate wollt. Man könnte auch sagen, daß dies der ewige Kampf zwischen Gott und Teufel, zwischen Gut und Böse, Leben und Tod sei. Es ist gleich, wie ihr diese Kräfte nennt, es sind eure eigenen Kräfte. Ihr seid keine hilflosen Schachfiguren in der Hand eines anderen. Dies ist die überaus wichtige Tatsache, die eure gesamte Selbstwahrnehmung und Einstellung gegenüber dem Leben verändert. Wenn ihr dies nicht erkennt, müßt ihr euch ständig als Opfer von Umständen außerhalb eurer Kontrolle fühlen.

Drei Bedingungen, um euch selbst als universeller Geist zu erfahren

Um wahrzunehmen und zu erfahren, daß der universelle Geist eure wahre Identität ist, sind drei gundlegende Dinge notwendig:

1. Es ist notwendig, daß ihr euch auf ihn einstimmt. Ihr aktiviert den universellen Geist durch den bewußten Versuch hinzuhören. Ihr müßt in euch ganz ruhig werden und erlauben, daß es geschieht. Das ist nicht so einfach, wie es klingt, denn die ungestümen Störungen des geschäftigen Verstandes blok-

kieren den Weg. Euer Verstand braucht Übung, um ruhig genug zu werden und keine unfreiwilligen Gedanken zu produzieren. Sobald ihr das bis zu einem gewissen Grade erreicht habt, werdet ihr eine Leere erfahren. Dann scheint ihr in ein Nichts hineinzulauschen, und das kann angsterregend oder enttäuschend sein. Schließlich wird sich der universelle Geist zeigen – nicht weil er sich dafür »entscheidet«, weil ihr ein »gutes Kind« seid, das es jetzt »verdient«, sondern weil ihr anfangt, seine beständige Gegenwart wahrzunehmen, die, wie ihr dann wissen werdet, immer schon da und unmittelbar zugänglich war – fast zu nah, um sie wahrzunehmen.

Seine ersten Erscheinungen mögen sich euch nicht als direkte Stimme oder als direktes inneres Wissen offenbaren, sondern über Umwege – durch den Mund anderer oder als scheinbar zufällige Gedanken, die euch plötzlich »einfallen«. Wenn ihr wach und empfindsam und auf die Realität eingestimmt seid, werdet ihr wissen, daß dies die ersten Anzeichen der Herstellung eines Kontaktes mit dem universellen Geist sind. Später wird sich die Leere als eine ungeheure Fülle erweisen, die unmöglich in Worten auszudrücken ist. Ihre Unmittelbarkeit hindert euch auch daran, die ständige Gegenwart des universellen Geistes wahrzunehmen. Die Unmittelbarkeit ist natürlich wunderbar. Wenn ihr entdeckt, daß diese Gegenwart jederzeit in euch ist, wird sie euch Sicherheit, Stärke und das Wissen geben, daß ihr euch nie mehr unzulänglich und hilflos fühlen müßt, denn die Quelle allen Lebens versorgt euch mit jeder kleinsten Kleinigkeit, die für euer Leben wichtig ist. Diese innere Quelle erfüllt euch mit reichen Gefühlen; sie regt euch an und beruhigt euch; sie zeigt euch, wie mit Problemen umzugehen ist. Sie bietet Lösungen, die Anstand, Ehrlichkeit und Eigeninteresse vereinen, Liebe und Lust, Realität und Glücksgefühl, Erfüllung eurer Verpflichtungen, ohne eure Freiheit im mindesten zu mindern. Sie enthält alles. Dennoch stellt euch diese wunderbare Direktheit zuerst vor Probleme, weil ihr glaubt, all das könne nur sehr, sehr weit entfernt gefunden werden. Da ihr darauf ausgerichtet seid, den universellen Geist nur als eine entrückte Realität zu sehen, ist es euch unmöglich, seine Nähe zu erfahren.

2. *Es ist notwendig, den negativen Teil des Bewußtseins, der zerstörerisch geworden ist, ganz zu erfahren und zu begreifen.* Das ist nicht einfach, da ihr hier wieder darauf eingestellt seid, das Leben als festumrissene Form zu sehen, in die ihr gesetzt wurdet und mit der ihr umgehen lernen müßt, unabhängig von euren Fähigkeiten des Denkens, Erkennens, Fühlens und Wahrnehmens. Wie ihr jetzt sicher zu würdigen wißt, bedarf es großer Aufrichtigkeit, Disziplin und

216

Mühe, den Widerstand zu überwinden und diese überaus wichtige Wendung in eurem gesamten Herangehen ans Leben zu vollziehen – die Wendung von der Hilflosigkeit zur Annahme des Lebens als einer in jeder Hinsicht eigenen Schöpfung. Es ist nicht wirklich möglich, die Gegenwart des universellen Selbst zu aktivieren, solange ihr den eigenen negativen Schöpfungen gegenüber blind seid. Manchmal sind bestimmte Kanäle frei, doch wo die Blockaden, die Blindheit und die eingebildete Hilflosigkeit bleiben, könnt ihr keinen Kontakt mit eurem universellen Selbst herstellen.

3. *Eure bewußten Denkprozesse sind die erste Handhabe für die Berührung des universellen Geistes.* Ihr erzeugt mit bewußten Gedanken genausoviel wie mit dem unbewußten Denken und Wollen. Euer Denkvermögen und die schöpferischen Prozesse des universellen Geistes sind nicht verschieden. Obwohl euer Bewußtsein ein losgelöstes Fragment des Ganzen ist, hat es dieselben Kräfte und Möglichkeiten. Die Trennung ist nicht einmal real, sie existiert nur, weil ihr euch derzeit so erfahrt. In dem Augenblick, wo ihr die Unmittelbarkeit dieser Gegenwart entdeckt, werdet ihr nicht länger eine Trennung zwischen euren Gedanken und denen des größeren Seins empfinden. Schließlich werden sie miteinander verschmelzen, und ihr werdet erkennen, daß die beiden immer eins waren. Es wird offensichtlich, daß ihr euch zuvor die eigenen Kräfte nicht zunutze gemacht habt. Ihr habt sie ungenutzt gelassen oder sogar auf blinde Weise mißbraucht.

Endlich könnt ihr euch durch den vorsätzlichen und konstruktiven Einsatz der bewußten Gedanken als universeller Geist erfahren. Das geschieht in zwei Schritten. Zuerst müßt ihr klar erkennen, wie ihr die Denkprozesse unwissentlich negativ genutzt und mit ihnen zerstörerisch gewirkt habt. Dann könnt ihr formulieren, was ihr jetzt in eurem Leben hervorbringen wollt. Ihr tut dies, indem ihr erklärt, daß es möglich ist und indem ihr es in entspannter Weise wahrnehmt, erkennt und wollt. Das umfaßt auch die Bereitschaft, fehlerhaftes und unehrliches inneres Verhalten zu ändern, denn sonst würdet ihr das, was ihr wollt, blockieren.

Mit der Formung von schöpferischen Gedanken könnt ihr die reiche Quelle in eurem eigenen Wesen erschließen. Ihr beginnt mit bewußtem Denken, und dies erfordert, daß ihr Aufmerksamkeit auf die Denkprozesse richtet, beobachtet, wie ihr sie benutzt, wie sie das erschaffen, was ihr habt und was nicht. Sobald ihr diesen Prozeß umkehren könnt, habt ihr ein Mittel der Schöpfung entdeckt; ihr werdet wirklich euer wahres Selbst, denn ihr seid der universelle

Geist, der die Welt erschuf. Ihr erschafft fortwährend eure jetzige Welt: Es ist das Leben, das ihr führt.

Selbstbeobachtung und Läuterung auf drei Ebenen

Aufmerksamkeit für die inneren Prozesse wird zeigen, daß vieles von dem, was ihr als unbewußt ansaht, keineswegs wirklich verborgen ist. Gerade in einer beunruhigenden Lage solltet ihr darauf besonders achten. Seht, wie ihr vieles für selbstverständlich haltet und so die offensichtlichsten Einstellungen falsch deutet, genau jene, die euch Anhaltspunkte zum Verständnis des Wirkens eurer schöpferischen Kräfte liefern können, obwohl sie sich in diesem Fall natürlich umgekehrt und negativ ausdrücken. Betrachtet eingehend jede Einzelheit der Situation, richtet eure Aufmerksamkeit auf einen neuen Ansatz, und ihr werdet die Einsicht, die euch bisher fehlte, erlangen.

Diese Selbsterkenntnis ist Läuterung im besten Sinne, weil sie letztlich die Bewußtheit für eure Kraft herstellt, euer Leben zu schaffen. Die Entdeckung eures zerstörerischen Wirkens ist nie eine wirklich schlechte Erfahrung, denn es wird sofort offensichtlich, daß ihr auch die Kraft habt, euch eine schöne Lebenserfahrung zu erschaffen. Ihr werdet sofort der eigenen ewigen Natur mit ihrer unendlichen Kraft zur Expansion gewahr.

Ihr seht also, meine Freunde, daß wir es hier mit drei Ebenen zu tun haben. Sie alle müssen zugänglich werden. Alle drei sind gleichermaßen schwer wahrnehmbar. Es wäre ein Irrtum zu glauben, die alltäglichen Denkvorgänge seien leichter wahrzunehmen als das destruktive Wollen oder die göttliche Natur mit ihrer unendlichen Kraft und Weisheit. Sie sind alle gleich nah – und scheinen nur entfernt, weil euer Blick von ihnen abgewandt ist. Beides, die eigenwillige Destruktivität und der große schöpferische Geist, der ihr wahrhaft seid, ist nur deswegen »unbewußt«, weil ihr euch in dem Zweifel über ihre Existenz nicht zu ihnen bekennt, was der erste Schritt zu ihrer Entdeckung wäre.

Das gleiche gilt für eure alltägliche Verstandestätigkeit, die unbeobachtet, ohne kritische Einschätzung vor sich geht, und so ist es euch völlig unbewußt, wie eure Gedanken weiter in unproduktiven, negativen Kanälen fließen. Auch seht ihr nicht, daß ihr immer wieder eine gewisse Befriedigung daraus zieht, die Unaufmerksamkeit zuzulassen.

Wenn ihr eure negativen Gedanken beobachtet, ist es wichtig zu erkennen, a) was sie euch antun und wie sie mit den Folgen, die ihr in eurem Leben am meisten bedauert, in Verbindung stehen; und b) daß ihr die Kraft habt, die Gedankenprozesse zu ändern und neue Wege zu ihrem Ausdruck zu finden. Diese beiden Erkenntnisse geben den Dingen ein völlig anderes Gesicht, denn sie bringen echte Befreiung und Selbstfindung, sie bringen das Zu-euch-selbst-Kommen, über das wir soviel sprechen. Die Entdeckung eurer wahren Identität ist eine frohe Botschaft. Aber zuerst müßt ihr wahrnehmen, wie ihr negativen Gedanken nachhängt. Beobachtet euer Grübeln in immer gleichen Zirkelschlüssen; beobachtet, wie ihr fast halsstarrig denselben in sich kreisenden, eng begrenzten Kanälen des Denkens folgt und euch nie über sie hinauswagt.

Nehmen wir an, ihr seid überzeugt, die eine oder andere negative Erscheinung im Leben erfahren zu müssen. Sobald ihr die Beharrlichkeit beobachtet, mit der ihr das als selbstverständlich annehmt, könnt ihr fragen: »Muß das wirklich sein?« In dem Augenblick, wo ihr diese Frage stellt, öffnet sich ein Spalt in der Tür. Doch das mangelnde Bewußtsein für die Überzeugung, nur diese eine engbegrenzte Möglichkeit zu haben, macht es unmöglich, euch weitere Alternativen vorzustellen. Wagt es – gebt euren Gedanken als Entwurf der Schöpfung. Dann öffnet sich die Welt. Zu Anfang muß diese Öffnung durch das Denken erreicht werden und durch das Aussprechen von Worten wie diesen: »So muß es nicht sein, es kann anders sein. Ich will es anders. Ich möchte das beseitigen, was zwischen mir und diesem wünschenswerten Weg steht. Ich habe den Mut, es mit offenen Augen anzusehen und über die Erfahrung hinauszugehen, die ich mir bisher geschaffen habe, weil ich es für selbstverständlich hielt, daß es nicht anders sein kann.« Auf dieser bewußten Ebene müßt ihr einsehen, wie ihr es für selbstverständlich gehalten habt, eine bestimmte negative Erscheinung erfahren zu müssen.

Vielleicht beabsichtigt ihr ein positives Ergebnis, aber zugleich wollt ihr bestimmte logische Konsequenzen, die sich aus eurem Wunsch ergeben, nicht akzeptieren. Die Ursache dafür liegt in der falschen Auffassung, diese Konsequenzen seien unangenehm. Hier habt ihr einen kindischen Widerstand, etwas von euch selbst zu geben, einen verzerrten Versuch, das Leben zu betrügen und mehr zu gewinnen, als ihr geben wollt. Das Leben kann solchen unfairen Wünschen nicht entsprechen, und ihr fühlt euch betrogen und seid aufgebracht, weil ihr die Sache nicht wirklich klar überprüft habt. Auch seid ihr euch der falschen Schlüsse nicht bewußt, wenn ihr euch sträubt, etwas von euch selbst zu geben. So schafft ihr Irrtümer und Verzerrungen, die der Entfaltung eurer Möglichkeiten im Wege stehen.

Ihr seht, daß die Ebene eures bewußten Denkens von eurer destruktiven Seite wie auch von dem universellen Geist beeinflußt wird. Ihr könnt bewußt die Richtung wählen, in der ihr eure Gedanken gestaltet, sobald euch ihre gewohnheitsmäßigen Muster bewußt sind. Diese Selbstbestimmung ist der Schlüssel zu eurer Befreiung.

Ihr werdet immer deutlicher sehen, daß ihr auch eure destruktive Seite wählt und sie nicht etwas ist, was euch befällt. Sobald ihr echte Fortschritte auf diesem Pfad gemacht habt, werdet ihr zu dem Punkt gelangen, wo ihr den Vorsatz und Wunsch, destruktives Verhalten zu wählen, schließlich zugeben könnt. Ihr könnt zugeben, daß ihr unglücklich seid und in der Tat Glück, Erfüllung, Wonne und fruchtbares Leben aufgebt. Ihr mögt über die Auswirkungen fürchterlich unglücklich sein, doch beharrt ihr trotzdem darauf, an eurem negativen Willen festzuhalten. Ihr könnt verstehen, wie überaus wichtig es ist, dies herauszufinden.

Der Ursprung der »Sünde« oder des Bösen

Die uralte Frage ist: Was brachte all dies hervor? Warum hegen Menschen solch äußerst sinnlose Begierden? Warum will der Verstand in diese Richtung gehen? Die Religion nennt es Sünde oder das Böse. Die Psychologie bezeichnet es unter anderem als Neurose oder Psychose. Welchen Namen ihr ihm auch gebt, es ist in der Tat eine Krankheit. Um sie zu heilen, ist es nötig, sie bis zu einem gewissen Grad zu verstehen. Das geschieht vor allem dadurch, daß ihr euren irrigen Annahmen und Glaubenssätzen bis zu den von ihnen erzeugten Emotionen und Willensrichtungen folgt. Das volle Verständnis bedarf des Wissens um die Dynamik mentaler Kreativität, sowohl im positiven wie negativen Sinne.

Die Menschen fragen häufig: »Wie entsteht das Böse?« oder »Warum hat Gott uns das Böse gebracht?« Als ob irgend jemand irgend etwas irgendwohin »gebracht« hätte. Sobald ihr genug Selbstbewußtheit habt und eure eigene Ablehnung des Glücks ans Licht gekommen ist, kann dieselbe verwirrende Frage gestellt werden: »Warum tue ich das? Warum kann ich nicht das wollen, was für mich gut ist?« Die Frage ist viele Male hier gestellt worden, ebenso anderswo auf der Welt, wo spirituelle Lehren Verbreitung finden. Einmal vor langer Zeit, zu Beginn dieses Kontaktes, habe ich euch sogar eine allegorische Darstellung über den sogenannten Fall der Engel gegeben. Ich habe über einen Geist gesprochen, der einmal höchst konstruktiv war und in immer größere Bereiche des Lichtes und der Seligkeit vorstieß, um dann von diesem Kurs abzuweichen, sich von seinem inneren Gottselbst zu trennen und sich zu spalten. Wie wandte er sich jenen dunklen, zerstörerischen Kanälen zu? Jedwede Darstellung – die, die ich euch gab, wie auch andere, die anderswo entstanden – ist leicht mißzuverstehen, weil sie immer als historisches Ereignis gedeutet wird, das in Raum und Zeit stattgefunden hat. Ich werde mir nun erlauben, eine andere Erklärung dafür zu geben, wie das Zerstörende in einem äußerst konstruktiven Bewußtsein entsteht. Ich werde versuchen, einen anderen Ansatz zu finden, der euch vielleicht erreichen kann und euch ein tieferes Verständnis für dieses überaus wichtige Thema gibt. Dann könnt ihr der eigenen Zerstörungskraft mit einem neuen Verständnis begegnen und schließlich aus ihr herauskommen.

Stellt euch ein Bewußtsein vor, meine Freunde, einen Seinszustand, in dem es nur Glückseligkeit gibt und unendliche Kraft, mit dem eigenen Bewußtsein zu wirken. Bewußtsein ist unter anderem ein Denkapparat. Also denkt es – und siehe da, etwas entsteht. Es will – und siehe da, was gedacht und gewollt wurde, ist. Das Leben ist endlos angefüllt mit solchen Möglichkeiten. Das Erschaffen beginnt mit dem Denken, dann nimmt das Denken Form an, wird eine Tatsache im Leben jenseits der Beschränkungen des Ich, wird frei fließendes und schwebendes Bewußtsein. Da nimmt der Gedanke sofort Form an und wird zur Tat. Nur im menschlichen Ich erscheint der Gedanke getrennt von Form und Tat. Je weniger Bewußtheit ein Geschöpf besitzt, desto abgetrennter erscheinen Gedanke, Form und Tat, so sehr sogar, daß die Form gänzlich unabhängig von der Tat zu sein scheint, und diese wiederum vom Gedanken oder vom Willen. Keine dieser drei Stufen scheinen miteinander verbunden.

Ein wesentlicher Teil der Erweiterung des eigenen Bewußtseins liegt in der Herstellung dieser Verbindung. Wie abgetrennt in Raum und Zeit sie auch erscheinen mögen, Gedanke und Wille, Tat und Handlung, Form und Erscheinung sind eine Einheit. In dem Seinszustand, in dem es keine Begrenzungen gibt, keine festen Strukturen, wird diese Einheit als lebendige Wirklichkeit erfahren. In dieser Erfahrung liegt unbeschreibliche Seligkeit, unbeschreiblicher Reiz. Das ganze Universum öffnet sich der Erforschung neuer Wege des

Selbstausdrucks und der Selbstfindung und gibt immer neuen Welten, neuen Erfahrungen, neuen Eindrücken Form. Der Zauber des Erschaffens ist endlos.

Da die Möglichkeiten unendlich sind, kann das Bewußtsein sich auch erforschen, indem es sich beschränkt und sich zersplittert, um »zu sehen, was geschieht«. Um sich selbst zu erfahren, zieht es sich zusammen, statt sich zu erweitern. Es will sehen, wie es ist, Dunkelheit zu spüren und zu erfahren. *Erschaffen ist reine Faszination.* Dieser Zauber wird nicht beseitigt, einfach weil das, was erschaffen ist, zuerst vielleicht nur geringfügig weniger angenehm oder beglückend oder brillant ist. Selbst darin kann besonderer Reiz und Abenteuer liegen. Dann nimmt das Erschaffen allmählich eine eigene Macht an. Denn alles, was erschaffen ist, besitzt Energie, die sich selbst erhält und ihre eigene Stoßkraft entwickelt. Vielleicht experimentiert das bewußte Wesen, das diese Bahnen geschaffen hat, noch länger und geht über das hinaus, was »sicher« ist, weil es sich nicht die Kraft bewahrt, die Richtung umzukehren. So kann das Bewußtsein sich in seinem eigenen Impuls verlieren und nicht mehr den Willen haben anzuhalten. Später sieht es dann nicht mehr, wie es anhalten kann. Das Erschaffen findet dann in einem negativen Sinne statt, bis die Folgen so unangenehm werden, daß das bewußte Wesen versucht, wieder die Kontrolle über sich selbst zu erlangen, und dem Impuls entgegenarbeitet, indem es sich an das, was sein könnte, »zurückerinnert«. Auf jeden Fall weiß es, daß keine echte Gefahr besteht, denn soviel Leid ihr Menschen auch erduldet, es ist letztlich nur Schein. Sobald ihr eure wahre Identität in eurem Inneren findet, werdet ihr das wissen. Es ist alles ein Spiel, ein Zauber, ein Experiment, aus dem euer echter Seinszustand wiedererlangt werden kann, wenn ihr es nur ernsthaft versucht.

Nun befinden sich viele Menschen noch in einem Zustand, in dem sie es nicht wirklich versuchen wollen. Sie finden in der Erforschung negativer Schöpfung noch einen Reiz, wenigstens in gewissem Umfang. Einige abgetrennte Individuen sind nie über den Punkt hinausgegangen, an dem sie das unmittelbare Bewußtsein für ihre wahre Identität und die Kraft, ihre Erforschung umzuorientieren, verlieren. Andere haben dieses Bewußtsein zeitweise verloren. Aber sie werden es in dem Augenblick wiederfinden, wo sie es wirklich wollen. Es wäre für euch alle gut, euch daran zu erinnern.

Der Impuls des Erschaffens enthält gewaltige Energien. Und diese haben Wirkung, sie prägen die alldurchdringende schöpferische Substanz – den Stoff, der für den schöpferischen Geist empfänglich ist. Diese Substanz wird dann in eine Form gegossen, ein Ereignis, ein Objekt, eine Geistesverfassung. Die Prägungen in der Seelensubstanz sind so tief, daß nichts anderes als die größere Kraft des bildenden Geistes die falschen Prägungen, die euer Lebensgeschehen beherrschen, auslöschen kann. Geist oder Bewußtsein prägt, Lebenssubstanz wird geprägt. Alles um und in euch hat sowohl am männlichen Prinzip eines bestimmenden, prägenden Bewußtseins als auch am weiblichen Prinzip einer gestalteten, empfänglichen Lebenssubstanz teil. Findet diese Wahrheit in euch, und der Kosmos wird wieder der eure werden, wie er es einmal war.

Wenn also das schöpferische Bewußtsein den Kurs an einem gewissen Punkt nicht ändert, verfängt es sich in seinen eigenen Prozessen. Teil der Kraft und des Antriebs des Bewußtseins ist die Eigenschaft, »sich selbst nachzuahmen«. Diese Seite der schöpferischen Energie ist sehr schwer zu vermitteln. Menschen erfahren häufig den Drang, andere nachzuahmen. Das nimmt viele Formen an und gilt auch für die Selbstnachahmung. Es ist ein Vorgang, bei dem die Lebenssubstanz tief geprägt wird.

Ich will euch ein Beispiel für die Kraft der Nachahmung und der Erzeugung neuer Erfahrungen geben. Wenn ihr einen hinkenden Krüppel seht oder jemanden, der einen Gesichtstick hat, spürt ihr – wie viele von euch wohl erfahren haben – einen eigenartigen Drang, die Deformierung der Haltung oder des Gesichts nachzumachen. Habt ihr nicht manchmal den unwiderstehlichen Wunsch empfunden, etwas nachzuahmen, was euch höchst unangenehm war? Zugleich ist da eine Art Ekel und Angst, dies zu tun, weil ihr irgendwie spürt, dadurch eine nicht endende Nachahmung in Bewegung zu setzen, mit der ihr nicht aufhören könnt.

Die Kraft und die Energien der Schöpfung haben diese selbsterhaltende Wirkung, die nur Bewußtsein mit seiner Erkenntnis, seinem Willen und seiner Entschlossenheit ändern kann. Das schöpferische Tun nimmt euch so gefangen, die Lust daran ist so aufregend, daß diese, wenn sie einmal in die negative Richtung gelenkt ist, eure Seele fortgesetzt in ihrem Bann halten wird, bis das Bewußtsein mit seiner vorsätzlichen Gegenkraft einschreitet. Selbst wenn das, was erschaffen wird, schmerzlich ist, ist die Lust an der Kreativität schwer aufzugeben, solange die Persönlichkeit nicht weiß, daß auch positive Schöpfung möglich ist.

Wenn sich negative Schöpfung fortsetzt, scheint das Bewußtsein sich immer mehr zu zerspalten – nicht wirklich, meine Freunde, aber ihr könnt eure Verbindung mit dem Weltgeist, der ihr seid, nicht bewußt erfahren.

Ich weiß nicht, in welchem Umfang euch diese Worte erreichen können. Aber wenn sie es können und ihr über sie meditiert und sie reflektiert, werden sie sich äußerst hilfreich für euch erweisen. Sie werden euch nicht nur helfen, die Zerstörungskraft in euch zu verstehen, sondern auch den richtigen Weg zu finden, sie zu beseitigen. Die Kraft eures Geistes erzeugt das Negative. Diese Kraft ist noch stärker, wenn sie für das Positive eingesetzt wird, denn im Negativen gibt es immer Konflikte, gegensätzliche Sehnsüchte und Willensrichtungen, die die Kraft schwächen. In der konstruktiven, ausweitenden Richtung muß das nicht sein. Sobald die Umkehrung vollbracht ist, wird etwas in eurem Verstand »klicken«. Euer Bewußtsein wird in eine neue Richtung strömen, die leichter und natürlicher kommt, ohne die Qual, die die negative Schöpfung immer mit sich bringt.

Je mehr das Bewußtsein sich vom Ganzen trennt, je zersplitterter es wird, desto größer wird die Struktur, die es erschafft. Doch die Ganzheit des Bewußtseins ist unstrukturiert, es ist glückseliges Dasein. Sobald Zersplitterung eingetreten ist, arbeitet das verlorene Bewußtsein allmählich auf einen Zustand des Selbstbewußtseins hin. Dieser Zustand braucht Struktur, um sich vor dem Chaos der Negativität und Zerstörung zu schützen. Begegnet man der Negativität und beseitigt sie, wird das unstrukturierte, glückselige Bewußtsein wiedererlangt.

Der Ausweg aus der negativen Schöpfung

Das Ich mit seinen Beschränkungen ist die Struktur, die das Wesen vor seinem eigenen negativen Wirken schützt. Es hält die destruktiven Impulse in Schach. Nur wenn sich Bewußtsein in Seligkeit und Wahrheit ausbreitet, kann die Struktur entfernt werden. Ihr wart also an einem Punkt eurer Entwicklung chaotisch unstrukturiert. Während ihr wachst und euch entwickelt, bildet die Struktur eine Mauer gegen das innere Chaos, so daß das Bewußtsein wenigstens für eine Weile davor geschützt ist.

Die verfügbaren Denkprozesse können dann zum Mittel werden, den Weg aus den negativen Schöpfungen und der einengenden Struktur zu weisen. Über die Struktur hinaus ins Chaos zu blicken, es zu begreifen und die Kraft der ständig arbeitenden Verstandesprozesse zu erkennen ermöglicht euch, die Abwärtskurve umzukehren, die euch ständig Wege suchen läßt, Leben, Liebe,

Lust und Glück zu leugnen und den Zerfall, die Vergeudung und den Schmerz zu hofieren. Der Teil eures universellen Selbst, der ganz geblieben ist, weiß, daß der Schmerz kurz ist und nur Schein, aber der Teil von euch, der im Chaos lebt, weiß das nicht und leidet.

Fassen wir zusammen. Bewußte Prozesse können das Pendel vom zerstörerischen Erschaffen zum ursprünglichen Bewußtseinszustand eines sich ausbreitenden glückseligen Erschaffens zurückschwingen lassen. Die begrenzende Struktur wird sich auflösen, und der höchste Daseinszustand, unstrukturiertes Bewußtsein und Erfahrung, Energie und glückseliges Sein werden sich wiederherstellen und zu eurer Existenz werden. Darauf läuft alles hinaus, meine Freunde. Ein Teil eurer Versuche muß deshalb dahin gehen, Ordnung in das Durcheinander der Tätigkeit eures Verstandes zu bringen, in seine Selbstbezogenheit, seine Blindheit für sich selbst und seine Neigung, sich selbst zu verlieren. Es ist nicht die Welt außerhalb, die euch verwirrt, sondern die in eurem eigenen Bewußtsein.

Nun ist es euch möglich, zu betrachten, wie ihr kreativen Aufbau absichtlich *wollen* könnt. Ihr könnt es, indem ihr bewußt einen Zustand des Glücks, der Lebendigkeit, der Erfüllung, Wahrheit, Liebe und des Wachstums formuliert, denkt und wollt, sowohl im einzelnen wie im allgemeinen. Die Atmosphäre dieses Zustandes mag zuerst fremd und unvertraut erscheinen. Gewöhnt euch daran. Stellt euch in solchen Zuständen vor, und ruft die innere universelle Kraft um Hilfe an, damit sie den bewußten Verstand mit der notwendigen schöpferischen Energie stärkt. Der Wille zum Glück muß so stark werden, daß die Ursachen für Unglück gesehen und beseitigt werden, und auch das müßt ihr wirklich wollen. Dann wird die schöpferische Kraft wachsen; das göttliche Selbst wird euch beseelen und den Weg weisen. Ihr werdet lernen, es zu erkennen und mit eurem bewußten Verstand zu empfangen.

Macht Gebrauch von dem, was ich hier sagte. Ich meine damit *aktiven* Gebrauch. Lest es nicht nur als schöne Theorie, sondern erkennt tief in euch den unmittelbaren Wert, und wendet es jeden Tag eures Lebens an. An dem Tag, wo ihr euer destruktives Schaffen seht und es dann bewußt und gewollt verändert, werdet ihr in der Tat etwas Wunderbares getan haben. Der Wille, glücklich zu sein und sich im Leben zu entfalten, ist Grundlage eurer Schaffenskraft. Je genauer das formuliert wird und je größer die Bereitschaft ist, Einstellungen zu beseitigen, die das Ergebnis behindern, desto wirkungsvoller wird euer Schaffen werden.

Seid gesegnet. Empfangt die Kraft, die vorwärts strömt, und kräftigt sie durch bewußte, bedachte, wollende Ausdrucksformen und Formulierungen. Drückt eure Bereitschaft zu wachsen, glücklich und konstruktiv zu sein, aus. Tut das nicht mit einem beharrenden, gepreßten, eingeengten Wollen, sondern auf entspannte, zuversichtliche Weise, und bedenkt, daß alle Möglichkeiten als potentielle Realitäten bestehen und in dem Augenblick verwirklichbar sind, da ihr das wißt und mit eurem ganzen Wesen wollt. Die Kraft ist da, sie ist in euch. Ihr braucht sie nur zu berühren, Gebrauch von ihr zu machen und mit eurem bewußten Verstand die Kanäle zu errichten, die sie befreien – und sehr leise und ruhig zu werden. Hört zu und stimmt euch darauf ein. Sie ist auf ewig da, in ihrer großartigen Macht, in ihrer wunderbaren Weisheit, in ihrem endgültigen Wissen, daß allein Glückseligkeit ist, jetzt schon, in euch.

17 Schöpferische Leere

(Lesung Nr. 224)

Um die höchsten Höhen der Spiritualität zu erlangen, müssen wir lernen, empfängliche Gefäße für das Gottbewußtsein zu werden. Einen solchen Zustand können wir ohne das Wissen, wie man den äußeren Verstand still werden läßt, nicht erringen. Das nun ist ein weiterer Schritt in das Unbekannte, in eine vorübergehende Wahrnehmung innerer Leere. Der Lohn dafür ist die Öffnung eines Kanals, durch den wir mit der Stimme unseres inneren Gottes in Verbindung treten können.

Meine allerliebsten Freunde, ein jeder von euch sei gesegnet. Eine goldene Kraft durchzieht euer inneres Wesen, jetzt und immer, wenn ihr euch nur dafür öffnet.

Ich habe zu euch von der Heraufkunft eines neuen Zeitalters gesprochen. Dieses Ereignis erfordert die Bereitschaft vieler Menschen. Ihr hier auf dem Pfad habt jahrelang bewußt oder unbewußt auf dieses Ziel hingearbeitet. Ihr habt Unreinheiten entfernt und tut das noch immer. Und ihr stellt euch einer machtvollen Kraft zur Verfügung, die im Universum freigesetzt wurde – im inneren Universum.

Viele spirituelle Lehrer und Übermittler wissen davon, doch deuten viele dieses Ereignis falsch. Sie glauben, geologische Umwälzungen mit Auswirkungen auf der menschlichen Ebene seien gemeint. Wie ich schon sagte, ist das nicht richtig. Die Veränderungen, die bereits stattfinden, sind Bewußtseinsveränderungen. Und daran arbeitet ihr. Denn mit eurer Entwicklung und Läuterung werdet ihr immer mehr für eine innere Erleuchtung bereit, deren kraftvolle Energie selbsterhaltend wirkt. Das Erwachen ist bisher noch nicht eingetreten, doch was geschieht, ist beispiellos; es gab in der Menschheitsgeschichte bisher keine Zeit, in der diese Kraft so verfügbar war wie jetzt.

Was ihr in steigendem Maße erfahrt, ist das Ergebnis des Aufeinandertreffens dieser Kraft mit einem empfänglichen Gefäß. Stößt sie auf ein unempfängliches Gefäß, entsteht eine Krise, wie ihr wohl wißt. Wenn auch nur ein Teil von euch die schöpferischen Kräfte, die euch auf völlig neue Weise gedeihen lassen könnten, blockiert, setzt ihr euch großem psychischem, emotionalem und spirituellem Streß aus. Das muß vermieden werden.

Wie man sich dem neuen Bewußtsein öffnet

Ich möchte jetzt darüber sprechen, wie wichtig es ist, für diese Kraft, diese Energie, dieses neue Bewußtsein empfänglich zu sein. Es ist das Christusbewußtsein, das sich, wo immer es möglich ist, im menschlichen Bewußtsein ausbreitet. Um dafür empfänglich zu sein, müßt ihr auch ein weiteres Prinzip verstehen, das der schöpferischen Leere.

Die meisten Menschen schaffen in sich einen aufgeregten Verstand, weil sie fürchten, daß sie leer sind und in ihrem Inneren nichts ist, das sie halten kann. Dieser Gedanke ist selten bewußt, aber auf einem Pfad wie diesem kommt die Zeit, wo ihr euch dieses angstvollen Gedankens bewußt werdet. Dann ist die erste Reaktion ganz häufig: »Ich will nicht einmal anerkennen, daß ich davor Angst habe. Viel lieber beschäftige ich weiter meinen Verstand, um nicht dem Schrecken begegnen zu müssen, innerlich nichts zu sein, nur eine Schale, die von außen versorgt werden muß.«

Die Selbsttäuschung ist offensichtlich vergeblich. Es ist von größter Wichtigkeit, daß ihr der Angst begegnet und offen mit ihr umgeht. Ihr müßt innerlich eine Atmosphäre schaffen, in der ihr die Leere zulaßt. Sonst täuscht ihr euch selbst unaufhörlich, und das ist äußerst sinnlos, da die Angst nicht gerechtfertigt ist. Wie könnt ihr je mit euch in Frieden leben, wenn ihr nicht wißt, wovor ihr Angst habt, und dadurch die Entdeckung unmöglich macht, daß das, was ihr fürchtet, gar nicht so ist?

Als Ergebnis eines jahrhundertealten Prozesses hat die Menschheit sich darin geübt, den äußeren Verstand zu einem geschäftigen Ort zu machen, so daß, wenn diese Geschäftigkeit vorübergehend zum Stillstand kommt, die entstehende Ruhe mit Leere verwechselt wird. Freilich erscheint sie leer. Der Lärm muß geringer werden, und freilich müßt ihr die Leere annehmen, sie als den wichtigsten Kanal willkommen heißen, durch den ihr euer innerstes Gottselbst empfangen könnt.

Der Weg führt durch scheinbare Widersprüche

Es gibt verschiedene psychische und spirituelle Gesetze, die ihr begreifen müßt, um diese Leere zu hegen und sie zu einem schöpferischen Wagnis zu machen. Einige dieser Gesetze scheinen sich zu widersprechen. Laßt es mich so ausdrücken: Wenn ihr euch nicht leer sein lassen könnt, könnt ihr nie gefüllt werden. Aus der Leere wird eine neue Fülle entstehen, jedoch könnt ihr eure Furcht nicht außer acht lassen. Durch sie, wie durch alles andere, müßt ihr hindurchgehen. Stellt die Furcht in Frage, und heißt zugleich die Leere als Zugang zu eurer Göttlichkeit willkommen – das ist mein Rat. Er scheint widersprüchlich, aber ist es nicht. Beide Verhaltensweisen sind notwendig.

Ein weiterer scheinbarer Widerspruch: Es ist äußerst wichtig, daß ihr empfänglich und erwartungsvoll seid, jedoch ohne vorgefaßte Ideen, ohne Ungeduld oder Wunschdenken. In menschlicher Sprache ist dies sehr schwer auszudrücken. Eure Einfühlung ist notwendig. Eine positive Erwartung muß vorhanden sein, die jedoch frei ist von vorgefaßten Ideen, was geschehen sollte und wie.

Noch ein anderer verwandter scheinbarer Widerspruch: Ihr müßt präzise und bestimmt sein, jedoch muß diese Bestimmtheit leicht und neutral bleiben. Ihr müßt bestimmt in einer Weise sein, aber nicht in einer anderen. Wenn das jetzt verwirrend scheint, bittet euer inneres Wesen, eurem Verstand diese Einsicht zu vermitteln, statt daß ihr sie direkt mit eurem Verstand zu verstehen sucht.

Die Arbeit des höheren Selbst geht so weit über die Vorstellungskraft des Verstandes hinaus, daß Bestimmtheit ein Hindernis wäre. Jedoch muß der Verstand wissen, was er will, darauf vorbereitet sein, danach ausgreifen, es beanspruchen und wissen, daß er verdient, was er will, und es nicht mißbrauchen wird. Der äußere Verstand muß immer wieder Veränderungen vornehmen, um sich dem größeren Spielraum des inneren Gottbewußtseins anzupassen. Euer äußerer Verstand muß leer und empfänglich werden und dennoch für alle Möglichkeiten bereit sein. So wird er fähig, sich mit der inneren Stille und dem, was zuerst wie Leere erscheint, zu vereinen.

Die Offenbarung einer neuen Fülle

Wenn ihr dies im Geiste geduldiger, standhafter, positiver Erwartung tut, dabei leer in Verstand und Seele, kann sich eine neue Fülle offenbaren. Die innere Stille wird gleichsam anfangen zu singen. In energetischer Hinsicht wird sie Licht und Wärme ausstrahlen. Stärke, die ihr nie zu besitzen glaubtet, wird durch euch fließen. In Hinsicht auf das Bewußtsein wird euch Führung für die größten und die kleinsten Dinge eures Lebens zuteil.

Empfängliche, schöpferische Leere muß wahrhaft gehegt werden. Lauscht mit dem inneren Ohr, doch ohne Drängen. Werdet empfänglich dafür, wann und wie ihr erfüllt werdet. Das ist der einzige Weg, meine Freunde, eure innere Nahrung, eure Göttlichkeit zu finden und ein Gefäß für die große universelle Kraft zu werden, die jetzt freigesetzt wird und sich in eurem Leben, mehr als ihr bereits erfahren habt offenbaren wird.

Dies ist eine wichtige Zeit in der Geschichte der Evolution. Es bedarf eurer aller, um die große Wandlung im Denken und in der Wahrnehmung der Gesetze und Werte, die das Christbewußtsein verbreitet, zu begreifen und für immer wahr zu machen. Der Weg muß von innen und von außen bereitet werden, damit viele Gefäße, soviel wie nur möglich, bereitstehen.

Der Verstand kann für diesen Prozeß hinderlich oder förderlich sein. Ihr alle wißt, daß ihn nur eure eigene Vorstellung seiner Grenzen beschränkt. In dem Maße, wie ihr den Verstand beschränkt, könnt ihr nicht wahrnehmen, was jenseits von ihm liegt. Der Verstand ist endlich und muß sich zum Ziel setzen, die Grenzen seiner Endlichkeit zu erweitern, bis er die Ausmaße des Unendlichen füllt, das jenseits von ihm liegt und das in euch ist, hier und jetzt. Dann verschmilzt der Verstand mit dem unendlichen Bewußtsein eures inneren Universums, in dem ihr eins mit allem, was ist, und dennoch auf unendliche Weise euer persönliches Selbst seid.

Wie es jetzt ist, tragt ihr euren Verstand fast wie eine Last, weil er zu einem geschlossenen Kreislauf geworden ist. In diesem Kreis gibt es einen gewissen Spielraum für Ideen, Meinungen und Möglichkeiten, die ihr aufgrund eurer

Erziehung und des Sittenkodex eurer Gesellschaft in euer Leben übernommen habt. Der Kreislauf enthält das, was ihr ausgewählt habt, um es zu lernen und es euch als Wissen zu eigen zu machen, als Anteil am Gruppenbewußtsein sowie als persönliche Erfahrung. In dem Maße, wie ihr gewachsen seid und euch ausgestreckt habt, hat sich dieser geschlossene Kreislauf geweitet, ist aber dennoch weiterhin geschlossen. Ihr seid auch jetzt noch beladen mit begrenzenden Vorstellungen über euch und eure Welt. Um die schöpferische Leere hervorzurufen, ist es deshalb notwendig, daß ihr euch die Grenzen eures Verstandes vorstellt und nach all den Dingen fragt, die ihr für unmöglich haltet. Wo ihr hoffnungslos und ängstlich seid, muß es eine Vorstellung von Endlichkeit geben, die fest in eurem Verstand eingeschlossen ist; so schließt ihr die große Kraft aus, die für alle jene da ist, welche bereit sind, sie ehrlich zu empfangen.

Das Durchbrechen des geschlossenen Kreislaufs des Verstandes

Wieder haben wir einen scheinbaren Widerspruch. Auf der einen Seite ist es notwendig, daß sich der begrenzte Verstand neuen Ideen und Möglichkeiten öffnet, wie ihr es schon in der Meditation gelernt habt. Wo ihr Platz für eine wünschenswerte neue Möglichkeit geschaffen habt, erfuhrt ihr zuverlässig, daß sie in der Tat in euer Leben kam. Wenn sie nicht eintrat, habt ihr auch gesehen, daß ihr die Möglichkeit aus irgendwelchen Gründen geleugnet habt. Es ist deshalb nötig, daß ihr anfangt, diesen geschlossenen Kreislauf zu durchbrechen. Ihr könnt ihn nicht sofort auflösen, ihr lebt mit dem Verstand, und ihr braucht ihn. Aber wo ihr ihn durchbrecht, kann der Fluß von neuer Energie und neuem Bewußtsein durchdringen. Wo er nicht durchbrochen ist, bleibt ihr in seinen engen Grenzen eingeschlossen, aus denen euer Geist bald herausgewachsen ist. Auf der anderen Seite muß euer Verstand ruhen, keine Meinung haben, neutral sein, um für die große, neue Kraft empfänglich zu sein, die sich ins innere Universum allen Bewußtseins ergießt.

Aber kehren wir zu dem Prozeß zurück, den begrenzten Verstand zu durchbrechen. Wie macht man das? Zuerst sagt euch selbst, daß eure Anschauungen beschränkt sind, statt sie für selbstverständlich zu halten. Der nächste Schritt ist, sie zu hinterfragen. Das erfordert die Mühe, mit der wohlgeübten Haltung der Selbstbeobachtung und Selbstkonfrontation durch eure begrenzten Meinungen hindurchzugehen und wirklich über sie nachzudenken. Manchmal habt ihr nicht nur eine falsche Anschauung – und vielleicht die negative Intentionalität, an ihr festzuhalten –, sondern seht auch selbst, daß ihr den Kreis geschlossen haltet und euch der inneren Vielfalt beraubt, nach der ihr euch sehnt.

Ein weiteres für dieses Ziel höchst wichtiges Gesetz besteht darin, das Sichöffnen für das größere, universelle Bewußtsein nicht in einem Geiste der Magie anzugehen, die den Wachstums- und Lernprozeß beseitigen soll. Die Aufgabe der höchsten Macht ist es, euch zu füllen und zu nähren; euer Verstand muß jedoch die Stufen durchlaufen, das dazu notwendige Wissen zu erringen. Ihr alle seht das in den Künsten und Wissenschaften. Ihr könnt nicht die Inspiration eines großen Künstlers haben, gleich wieviel Talent ihr besitzt, wenn ihr nicht das Handwerk und die technische Fertigkeit lernt. Wenn das kindliche niedere Selbst den Kanal zum größeren Universum benutzen möchte, um die anfängliche Langeweile des Lernens und Werdens zu vermeiden, wird der Kanal verschlossen bleiben, denn dies läuft auf Betrug hinaus, und Gott läßt sich nicht betrügen. Versucht ihr diesen Betrug, können ernsthafte Zweifel in der Persönlichkeit aufkommen, ob jenseits des Verstandes irgend etwas existiert, da keine inspirierende Antwort erfolgt, wenn »Magie« benutzt wird, um euch selbst mit Faulheit und Nachgiebigkeit zu verhätscheln. Dasselbe gilt für die Wissenschaft oder jeden anderen Bereich.

Wie wirkt sich nun dieses Gesetz auf die Inspiration für euer persönliches Leben und eure Entscheidungen aus? Auch hier dürft ihr nicht die Arbeit versäumen, die das äußere Ich tun muß, um ein angemessener Kanal für das Gottbewußtsein zu werden. Das ist die Pfadarbeit. Ihr müßt euch selbst wahrhaft kennenlernen, eure Schwächen, euer niederes Selbst, wo ihr verführbar und unehrlich seid oder dazu neigt. Ihr alle wißt, daß das harte Arbeit ist, aber sie muß getan werden. Wenn ihr sie meidet, wird der Kanal nie wirklich zuverlässig und kann viel Wunschdenken bergen, das aus eurer »Begierdenatur« rührt, oder er offenbart »Wahrheit«, die auf Schuld und Furcht fußt und daher gleichermaßen unzuverlässig ist.

Nur wenn ihr in dieser Weise an eurer Entwicklung arbeitet, werdet ihr an einen Punkt kommen, wo ihr nicht länger mehr Leichtgläubigkeit und Wunschdenken mit Vertrauen oder Zweifel mit Unterscheidungsvermögen verwechselt. Wie ein großer Pianist nur ein Kanal für höhere Inspiration sein kann, wenn er seine Fingerübungen und die langen Übungsstunden einhält, die sein Spiel schließlich mühelos machen, so müssen gottinspirierte Menschen an ihrem Läuterungsprozeß arbeiten, an tiefer Selbsterkenntnis und Ehrlichkeit zu sich. Nur dann wird das Gefäß den höheren Wahrheiten und Werten entsprechen und tauglich sein, um bestärkt und für höhere Zwecke genutzt zu werden und die Welt und das Selbst zu bereichern.

Zugleich müßt ihr Neutralität pflegen. Die Hingabe an Gottes Willen muß die Haltung einschließen, daß alles, was von Gott kommt, recht ist, ob ihr es wünscht oder nicht. Ein zu starkes Verlangen ist ebenso hinderlich wie das Fehlen jedes Verlangens, das sich als Resignation und Hoffnungslosigkeit zeigt. Die Weigerung, Frustration oder Enttäuschung auszuhalten, erzeugt eine innere angespannte Abwehrstruktur, die den Behälter des Verstandes verschließt und den geschlossenen Kreislauf aufrechterhält. Mit anderen Worten, ihr als Gefäß müßt neutral sein. Ihr müßt das starke, enge, eigenwillige Ja oder Nein aufgeben und, geführt durch euren inneren Gott, den Weg für ein flexibles Vertrauen frei machen. Ihr müßt bereit, gefügig, beweglich, vertrauensvoll und immer für eine unerwartete Veränderung bereit sein. Was jetzt richtig ist, muß es morgen nicht mehr sein.

Im göttlichen Leben, das eurem tiefsten Wesen entspringt, ist nichts festgesetzt und unveränderlich. Dieser Gedanke macht euch unsicher, denn ihr glaubt, Sicherheit läge in festen Regeln. Nichts könnte weiter von der Wahrheit entfernt sein. Dies ist eine der Anschauungen, die hinterfragt werden müssen. Stellt euch vor, daß in der Idee, immer wieder neuen Situationen zu begegnen und neu begeistert zu werden, eine neue Art von Sicherheit liegt, die ihr bisher noch nicht gefunden habt. Was in einer Situation richtig ist, muß nicht in einer anderen richtig sein. Dies ist eines der Gesetze des neuen Zeitalters, das im Gegensatz zu den alten »stabilen« Gesetzen steht, denen gemäß alles, was festgelegt und unveränderlich ist, sicher ist.

Die Gesetze, die sich auf das neue Wagnis der inneren Kreativität und des inneren Lebens beziehen, müssen sorgfältig studiert werden, und ihr müßt mit ihnen arbeiten. Dies sind nicht einfach Worte, denen man bloß zuhört, ihr müßt sie euch zu eigen machen. Die Gesetze sind scheinbar voller Widersprüche. Ihr müßt Wissen erwerben, der Verstand muß erweitert werden und fähig sein, sich einen Begriff von wahrheitsgemäßen Möglichkeiten zu machen, und dennoch müßt ihr ihn neutral und leer halten. Das scheint vom Standpunkt des dualistischen Bewußtseins widersprüchlich, aber vom Standpunkt des neuen Bewußtseins, das sich im inneren Universum ausbreitet, sind dies keineswegs Widersprüche. Jahrelang habe ich versucht, euch in vielen Bereichen zu zeigen, wie dieses Prinzip wirkt: Was wahrhaftig ist und den höheren Lebensgesetzen entspricht, söhnt Gegensätze aus, die sich auf der niederen Bewußtseinsebene gegenseitig ausschließen. Was auf der niederen Ebene Konflikte erzeugt, hilft und beeinflußt sich gegenseitig auf der höheren.

Macht euren Verstand zum Instrument der Vereinigung

Mehr und mehr werdet ihr die Wahrheit der Vereinigung entdecken, wo Dualitäten nicht mehr bestehen und Gegensätze sich nicht mehr widersprechen, wo ihr zwei vorherige Gegensätze als wertvolle Aspekte derselben Wahrheit erfahrt. Wenn ihr dieses Prinzip erfaßt und es auf euer Leben, eure Anschauung und eure Werte anwendet, dann seid ihr in der Tat bereit, das neue Bewußtsein, das aus Sphären weit jenseits eurer eigenen zu euch kommt, zu empfangen.

Wenn ich sage, daß ihr euch eurem göttlichen Kanal nicht mit der Forderung nähern dürft, daß er euch die Arbeit des Lebens und Wachsens erspare, steht dies nicht im Widerspruch zur Notwendigkeit, passiv und empfänglich zu sein. Es ist einfach eine Verlagerung der Gewichte: Wo ihr mit eurem Verstand überaktiv wart, müßt ihr jetzt ruhig werden und die Dinge geschehen lassen; wo ihr auf eurer Kontrolle beharrt habt, müßt ihr sie jetzt loslassen und eine neue innere Macht zulassen. Wo ihr andererseits zuvor zur Faulheit und Selbstschonung neigtet, nach dem Weg des geringsten Widerstandes Ausschau hieltet und euch so von anderen abhängig machtet, müßt ihr jetzt die Kontrolle übernehmen und aktiv die Prinzipien aufbauen, die die Kanäle zum inneren Gott herstellen helfen. Ihr müßt seine Botschaften im Leben aktiv ausdrücken. Aktivität und Passivität müssen umgekehrt werden.

Der Verstand wird so zu einem Instrument werden. Er wird sich öffnen, seine Begrenzungen durchbrechen und sich neue Vorstellungen aneignen – mit Leichtigkeit und ohne Druck –, um mit ihnen eine Zeitlang »herumzuspielen«. Diese Haltung von Leichtigkeit in euren Wahrnehmungen, von Geschmeidigkeit und Beweglichkeit des Geistes wird euch höchst empfänglich für eure scheinbare Leere machen.

Nun, meine Freunde, da wir uns dieser Leere nähern, wie fühlt sie sich an? Worum geht es dabei? Noch einmal, die menschliche Sprache ist äußerst beschränkt, und es ist fast unmöglich, eine solche Erfahrung in den Kontext der Sprache zu pressen. Ich werde jedoch mein Bestes versuchen, euch einige Hilfsmittel zu geben.

Wenn ihr in euren inneren »Abgrund« hineinhorcht, erscheint er zuerst als ein schwarzer, leerer Schlund. Nun spürt ihr Angst. Sie scheint euch auszufüllen. Was ist diese Angst? Es ist ebensosehr die Angst, zu entdecken, daß ihr in der Tat leer seid, wie die Angst, euch mit einem neuen Bewußtsein, einem neuen Wesen wiederzufinden, das sich in euch entfaltet. Obwohl ihr euch danach sehnt, fürchtet ihr euch auch davor. Die Angst kommt von zwei Seiten: Ihr wollt das neue Bewußtsein so sehr, daß ihr fürchtet, enttäuscht zu werden, und zugleich fürchtet ihr, das neue Bewußtsein zu finden, weil es euch Verpflichtungen und Veränderungen auferlegen könnte. Ihr müßt beide Ängste durchleben. Dieser Pfad gibt euch das Werkzeug an die Hand, mit Ängsten wie diesen umzugehen und euer niederes Selbst zu hinterfragen.

In die Leere hineingehen

Aber es kommt die Zeit, wo ihr trotz der Angst bereit seid, weil ihr die Verbindungen bereits hergestellt habt. Ihr wißt zum Beispiel, was euer niederes Selbst will und warum ihr negative Absichten hegt. Die Zeit kommt, wo ihr euch, trotz der Angst, in aller Ruhe entscheidet, in die Leere hineinzugehen. So leert ihr euren Verstand, um der Leere tief innen zu begegnen. Und siehe da, alsbald werdet ihr die Leere ganz neu empfinden, nicht als voll, wie ihr es gewohnt seid, sondern sie wird eine neue Lebendigkeit enthalten, die durch die alte künstliche Verstandesfülle unmöglich gemacht wurde. Ihr werdet bald herausfinden, daß ihr euch künstlich abgestumpft und vollgestopft habt. Ihr habt den Verstand mit Lärm verstopft, habt euren Kanal durch die harten Knoten der Abwehr, in die ihr eure Energie zusammenzogt, undurchlässig gemacht. Mit dieser künstlichen Fülle habt ihr eure Lebendigkeit abgetötet. So wurdet ihr bedürftiger, denn ohne euer Innenleben konntet ihr nicht gefüllt werden, nicht im echten Sinn. Durch euer Streben nach Erfüllung von außen entstand ein Teufelskreis, da ihr euch weigertet, die notwendigen Schritte zu tun, um die Erfüllung zuerst in euch zu manifestieren.

In gewisser Weise habt ihr vor der Lebendigkeit mehr Angst als vor der Leere. Und vielleicht wäre es besser, wenn ihr euch dies eingestehen würdet.

Wenn ihr euch genügend geleert habt, ist die erste Reaktion darauf eine innere Lebendigkeit, und ihr neigt dazu, sie sofort wieder zu unterdrücken. Jedoch mit der Leugnung eurer Angst leugnet ihr auch, wie unglücklich ihr über euren Mangel an Lebendigkeit seid. Doch fehlende Lebendigkeit wird durch die Angst vor der Lebendigkeit hervorgerufen. Die Angst kann der Lebendigkeit Platz machen, wenn ihr euch auf schöpferische Weise leer sein laßt.

Die konkrete Erfahrung

Ihr werdet euer ganzes inneres Wesen, und das schließt den Körper und die Energie ein, als pulsierend lebendige »innere Röhre« erfahren. Energie strömt durch sie hindurch, Gefühle strömen hindurch, und auch etwas anderes, daß ihr bisher noch nicht benennen könnt, wird pulsierend lebendig. Wenn ihr vor diesem unnennbaren Etwas nicht zurückscheut, wird es sich früher oder später als stetige innere Unterweisung erweisen, als Wahrheit, Ermutigung, Weisheit, Führung, ausdrücklich auf euer Leben jetzt, wo ihr es meisten braucht, ausgerichtet.

Diese Leere, diese pulsierend lebendige Leere, ist Gott, der zu euch spricht. Seine Stimme spricht zu euch zu jeder Tageszeit, dann, wenn es für euch am nötigsten ist. Habt ihr die aufrichtige Absicht, euch auf sie einzustimmen und ihr zuzuhören, werdet ihr sie wahrnehmen, zuerst undeutlich, später stärker. Ihr müßt euer inneres Ohr in den Zustand versetzen, sie zu erkennen. Sobald ihr die strahlende Stimme erkennt, die mit Weisheit und Liebe spricht – nicht in Allgemeinheiten, sondern direkt zu euch –, werdet ihr wissen, daß diese Stimme immer in euch war und ihr euch nur darin geübt habt, sie nicht zu hören. So habt ihr Bedingungen erschaffen, durch die die »innere Röhre«, die euch mit volltönender Engelsmusik erfüllen wird, zusammengepreßt und vollgepackt wurde.

Wenn ich »Engelsmusik« sage, meine ich es nicht unbedingt wörtlich, obwohl auch das sein kann. Aber was ihr dringender braucht, ist Führung für eine jede Entscheidung, für Meinungen oder Haltungen, die in einer gegebenen Situation anzunehmen sind. Diese Unterweisung ist in ihrer Herrlichkeit wirklich mit Engelsmusik vergleichbar. Das Wunder dieser Fülle kann man nicht beschreiben, sie ist ein Schatz jenseits aller Worte. Schon immer habt ihr danach gesucht und euch danach gesehnt, aber meist seid ihr euch dieser Suche nicht bewußt und projiziert sie auf Ersatzerfüllungen, die ihr von außen erwartet.

Lenkt eure Aufmerksamkeit wieder auf das, was schon immer in euch existierte. Der Verstand und der äußere Wille haben euer Leben verwirrt und kompliziert, so ist dieser neue Kontakt wie ein Ausweg aus einem Labyrinth, das ihr selbst erschaffen habt. Ihr könnt nun eure innere Landschaft ohne dieses Labyrinth neu erschaffen.

Der neue Mensch als das Gefäß der universellen Intelligenz

Meine liebsten Freunde, ich möchte nun einige Worte über den neuen Menschen im neuen Zeitalter sagen. Was ist der neue Mensch? Er ist ein Gefäß für die universelle Intelligenz, für das göttliche Bewußtsein, das Christusbewußtsein, das jeden Teil eures Seins und Lebens durchdringt. Der neue Mensch funktioniert nicht aus dem gewohnten Intellekt heraus. Jahrhundertelang mußte der Intellekt gepflegt werden, damit er seine Rolle als wichtiges Sprungbrett in der Menschheitsentwicklung erfüllen konnte. Daraus ist eine Überbetonung geworden, die heute schon zu lange andauert. Das heißt nicht, daß ihr zu der blinden, emotionalen »Begierdenatur« zurückkehren sollt, vielmehr heißt es, daß ihr euch für einen höheren Bewußtseinsbereich in euch öffnet und ihn sich entfalten laßt.

Es gab eine Zeit in der Evolution, wo es für die Menschen ebenso schwer war, die Fähigkeit des Denkens, Abwägens, Unterscheidens, der Bewahrung und Erinnerung ihrer Kenntnisse zu finden, kurz, all die Verstandesfertigkeiten zu nutzen, wie es jetzt schwer scheint, den Kontakt mit dem höheren Selbst zu finden. Der neue Mensch hat ein neues Gleichgewicht im inneren System hergestellt. Der Intellekt darf dabei nicht fehlen; er ist ein Instrument, das dienen und mit dem höheren Bewußtsein vereinigt werden muß. Jahrhundertelang glaubten die Menschen, die intellektuelle Fähigkeit wäre die höchste Form der Entwicklung, und einige glauben das noch immer. So unternehmen sie keinen Versuch, sich weiter und tiefer in ihr inneres Wesen vorzuwagen und größere Schätze zu finden. Auf der anderen Seite gibt es viele spirituelle Bewegungen, die sich darin üben, den Verstand insgesamt abzulegen und außer Dienst zu stellen. Das ist genauso unerwünscht, denn es erzeugt Spaltungen statt Vereinigung.

Die Funktion des Intellekts beim neuen Menschen

Beide Extreme sind Halbwahrheiten, obwohl sie relativen Wert haben können. Zum Beispiel waren die Menschen in der Vergangenheit wie Tiere, undiszipliniert und unverantwortlich in bezug auf ihre Wünsche. Sie wurden von Emotionen und Wünschen getrieben ohne Rücksicht auf Ethik und Moralität. So erfüllte die Entwicklung des Intellekts auf dieser Stufe ihre Funktion. Und der Intellekt erfüllte seine Funktion auch als sehr scharfes Werkzeug des Lernens und Unterscheidens. Doch wenn es dabei bleibt, wird er unnütz. Die Menschen werden armselig, wenn sie nicht durch ihre Göttlichkeit beseelt werden. Aus diesem Grund ist die Praxis, den Verstand zeitweise inaktiv zu lassen, ratsam, und ich empfehle es. Aber ihn wie den Teufel zu behandeln und aus eurem Leben zu vertreiben geht am entscheidenden Punkt vorbei.

In beiden Extremen fehlt den Menschen etwas; um ihre Göttlichkeit auszudrücken, benötigen sie alle ihre Funktionen in arbeitsfähigem Zustand. Ohne Verstand werdet ihr zu einer passiven Amöbe; wird er als das höchste Vermögen betrachtet, werdet ihr zu einem überaktiven Roboter, und der Verstand wird zu einer computerisierten Maschine. Echte Lebendigkeit gibt es nur, wenn ihr Verstand und Geist vermählt und dem Verstand erlaubt, für eine Weile das weibliche Prinzip auszudrücken. Bisher war er sehr dem männlichen Prinzip der Handlung, Dynamik, Kontrolle verbunden. Jetzt muß er das weibliche Prinzip der Empfänglichkeit ausdrücken. Das heißt nicht, daß ihr passiv werdet. In einem gewissen Sinne werdet ihr aktiver und unabhängiger, als ihr zuvor wart. Denn wenn der Verstand Eingebungen vom Gottbewußtsein empfängt, müssen sie in Handlung umgesetzt werden. Dieses Umsetzen ist jedoch harmonisch, mühelos, nicht krampfhaft. Wenn euer Verstand empfänglich ist, kann er durch den höheren Geist in euch erfüllt werden. Dann wird sein Wirken völlig anders, ewig neu und erregend. Nichts wird zur Routine, nichts wird abgenutzt, nichts überflüssig. Der Geist ist immerwährend lebendig und wandelbar. Das ist die Energie und Erfahrung, die ihr in steigendem Maße in eurer Gemeinschaft erlebt, wo der neue Einfluß so stark wirkt.

Nachdem er sich seinen Weg gebahnt hat, um für das innere spirituelle Wesen empfänglich zu werden, trifft der neue Mensch alle Entscheidungen aus diesem neuen Bewußtsein. Die Auswirkungen würden für jemanden, der das noch nicht erfahren hat, utopisch klingen. Ich bin glücklich, sagen zu können, daß viele von euch bereits Teil dieser starken kosmischen Bewegung sind, der ihr euch zur Verfügung gestellt habt. Ihr erfahrt bisher ungeahnte Ausweitung, Freude und Auflösung von Problemen, die ihr nie für möglich gehalten hättet. Und das setzt sich fort. Es gibt keine Grenzen für eure Erfüllung, für den Frieden, die Produktivität, die Kreativität des Lebens, für Freude, Liebe und Glück und für den Sinn, den euer Leben angenommen hat, da ihr einer höheren Sache dient.

Das Eintreten in das neue, größere Leben

Die Zeit ist vorbei, daß ihr als Individuen nur für ein selbstbezogenes, augenblickliches kleines Leben lebt. Das kann nicht länger so sein. Jene, die darauf bestehen, schließen sich von einer Macht aus, die sich in einem noch selbstsüchtig ausgerichteten Verstand ins zerstörerische kehren würde. Denn diese Selbstsucht rührt aus der falschen Anschauung, daß ihr nur glücklich seid, wenn ihr selbstsüchtig seid, und unglücklich, wenn ihr selbstlos seid. Dieser falsche Glaube ist eine der ersten Fiktionen, die ihr erforschen und hinterfragen müßt.

Ihr schafft für euch und eure Umgebung ein neues Leben, wie es die Menschheit bisher nicht gekannt hat. Ihr bereitet euch darauf vor, andere bereiten sich vor, hier und dort, auf der ganzen Welt, unauffällig. Dies sind goldene Kerne, die der grauen, dunklen Materie unwahrhaftigen Denkens und Lebens entspringen. Werdet empfänglich dafür. Das wird euch die Anregung und den Frieden bringen, die ihr immer wolltet. Tretet ein in diese neue Phase, meine liebsten Freunde, mit Mut und Bejahung. Erhebt euch, werdet, wer ihr wirklich seid, und erfahrt das Leben im besten Sinne.

Ihr alle seid gesegnet, meine Allerliebsten. Der Segen wird euch die Kraft geben, die ihr braucht, um den Weg mit allem, was ihr seid, ganz zu gehen und durch den inneren Gott beseelt, aktiviert und verwirklicht zu werden. Lebt in Frieden.

Die innere Stimme:
eine Meditation des GUIDE

Wenn wir still geworden sind und in unser inneres Selbst hineinhören, werden wir seine Stimme hören. So oder ähnlich wird sie sprechen:

Ich bin der ewig liebende Gott,
der allgegenwärtige Schöpfer,
der in dir lebt,
sich durch dich bewegt
und sich in dir ausdrückt, in unzähligen Formen –
als du und du und du –
als Tier,
als Baum, Himmel, Sternenzelt,
als alles, was ist.

Ich werde in dir wohnen,
und erlaubst du Mir, durch dich zu handeln,
durch deinen Verstand erkannt
und durch deine Gefühle empfunden zu werden,
wirst du Meine grenzenlose Kraft erfahren.

Du wirst vor ihr,
die sich auf allen Ebenen offenbart, keine Angst haben.
Die Kraft ist groß, aber gib Mir nach,
gib ihr nach,
diesem Strom, der vorwärtsdrängt,
der dich zum Weinen bringt,
zum Lachen
und beides vor Freude.

Du bist Ich, und Ich bin du.
Ich kann auf deiner Ebene nicht handeln,
ohne daß du Mir deine Mitwirkung schenkst.
Und hörst du auf Mich,
werde ich jeden Schritt deines Weges führen.

Wenn du im Dunkel weilst,
bist du Mir fern.
Und wenn du dich daran erinnerst,
kommst du zurück zu Mir.
Ich bin dir nicht fern,
sondern hier, in jeder Faser deines Wesens.

Erfüllst du so Meinen Willen,
wachsen du und Ich zusammen,
und Ich kann den deinen erfüllen.

Der GUIDE, Eva und die Pfad-Stiftung

Der GUIDE identifizierte sich niemals namentlich. Er blieb dabei, daß seine Identität nicht wichtig wäre, daß wir, gleich was er sagte, ohnehin nicht fähig wären, seine Identität zu prüfen. Wir sollten uns nur um seine Lehren kümmern. Selbst denen sollten wir nicht Glauben schenken, bloß weil sie von einer geistigen Wesenheit kämen. Wir sollten unsere Herzen befragen, und nur, wenn wir ein Echo darin fänden, das ihre Wahrheit bekräftigte, sollten wir seine Worte akzeptieren.

Eva Pierrakos wurde 1915 in Wien als Tochter des bekannten Romanschriftstellers Jakob Wassermann geboren. Sie wuchs in der intellektuellen Elite Wiens auf. Ihr erster Ehemann war der Sohn des Schriftstellers Hermann Broch. Eva, eine strahlende, lebhafte junge Frau, liebte den Tanz und das Skilaufen; später wurde sie Tanzlehrerin. Das letzte, was sie sich hätte vorstellen können, war, als Instrument für spirituelle Botschaften auserwählt zu werden.

Es war Eva möglich, Österreich vor der Übernahme durch die Nazis zu verlassen. Sie erhielt ein Visum für die USA und siedelte nach New York über. Zwischenzeitlich lebte sie jedoch auch in der Schweiz, wo sich ihr übersinnliches Talent zuerst in Form automatischen Schreibens zu offenbaren begann. Sie meditierte lange Stunden, wechselte ihre Diät und verpflichtete sich, ihre Gabe nur zu benutzen, um anderen Menschen zu helfen. Sie ging dabei sogar das Risiko des Verlustes ihrer Freunde ein, die glaubten, sie würde ihren Verstand verlieren. Schließlich gelang es ihr, ein reiner »Kanal« zu werden, so daß es einer geistigen Wesenheit von großer Weisheit wie dem GUIDE möglich war, sich durch sie zu offenbaren und uns das Geschenk seiner Lehren anzubieten. Als Eva in die USA zurückkehrte, bildete sich eine kleine Gruppe um sie. Sie gab individuelle GUIDE-Sitzungen« und zweimal im Monat eine Lesung oder eine Frage-und-Antwort-Sitzung.

Sie war eine dunkelhaarige, kleine Frau mit leuchtenden, schwarzen Augen und dem Körper einer Tänzerin. Für gewöhnlich sonnengebräunt, sah sie sehr gesund aus und hatte die wunderbare Fähigkeit, sich freuen zu können. Als John Pierrakos, Psychiater aus reichianischer Tradition und Mitbegründer der Bioenergetik, sie traf, bereicherten sie sich in ihrer Arbeit wechselseitig. Die Heirat brachte John nicht nur persönliches Glück, sie half ihm auch die von ihm praktizierte Bioenergetik in die Core-Energetik umzuwandeln, indem er die Lehren des GUIDE mit einbezog. Umgekehrt trug die Einführung des energetischen Elements in den Pfadarbeitsprozeß zu dessen Wirksamkeit bei.

Immer mehr Menschen wurden von den Lehren des GUIDE angezogen. Die Pfadarbeit fand in einem abgeschiedenen Tal der Catskill-Berge im Norden von New York City eine Heimat, wo seitdem in der Schönheit und Stille der Natur tiefe Transformationsarbeit geleistet wird. 1972 wurde die Pfadarbeit (Pathwork) als gemeinnützige, erzieherische Stiftung eingetragen.

Eva starb 1979 und hinterließ uns eine reiche Erbschaft an übermittelten Texten. Zusätzlich zu den 258 Lesungen, die die Pfadarbeit beschreiben, gibt es Hunderte von auf Band aufgenommenen Frage-und-Antwort-Sitzungen und private Konsultationen mit dem GUIDE, die allmählich auch an die Öffentlichkeit gebracht werden.

Die Lesungen stehen in der Form von Einzellesungen wie auch in Buchform zur Verfügung. Drei Sammlungen sind bisher in den USA erschienen: »The Pathwork of Self-Transformation«, das mit diesem Band auch als erste deutsche Ausgabe vorliegt, »Fear No Evil, The Pathwork Method of Transforming the Lower Self« und »Creating Union, The Pathwork of Relationship«. Den Übersetzungen ins Holländische, Italienische, Portugiesische, Französische und Spanische folgt nun endlich eine Übersetzung in Evas Muttersprache.

Übersetzungen der Pathwork-Lesungen sind in holländischer, französischer, deutscher, italienischer, portugiesischer und spanischer Sprache erhältlich.

Eva und John C. Pierrakos

Eine Anzahl von aktiven Pfadarbeit-Zentren und ein großes Netzwerk von Gruppen widmen sich in Nord- und Südamerika sowie auch in Europa der Arbeit mit den Pathwork-Lesungen. Wir würden uns freuen, Sie bei der weiteren Erforschung dieses Materials in Zusammenarbeit mit anderen unterstützen zu können. Wenn Sie Lesungen oder Bücher bestellen oder nähere Informationen über unsere Arbeit erhalten wollen, so wenden Sie sich bitte an eines der im folgenden aufgeführten Regionalzentren, die mit einem Stern (*) markiert sind.

USA
Kalifornien und Südwesten:
Pathwork of California, Inc.*
1355 Stratford Court #16
Del Mar, California 92014
(619) 793-1246 Fax (619) 259-5224

Great Lakes Region:
Great Lakes Pathwork*
1117 Fernwood
Royal Oak, Michigan 48067
(313) 585-3984

Mid-Atlantic und Süden
Sevenoaks Pathwork Center*
Route 1, Box 86
Madison, VA 22727
(703) 948-6544 Fax: (743) 948-5508

Nord-Westen
The Northwest Pathwork*
c/o Kathleen Goldberg
811 NW 20th, Suite 103C
Portland, Oregon 97209
(503) 223-0018

Philadelphia
Philadelphia Pathwork*
c/o Carolyn Tilove
910 S. Bellevue Avenue
Hulmeville, Pennsylvania 19407
(815) 752-9894

Brasilien
Aidda Pustilnik*
Rua da Graviola #264, Apt. 1003
41810-420 Itaigara Salvador
Tel. 71-2470068 Fax 71-245-3089

Kanada
Ottawa/Montreal Pathwork
Roddy Duchesne
604-222 Guigues Ave.
Ottawa, Ontario K1N 5J2, Kanada
Tel. (613) 241-4982

Deutschland
Pfadgruppe Kiel
c/o Paul Czempin
Lüdemannstr. 51 / 24114 Kiel
Tel.: 0431-66-58-07

Holland
Padwerk*
Johan Kos
Boerhaavelaan 9
1401 VR Bussum
Tel./Fax: 02159-35222

Italien
Il Sentiero*
Raffaele Iandolo
Campodivivo, 43. 04020 Spigno
Saturnia (LT)
Tel.: (39) 771-64463

Mexiko
Andres Leites*
Tulipanes 148, Col. del Bosque
Cuernavaca, Mor 62150
Tel.: 73-132144

Anmerkung zu den Übersetzern

Paul Czempin, geboren 1945 in Berlin. Mitbegründer und erster spiritueller Leiter der Pfadgemeinschaft Berlin. Mitbegründer des Pfadzentrums Berlin. Ausgebildeter Pfadhelfer und graduierter Core-Energetik-Therapeut. Seit 1980 als freier Therapeut tätig. Von Phoenicia autorisierter Übersetzer der »Pathwork-Lectures«. Mitbegründer, Mitglied, Helfer und Lehrer der Pfadgruppe Kiel.

Hedda Köhler ist Pfadhelferin und lehrt und arbeitet am Phoenicia Pfadzentrum im Norden von New York City. Seit 1985 lebt die ehemalige Berlinerin in dieser Gegend. Sie bereitet Programme für den deutschsprachigen Raum vor und ist bereit, für Workshops und Einführungen in die Pfadarbeit nach Europa zu kommen. Wer Interesse hat, kann sie über das Phoenicia Pathwork Center, P.O. Box 66, Phoenicia NY 12464 erreichen.

Eine aktuelle Liste der ins Deutsche übertragenen Pfad-Lesungen kann bezogen werden bei: Pfadgruppe Kiel / Vertrieb, z.Hd. von Alf Gürtler und Paul Czempin, Rendsburger Landstraße 395, 24111 Kiel.

Eva Pierrakos
BEREIT SEIN FÜR DIE LIEBE
Außerordentliche Einsichten in das Wesen unserer unvermeidlichen Beziehungsschwierigkeiten. Eva Pierrakos' Lesungen helfen uns, diese zu überwinden und lebenssprühende Partnerschaften zu formen. Sie beantwortet mit großem Mitgefühl praktische Fragen zur Sexualität und Spiritualität, zur Scheidung, Angst vor Nähe und zur Kunst, den Funken am Leben zu erhalten.
224 S., kart., ISBN 3-922026-89-3

Susan Thesenga
IN OFFENHEIT LEBEN
Jede Sehnsucht ist letztendlich dieselbe Sehnsucht: eine liebevolle Beziehung zu sich selbst, anderen, der Umgebung oder Gott zu erfahren.

»In Offenheit leben« beschreibt die persönliche Transformation durch die Pfadarbeit. Es umfaßt inspirierende und berührende Berichte von Menschen, deren Lebensprobleme oder akute Krisen sich durch den persönlichen Prozeß umwandeln in Wachstum und positive Lebensgestaltung.
304 S., ISBN 3-922026-93-1

Eva Pierrakos/Donovan Thesenga
FÜRCHTE DICH NICHT VOR DEM BÖSEN
Die Transformation unserer negativen Gefühle
Die Übermittlungen durch Eva Pierrakos lehren, dass wir unsere Schattenseiten weder zu fürchten noch zu verleugnenbrauchen. Es geht darum, diese zu erkennen, ihre Wurzeln und Ursachen zu verstehen und vor allem, diese zu transformieren.
256 S., ISBN 3-922026-92-3

Dr. med. John Pierrakos
EROS, LIEBE UND SEXUALITÄT
Eros ist die transformierende Kraft des Lebens, Liebe die vereinende und Sexualität die schöpferische Kraft – der Ausdruck unserer physischen Natur. Sie erfordern, daß wir uns auf unserer Suche nach Erfüllung unablässig der Wahrheit hingeben.

Wenn wir zulassen, daß die Liebe unser Leben durchströmt, spüren wir in unserem Körper eine starke organische Reaktion: Unsere Atmung wird tiefer, unser Herz wird weiter, unser Puls stärker. Der Zustand der Liebe stärkt unseren Körper und unsere Emotionen, wir öffnen uns neuen Perspektiven und werden von einer göttlichen Energie durchtränkt, einer Energie, die die gesamte Existenz durchströmt.
128 S., kart., ISBN 3-922026-90-7

Dr. med. John Pierrakos
CORE ENERGETIK –
Zentrum Deiner Lebenskraft

Dr. Pierrakos' therapeutischer Ansatz basiert auf: 1. Der Mensch ist eine psychosomatische Einheit. 2. Die Quelle der Heilung liegt im Selbst. 3. Alles Existierende bildet eine Einheit.

Core Energetik ist ein von Dr. med. John C. Pierrakos begründeter transformativer Prozess, der alle Ebenen der menschlichen Existenz anspricht; Körper, Gefühle, Intellekt, Willen und die geistige Ebene.

Core Energetic beinhaltet die grundlegenden Konzepte von W. Reich, die Bioenergetik (begründet von Dr. med. A. Lowen und Dr. med. J. C. Pierrakos), Erkenntnisse der neuen Physik und Erfahrungen aus somatischen, psychologischen und geistigen Prozessen.

Diese drücken sich aus durch pulsierende Bewegungen von Energieströmen im Körper. Wenn diese Ströme zugelassen werden erfährt die Person eine Vibration im gesamten Organismus. Diese verbindet das Bewusste mit dem Unbewussten und unterstützt damit die Selbstregulation und den Selbstheilungsprozess.

Dr. J. Pierrakos, Schüler und Mitarbeiter von Wilhelm Reich, war mit Dr. A. Lowen Mitbegründer der Bioenergetik. Die Weiterentwicklung führte ihn zur Core Energetik.

320 S., gebunden, zahlreiche Vierfarbabbildungen der Energiefelder des Menschen, ISBN 3-922026-74-5

Thomas Armstrong
ICH BIN SEELE, GEIST UND KÖRPER
Die Spiritualität des Kindes
Vorwort von Chris Griscom

Kindheit repräsentiert im weiteren Sinne den Zustand des Heilens in uns allen – den Zustand der Einheit. Dennoch bewegt sich das Kind in zwei Entwicklungslinien: Zum einen wächst es auf dieser Welt, paßt sich zunehmend seiner Kultur an und bindet sich in diese ein; zum anderen erinnert es sich seiner göttlichen Ursprünge.

Werden beide Bewegungen unterstützt und bleiben die Strömungen ungehindert, so formen sie das wahre Wesen des Kindes. Es gehört sowohl zum Himmel wie zur Erde, und es tritt als Brücke zwischen Licht und Dunkel, Körper und Geist, Ich und Selbst, Mensch und Gott in unser Leben.

»Es ist eines der wichtigsten Bücher auf diesem Gebiet.« (Chris Griscom)

256 S., kart., ISBN 3-922026-59-1

Ken Dychtwald
KÖRPERBEWUßTSEIN
Das fachlich allgemeinverständliche, richtungsführende Buch auf der Selbst-
erfahrungsreise zu sich selbst.
320 S., kart., illustriert, ISBN 3-922026-02-8

Peggy J. Jenkins
SPIRITUALITÄT FÜR KINDER UND ELTERN
Viele Eltern möchten das spirituelle Bewusstsein ihrer Kinder entfalten, finden aber
keine praktischen Anleitungen dazu. Dieses Buch bietet eine Vielzahl von einfachen
Lektionen, und jede kann man in weniger als 10 Minuten mit
den Kindern ausführen.
160 S., kart., ISBN 3-922026-86-9

Amina Raheem
DIE RÜCKKEHR DER SEELE
Unsere Aufgabe ist es, den inneren Weg, den
unsere Seele aufzeigt, wiederzuentdecken und ganzheitlich den Menschen zu unterstützen, diesen Weg zu gehen. Feinfühlig, wissend und mit praktischen Anleitungen,
verbindet die Autorin Psychologie und Spiritualität, Wissenschaft und östliche
Weisheitstraditionen.
180 S., kart., ISBN 3-922026-72-9

Pir Vilayat Khan
DER RUF DES DERWISCH
Pir Vilayat Khan ist Leiter des Sufi-Ordens im Westen, der von seinem Vater Hazrat
Inayat Khan gegründet wurde. Er ist bestrebt, den Weg und die Essenz der Sufi-
Tradition besonders dem westlichen Menschen erlebbar zu machen.
224 S., kart., ISBN 3-922026-07-9

Hazrat Inayat Khan
DAS ERWACHEN DES MENSCHLICHEN GEISTES
Die Botschaft des Autors beginnt und endet mit der Aussage, daß es nicht ausreicht,
im Geistigen zu leben; was wir heute benötigen, ist ein menschlicher Geist. Diese
Unterweisungen Hazrat I. Khans beschreiben die Folge der inneren Ent-
wicklungsphasen.
224 S., kart., zahlreiche Fotos, ISBN 3-922026-08-7

Victor Sánchez
DIE LEHREN DES DON CARLOS
Ein Handbuch
Inspiriert von den Büchern Carlos Castanedas und seinen eigenen Erfahrungen im Leben und Lernen mit überlebenden Trägern des Wissens der Tolteken schuf Victor Sánchez zahlreiche Übungen und einen Weg für persönliches Wachstum und spirituelle Entwicklung, wie ihn in dieser praktischen Form niemand vor ihm entworfen hat. Er beantwortet die Suche von Millionen Lesern, die von den Büchern Castanedas fasziniert sind, jedoch darin nicht die Anleitung und klare Wegweisung fanden, die Essenz seiner Lehren in ihrem Alltag anzuwenden.
272 S., kart., ISBN 3-922026-82-6

Mary E. Loomis
TOCHTER IHRES VATERS
Wenn Frauen in einer Welt der Männer Erfolg haben
Die Autorin deckt den inneren Preis auf, den die meisten Frauen zahlen, um den Erwartungen und Erfolgskriterien der männlichen Welt gerecht zu werden. Mit ihrer Erfahrung als Jungianische Therapeutin zeigt sie auf, wie Frauen die Fesseln lösen, ihre verborgene Scham überwinden und damit ihren eigenen Weg finden können.
160 S., kart., ISBN 3-922026-81-8

Benjamin Hoff
TAO TE PUH
Das Buch vom Tao und von Puh, dem Bären
Was für ein Puh? Das Tao Te Puh … in dem uns enthüllt wird, daß einer der größten taoistischen Meister nicht etwa ein Chinese ist, auch kein altehrwürdiger Philosoph …
Puh: »Was ist denn ein Standardbuch?«
Synthesis: »Nun ja, eines, das jeder unbedingt lesen will.«
Puh: »Ah! Ist es über Honig?«
Synthesis: »Nicht direkt, es ist über dich und mich und über die Einfachheit und Süße des Lebens.«
Puh: »Ja, das klingt gut! Das les' ich gern.«
120 S., kart., illustriert, ISBN 3-922026-30-3

Debbie Shapiro
LEBENDIG SEIN –
Das KörperBewußtsein-Übungsbuch
Das KörperBewußtsein-Übungsbuch lädt Sie ein, neue und anregende Entdeckungen über die Zusammenhänge Ihrer körperlichen und geistig-seelischen Aspekte zu machen. Es zeigt auf, wie konfliktvolle Situationen, Ängste und unterdrückte Gefühle den Körper und seine Funktionen beeinflussen und Fehlfunktionen und Krankheiten auslösen können. *256 S., kart., ISBN 3-922026-78-8*

Charles L. Whitfield
HEILEN DES INNEREN KINDES
Entdecken und erwecken Sie den Teil in sich wieder, der lebendig, kraftvoll, schöpferisch und erfüllt ist: IHR WAHRES SELBST
Das innere Kind ist der Teil eines jeden von uns, der lebendig, voller Lebenskraft, schöpferisch und erfüllt ist – es ist unser wahres Selbst. *200 S., kart., ISBN 3-925610-02-2 (Medizin & Neues Bewusstsein)*

David V. Tansley
DIE AURA DES MENSCHEN
Dieses Buch leitet uns an zum Erwecken unserer latenten Fähigkeiten, die Aura zu sehen, zu fühlen und zu interpretieren; es zeigt, wie wir das noch weitgehend ungenutzte Potential der Aura für Medizin und Heilarbeit entfalten können. *240 S., Abb., kart., ISBN 3-922026-60-5*

David V. Tansley
AURA, CHAKREN UND DIE STRAHLEN DES LEBENS
Heilen erfordert ein tiefes Verständnis der Chakren der feinstofflichen Körper und insbesondere der Strahlen des Lebens. Dieses Buch bietet die Grundlageninformationen, auf die Therapeuten und Praktiker bauen können, nicht nur in der Radionik, sondern auch in der Sozialarbeit und -beratung, der Psychologie, Medizin und Heilung. *240 S., kart., ISBN 3-922026-61-3*

David V. Tansley
RADIONIK –
Energetische Diagnose und Behandlung
Diese Kunst des Heilens entwickelte sich aus einem Bereich der medizinischen Forschung von Prof. Dr. A. Abrams, der aufzeigte, daß Leben – und somit auch Krankheit – schwingende Energie ist, die energetisch behandelt werden kann. Radionik kann in jeder Therapieform praktiziert werden. *100 S., kart., illustriert, ISBN 3-922026-44-3*

David V. Tansley
DER FEINSTOFFLICHE MENSCH
Radionik in der energetischen Behandlung
Radionik ist eine Diagnose- und Therapiemethode, die vorrangig über die feinstofflichen Kraftfelder und Energiezentren zur Untersuchung und Behandlung von Krankheitsursachen führt. Tansley gibt ein einfaches und zugleich praktisch anwendbares Bild der feinstofflichen Anatomie des Menschen, des Informationsträgers unserer Existenz – und damit der Basis für Heilung und Gesundheit.
112 S., kart., ISBN 3-922026-62-1

Helmut G. Sieczka
ICH MAG MICH
Liebevolle Gedanken für sich selbst
Affirmationen
32 S., Büttenpapier, ISBN 3-922026-84-2

Helmut G. Sieczka
CHAKRA-HARMONIE
Das Wiederfinden der Lebensfreude und Glückseligkeit
Die Chakren sind die Hauptzentren der menschlichen Vitalenergie. Ihr harmonisches Zusammenspiel ist verantwortlich für die organische und psychische Gesundheit, aber auch für das geistige und spirituelle Wachstum eines Menschen. Durch bewusstes Atmen kann jedes einzelne Chakra gereinigt und neu aktiviert werden. Die Harmonisierung der feinstofflichen Energiezentren durch regelmäßiges Chakra-Atmen unterstützt die Vitalität und stärkt die Abwehrkräfte.
96 S., kart., ISBN 3-922026-80-X
MC: ISBN 3-922026-67-2 MC, CD: ISBN 3-922026-68-0 CD
Video VHS, 48 min., ISBN 3-922026-77-X Video

*J*EMANDEN LIEBEN,
DAS HEISST,
IHN ZUM LEBEN
FÜHREN,
SEIN WACHSTUM
HERAUSFORDERN.

– *Die Essenz unseres Verlages*

SYNTHESIS

Postfach 14 32 06 · D‑45262 Essen · Fax 02 01 ‑ 51 10 49

e‑mail: Synthesis@Synthesis-Verlag.com · www.Synthesis-Verlag.com